数字资源配套教材

新时代
大学生心理健康成长

主编 丁志强

副主编　陈彦君　张艳艳　李洪华

重庆大学出版社

图书在版编目(CIP)数据

新时代大学生心理健康成长 / 丁志强主编 . -- 重庆:
重庆大学出版社, 2024.2(2025.8 重印)
ISBN 978-7-5689-4149-5

Ⅰ.①新… Ⅱ.①丁… Ⅲ.①大学生—心理健康—健
康教育 Ⅳ.①G444

中国国家版本馆 CIP 数据核字(2023)第 163191 号

新时代大学生心理健康成长
XINSHIDAI DAXUESHENG XINLI JIANKANG CHENGZHANG

主编 丁志强
副主编 陈彦君 张艳艳 李洪华
策划编辑:唐启秀

责任编辑:赵 晟 版式设计:唐启秀
责任校对:邹 忌 责任印制:张 策

*

重庆大学出版社出版发行
社址:重庆市沙坪坝区大学城西路 21 号
邮编:401331
电话:(023)88617190 88617185(中小学)
传真:(023)88617186 88617166
网址:http://www.cqup.com.cn
邮箱:fxk@cqup.com.cn(营销中心)
全国新华书店经销
重庆永驰印务有限公司印刷

*

开本:787mm×1092mm 1/16 印张:20.75 字数:373 千
2024 年 2 月第 1 版 2025 年 8 月第 3 次印刷
ISBN 978-7-5689-4149-5 定价:59.00 元

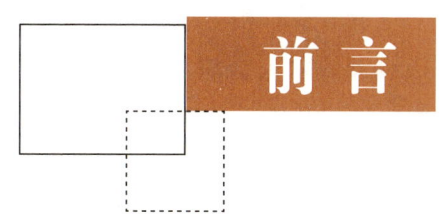

前 言

　　心理健康教育是高校人才培养系统工程不可或缺的重要组成部分。它不仅关乎大学生对知识、技能本身的掌握及其学历目标的达成，而且还关乎他们心理的健康成长与人生的幸福美好。高等职业学校肩负着为经济社会高质量发展培养高素质技术与技能人才的时代使命，因此，加强心理健康教育工作、提升心理健康教育质量、服务大学生心理健康成长是其应有之义。

　　《新时代大学生心理健康成长》是编著类书稿[①]和心理健康成长数字化资源有机融合而成的新形态立体化教学成果。其建设经历了前期的学理研究及其学术内容成果向后期应用研究及其应用成果转化与结合的过程，体现了项目研究服务于心理健康教育教学以更好地提升人才培养质量之宗旨，具有以下特点。

　　一、对照"标准"，建构其适需对路的内容体系。

　　作品内容体系建构体现了在党的教育方针指引下，对《高等教育法》《职业教育法》和《高校思想政治工作质量提升工程实施纲要》《高等学校心理健康教育指导纲要》《加强学生心理健康管理工作》《普通高等学校学生心理健康教育课程教学基本要求》等法律与文件精神的落实执行，同时也体现了对大学生心理健康成长需求实际的尊重。在此基础上，确立了与大学生心理健康成长关系尤为紧密的16个单元主题主体框架和内容体系：全书一共设计了3大篇——"成长基础篇：感悟心理健康""成长关照篇：学会自我照顾""成长壮大篇：提升调适能力"。每一篇下设模块，每个模块下设单元，全书一共建构了7大模块、16个单元。

---

① 成果系2021年重庆市教育委员会人文社会科学研究规划项目(21SKGH355)的研究成果。

二、以生为本,力求其内容的学理性与针对性。

作品充分体现生本位理念,忠实于高等职业学校(包括应用型高校)大学生心理健康成长和学习心理等方面的需求实际与特殊性。每一单元的具体内容被设计成六大板块:"案例启思—自我评估—知识滋养—成长训练—助人自助—体验升华",其中"知识滋养"板块内容属于学理性内容,既与其他五大板块融为一体,又相对独立。这为学生心理健康成长提供了必备的知识养料与理论指导。全书16个单元的"知识滋养"板块内容前后呼应,自成一体,形成相对完整的学术内容体系,这体现了作品在实用性基础上具备的学理性特点。

同时,从每一单元六大板块整体来看,其内容直观形象、程式明朗的呈现方式和鲜活案例等材料的选择又不乏明显的针对性,这体现了对高等职业学校大学生群体学习心理需求与学习方式特殊性的良好契合。各单元内容在呈现方式上通过对字体字号、行间距及有关表现手法的变化营造出视觉上的动感;通过配置图片增强其直观性、审美性与吸引力。在内容的选择上,理论知识秉持"够用为度"的原则,案例材料的选择源于大学生学习生活,紧贴其成长实际。各单元形象直观、富于流动变化的设计风格和通俗易懂中秉持科学性、学理性,对具体内容针对性的凝练选择,与高等职业学校大学生的学习心理特点和心理健康成长需求实际之间形成应有的默契。

三、服务教学,力求作品的实用性和实效性。

作品以"心理健康教育质量提升"为宗旨,全方位聚焦"大学生心理健康成长"内核。不仅追求学术性与科学性,而且追求教师教学实施和学生学习使用中的实用性与实效性。这不仅彰显对教师课堂教学工作开展应有的指导功能,而且不失对学生课前预习、课后复习或自学活动更好开展应有的指导性与吸引力。

每单元六大板块的程式化设计,与课堂教学各环节安排有着高度的契合性,体现作品服务课堂教学的教材功能。各单元内容以活动为主线,每一板块内容的活动特点有助于教师在教学实施过程中对学生参与积极性及其主体性的调动。即便是"知识滋养"板块,通过知识性问题导向教学形式,也能激发学生带着问题去寻找答案,展开自主自觉的学习活动。

四、与时俱进,力求数字化新形态立体功能的发挥。

作品融合多形式的数字化立体元素、拥有丰富的新形态数字化资源。从形态上讲,包括音频、视频、微课、课件、案例、习题等。从内容上讲,包括专家学者和企业管理人员的采访视频或音频;高等职业学校毕业生或优秀校友的回访视频或音频;心理健康课程教学回头看和服务于学生专业课学习情况调查及其结业后的后效功能发挥情况调查方面的视频或音频;团队教师精心讲解展现各单元基本知识及其引领学生学习方面的教学微课……通过数字化、立体化新形态的建设,不仅丰富了教学资源,为教师革新教学方式、"立体化"教学准备了条件,而且在为学生提供丰富的数字化学习内容的同时,也提振了学习引力,激发了学习兴趣。这为建立"空中课堂"、满足多样化学习需求、开启多形式立体教学、更好地实现"工学结合"与因材施教、助力学生心理健康成长与个性化全面发展创造了条件。

本书由重庆工程职业技术学院丁志强教授带领团队在研究基础上组织撰写而成。丁志强负责全书的内容体系架构、版面风格与样章设计、课件模板设计、并对其他作者承担的编写稿件进行了修改(无法修改的除外)与全书统稿和数字资源的主体建设等工作,陈彦君老师积极配合。有关工作情况如下。

篇	模块	单元	撰修人	数字化建设 (课件、微课)
成长基础篇:感悟心理健康	成长模块一:心理健康与美好人生	单元一:学习心理健康课程　书写人生新篇章	丁志强	丁志强
		单元二:正确认识心理健康　促进心理恒发展	丁志强	丁志强
		单元三:主动关注心理咨询　结交成长好帮手	丁志强	丁志强
		单元四:高度警惕心理障碍　预防心理慢变态	丁志强	丁志强
	成长模块二:心理健康与初心使命	单元一:职业生涯规划　做有事业心的追求者	丁志强 佟　玲	丁志强
		单元二:学习心理发展　做持续耕耘的学习者	丁志强 史　文	丁志强
成长关照篇:学会自我照顾	成长模块三:心理健康与积极自我	单元一:自我意识培养　做自尊自信的大学生	李洪华	丁志强
		单元二:自我人格健全　做幸福生活的进取者	李洪华	丁志强
	成长模块四:心理健康与情绪修养	单元一:情绪及其表达　合理需要情绪妥当	陈彦君 李　梅	陈彦君
		单元二:不良情绪调节　内外兼修天天开心	王梦梅 丁志强	陈彦君
成长壮大篇:提升调适能力	成长模块五:心理健康与环境变迁	单元一:环境变化适应　在变革中走向健康	王梦梅 丁志强	陈彦君
		单元二:人际交往互动　建立和谐人际关系	苏　荧	苏　荧
	成长模块六:心理健康与情感婚恋	单元一:爱情不羞谈　涵养健康的性心理	张艳艳	张艳艳
		单元二:失恋不可怕　培养爱的能力条件	张艳艳 丁志强	张艳艳
	成长模块七:心理健康与生命关怀	单元一:预防心理危机　成为生命的呵护者	陈彦君	陈彦君
		单元二:自我压力管理　成为挫折的挑战者	姚兰英	姚兰英 (课件) 丁志强 (微课)

续表

备注	1.音频主要由丁志强负责收集,视频内容也主要由其负责设计与收集,并亲自参与其中。有关方面给予了支持配合,本书图片由其拍摄。 2.视频、音频、微课的后期编辑制作由重庆零距离信息科技有限公司完成。 3.史文老师提供了有关音频参考资料,参与了成长模块二单元二的编撰等工作。 4.俞国良、韩布新、李建明、连榕、廖桂芳、于晶、覃川、高明、王耀堂等教授、企业高管、医院临床大夫参与了音频或视频数字化资源内容制作的相关工作。 5.黄利佳、彭思绮、张力、邓建文、罗长城、董兴亮、赵祥能、刘灰、玛鑫、谢金秋、魏思捷、袁俊豪、杜龙菊、周新月、罗长城、周铅、赵富洪、郭露露、陈星、何玮、余杰、黄钰涵、徐鹏丽、王岚、王娇怡、王肖璇、黄潇、王戴财、杨小羽、杨甜田、张银等大学生参与了视频等数字化资源内容相应活动。 6.简鑫、孟凡新、崔明成、胡运飞等高职院校优秀毕业生也接受了采访,配合支持有关数字化资源的产生与收集工作。

作者(或参与数字化资源建设及有关人员)所在单位如下:丁志强、陈彦君、佟玲、史文:重庆工程职业技术学院;张艳艳:重庆电讯职业学院;王梦梅:重庆航天职业技术学院;苏荧:重庆公共运输职业学院;李洪华:重庆医药高等专科学校;姚兰英:嘉兴职业技术学院;李梅:重庆机电职业技术大学。

本书主要适用于高等职业学校和应用型本科学校作为心理健康教育教材使用,也适合于关心青年大学生和自身心理健康成长的人使用。在本书的编撰与出版过程中,得到了作者所在学校领导的关心厚爱及通识教育学院周浪院长等领导的直接支持和团队老师的大力协助,也得到了重庆大学出版社有关领导与编辑的高度重视、重庆零距离信息科技有限公司的技术支持、有关专家学者和行业企业领导的指导帮助,以及大学生(或毕业生)的支持配合。在此对关心支持作品出版、为作品出版付出辛劳的所有人表示衷心的感谢!

在编撰过程中,我们参考了许多期刊文章、著作、教材和网络资源,得到学校科技处张本均老师的支持鼓励,在此对所有媒体及其作者、老师致以诚挚的谢意!

尽管我们以饱满的热情、负责的态度、务实的行动投入书稿撰修、校正与数字化资源建设等系列工作中,但由于水平有限,本新形态立体化教材成果难免存在疏漏之处,因此,我们敬请专家学者、一线教师和广大读者提出宝贵意见并不吝指正!

丁志强
2023 年 7 月

扫一扫
课程总论

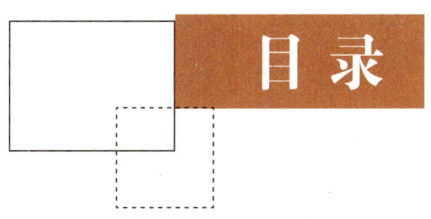

目录

成长基础篇：感悟心理健康

成长关照篇：学会自我照顾

成长壮大篇：提升调适能力

成长基础篇：感悟心理健康

习近平总书记在党的二十大报告中明确提出，要"推进健康中国建设""重视心理健康和精神卫生"。新时代新征程，高等职业学校教育高质量发展，肩负着为民族复兴伟业培养更多更好高素质技术技能人才的新使命，帮助青年大学生成长为豪情满怀怀抱梦想、能经得风雨受得磨砺、脚踏实地善作善成的新时代好青年，既是健康中国建设的需要，也是青年大学生涵养心理素质人格健全发展的需要。青年大学生上好"心理健康"这门必修课程，感悟心理健康、筑牢心理健康这一人生基础性工程，其意义尤其重大。

成长模块一　心理健康与美好人生

扫一扫

数字资源集合1

追求美好人生是每个人的心愿，更是高等职业学校青年学生的心愿。人不同，对美好人生的定位不同，有的定位在对精湛技术的追求，有的定位在对科学事业的追求……不管追求什么样的理想抱负、人生目标，都必须心理健康；心理健康是美好人生大厦的基石，没有心理健康，就不可能拥有真正美好幸福的人生。成长模块一将带领大家走近心理健康，以厘清心理健康成长与成为高素质应用型（技术技能）人才的内在关系，认识理解心理健康，寻求结识"心理咨询"这一助力心理健康成长的好帮手以及增强预防心理变态、心理障碍产生的警惕性、辨别力。

单元一　学习心理健康课程　书写人生新篇章

学习目标

知识目标

1. 初步理解心理健康概念内涵及其与健康、素质之间的关系。

2. 正确认识高素质技术技能人才及其评价条件，明确心理健康成长是美好人生的必修课。

技能目标

1. 能结合自身实际口头表述新时代大学生为什么要学习"心理健康教育课程"。

2. 具有积极主动学习"心理健康教育课程"、消除学习重要性模糊认识的调控能力。

思政目标

1. 增进对高等职业学校的情感，悦纳自己及学校。

2. 增强为成为新时代所欢迎的高素质技术技能人才而打牢心理健康成长基础的自觉意识。

高素质技术技能人才是复合型人才，在中国式现代化发展新征程上，经济社会高质量发展离不开这类人才，包括高职专科、职业本科、高级技师学院在内的高等职业学校均是培养这类人才的摇篮。有志青年选择高等职业学校学习深造大有可为，只要确立正确的人才观、成才观、学习观，相信360行，行行可成才。不断增强学习定力、深耕细作，不轻视不歧视心理健康教育课程并将其纳入人生成长必修课，切实打牢美好人生大厦之心理健康基础，快乐学习生活，健康成长发展，一定会心想事成，成为祖国需要的人才。

一、案例启思

某音乐学院学生药某鑫，是人们眼中的"音乐天才"，有着娴熟的琴类乐器弹奏技能，一次驾车回学校途中，碰撞到一位骑车的妇女。本可以妥善处理并不算大的交通事故，可是，他从妇女瞅他车牌等迹象判定穿着土气的妇女会纠缠他，于是就把车上的刀拿下来连刺该妇女数刀致其身亡，后驾车逃跑……虽主动自首，但因手段残忍、性质恶劣，不足以减刑，被判死刑。

*你从本案例中得到什么警示？

*药某鑫音乐水平高、技能强，但他是不是人才？为什么？

*大学生要成为高素质技术技能人才，仅有高超的专业技术技能行不行？为什么？

二、自我评估

1.心情温度的评估

好心情会有好结局。心情不好，常常结局不良。心情温度计又称为简式健康表（Brief Symptom Rating Scale，BSRS-5），可测量心情"温度"，是用来协助个人了解心理困扰程度的量表，并不作为诊断疾病之用。你的心情怎样呢？请快快拿起心情"温度计"测测自己的心情温度吧！每月检测一次，把握自己的心情温度。

请你仔细回想最近一个星期（包括今天）的学习生活，对照"温度表"中题目反映的困扰和苦恼问题，将你认为最能代表你感觉的答案分数圈选出来。

题　目	完全没有	轻微	中等程度	厉害	非常厉害
1.感觉紧张不安。	0	1	2	3	4
2.觉得容易苦恼或动怒。	0	1	2	3	4
3.感觉忧虑、心情低落。	0	1	2	3	4
4.觉得比不上别人。	0	1	2	3	4

人就像种子，要做一粒好种子。——袁隆平

续表

题　目	完全没有	轻微	中等程度	厉害	非常厉害
5.睡眠困难,譬如难以入睡、易醒或早醒。	0	1	2	3	4
★ 有自杀的想法。	0	1	2	3	4

自我检测结果记录

检测时间	第　月	第　月	第　月	第　月	第　月	第　月	第　月	第　月
1—5题之总分								
★ 题单项评分								

【测验结果及建议】

1至5题之总分:0～5分:身心适应状况良好;6～9分:轻度情绪困扰,建议找家人或朋友谈谈,抒发情绪;10～14分:中度情绪困扰,建议到学院心理之家或学校心理咨询中心寻求专业帮助;15分以上:重度情绪困扰,需高度关怀,请及时到学校心理咨询中心寻求专业辅导。

★题(有无自杀意念)单项评分:本题评分为2分以上(中等程度)时,请及时到学校心理咨询中心寻求专业辅导。

【评估结论】

_____

_____

2.对高素质技术技能人才认可度评估

高等职业学校是培养高素质技术技能人才的机构,大学生要成为这种类型的人才,首先要认可接纳这种人才。你对高素质技术技能人才的认可程度到底如何呢?请仔细阅读下面题目,在你认为正确的选项对应位置打"√",最后按计分方法计分。

题号	题　目	选项	
		正确	错误
1	高素质技术技能人才就是生产一线从事具体操作的技术工人。		
2	高素质技术技能人才主要从事体力劳动。		
3	高等职业学校大学生毕业后多半都是打工。		
4	高职就是职高,高职生跟职高生也没什么区别。		
5	上高等职业学校没有太好的出路。		
6	高素质技术技能人才大有用武之地,国家高度重视这类人才培养。		

续表

题号	题　目	选项	
		正确	错误
7	高素质技术技能人才不仅技术精湛,还需心理健康、全面发展。		
8	新时代经济社会高质量发展需要大量高素质技术技能人才。		
9	上高等职业学校学不到什么东西。		
10	作为高等职业学校学生,只要把专业技术学好就行了。		
11	国家对高等职业学校毕业生在就业创业方面有一些相应的政策性待遇。		
12	高职专科毕业生可以考职业本科,职业本科毕业生可以考研究生。		

【评价方法】

第1、2、3、4、5、9、10题选"正确"得0分,选"错误"得1分;第6、7、8、11、12题选"正确"得1分,选"错误"得0分。

最后得分小于或等于6分,表明你对高素质技术技能人才的认识存在一定程度上的模糊性,来到高等职业学校的目的不明确;分数在0~6分之间,分数越低,表明你对高素质技术技能人才认识越模糊,对自己学生身份的否定态度和对所在学校的排斥倾向越严重,学习目的越不明确。

最后得分为12分,表明你对高素质技术技能人才认识较为全面,能够接纳自己作为高等职业学校学生的身份,认可高等职业学校,容易以乐观心态、饱满热情投入学习生活。

【评估结论】

_____

_____

三、知识滋养

(一)心理健康是成为高素质技术技能人才的必要条件

1.高素质技术技能人才的衡量标准

新时代经济社会高质量发展需要不同层级不同类型的人才,从类型来讲,既需要研究型人才、管理型人才,也少不了高素质技术技能人才。高等职业学校是培养这类人才的专门机构,其培养的人才是否符合经济社会用人单位的质量要求,就要看所培养的人才是否符合相应的质量标准。

严格意义上的质量标准有一个复杂而科学的建立过程,但从一般意义上讲,可从以下几方面进行考察评估,即高素质应用型职业技术技能人才应符合以下条件:

（1）具有精湛娴熟的专业技术技能

高素质技术技能人才属于应用型职业技术人才，其区别于研究型、管理型人才的一个显著特征即是具有精湛娴熟的专业技术技能。比如照明电路出现故障，照明光源熄灭，面对这样的问题，机电类研究型人才和机电类高素质技术技能人才都明白照明电路正常工作的原理和有关理论领域的知识，但是对于前者要让其把故障排除，可能有困难，而对于后者则是轻车熟路。所以，高素质技术技能人才，要体现自身作为这类人才的类型特征，必须要有精湛娴熟的专业技术技能，无疑这是衡量这类人才不可缺少的条件之一。

（2）具有扎实全面的基础知识

高素质技术技能人才相对技术工人来讲，有很强的发展后劲，即是说这类人才既能在生产一线岗位从事具体操作，又能在具体操作基础上不断发现新问题，进行技术改造、技术研发，不断拾级而上，成为技术研发型、技术管理型人才，而技术工人更多是在生产一线岗位较长时期地做一些单一化、重复性的工作。高素质应用型职业技术技能人才的发展后劲，以其对扎实全面的文化基础知识和专业理论知识的掌握为前提条件。倘若没有扎实全面的文化基础和专业理论基础知识条件，要在生产一线岗位具体操作过程中不断发现问题、解决问题并进行技术改造、生产工艺优化是不现实的，比如机械加工岗位的工作人员，如果不具备基本的物理力学、立体几何、解析几何、高等数学、英语等文化基础知识和机械基础、材料力学、公差配合、机械制图等专业基础知识，要进行技术革新在生产一线岗位不断拾级而上，其难度是很大的，甚至是不太现实的。因此，必须加强对文化基础课程和专业理论课程的学习。

（3）具有先进的政治思想道德品质

高素质技术技能人才还必须具有先进的政治思想道德品质。有的青年大学生有知识、有技术，但是没有先进的政治思想道德品质，不仅不能成为高素质技术技能人才，有的还走上了违法犯罪道路。比如，计算机网络、通信专业的青年大学生有着较强专业技术技能，不用来为民服务，造福社会，却用来坑蒙拐骗，搞电信诈骗，加入"杀猪盘""美美贷""连环贷"的犯罪团伙，最终走上违法犯罪道路受到法律制裁，葬送前程毁掉美好人生。因此，高等职业学校的学生必须要有良好的思想觉悟，涵养先进的政治思想道德品质。

（4）具有良好的心理素质

高素质技术技能人才还必须具有良好的心理素质（心理健康）。有的青年（毕业）大学生最初也有知识、有技术，主观上也想追求进步，有着良好的政治思想道德品格,但是如果在工作或学习的时候"无法"集中注意力,大脑中闪现的满是"乱七八糟"的东西,听到的是并不存在的声音,总觉得有人要加害自己……这一定程度上说明其心理世界出了问题,心理健康状况不良或者有心理健康问题。这样的青年学生要成为高素质应用型职业技术技能人才,时常力不从心。

2.心理健康之于青年大学生成为高素质技术技能人才的重要性

高素质技术技能人才的评价标准或衡量条件除了以上四个方面,或许还有其他的因子,但是至少要具备上述四个条件。有的同学也许要问,这四个条件哪个最重要? 其实四个条件都重要。不过,硬要说哪个最重要,答案就是:心理健康不可少。为什么呢?

原某重点大学学生吴某宇弑母一案,法院一审审理查明:被告人悲观厌世……故意非法剥夺其母亲生命……根据其犯罪的事实……依法决定执行死刑;被告人不服判决,提出上诉,法院二审公开开庭审理,裁定驳回上诉,维持死刑判决。吴某宇走上犯罪道路的原因是复杂的,但是其犯罪行为一定是受自身心理因素所支配的,其行为表明:心理扭曲、价值观偏斜,无疑算不上心理健康。吴某宇原本是人们心目中的"高材生",可是由于价值观偏斜、理想信念丧失、心理不健康,不仅葬送了自己的美好前程,也因自己的犯罪行为断送了生命。这说明心理健康对于大学生来讲不是可有可无的,它是成为有用人才的必要条件,也是成为高素质技术技能人才的必要条件。

人离开氧气,就不能活命,氧气是人活命的必要条件。心理健康对于高素质技术技能人才的重要性,就好比氧气对于人要活命不可或缺那么重要。高等职业学校大学生要有正确的人才观、成才观和学习观,既要学好技术技能本领、掌握扎实的基础理论知识、养成良好政治思想和道德品质,又要更加关注自身心理健康成长,在学校心理教师、辅导员和其他教师的正确引导下,培育良好的心理素质,快乐学习生活,全面发展。

(二)青年大学生要成为高素质技术技能人才,首先要是有良好素质的中国公民

1.良好素质公民应满足的条件

对于良好素质公民来讲,应该有严格的评价标准。张大均教授专家团队经研究,提出素质理论,发现人的素质包括生理素质、科学文化素质、思想道德素质、心理素质。从素质概念内涵层面理解,要成为有良好素质的公民应该符合这四个条件:

（1）生理素质

根据张大均教授专家团队有关素质理论，高等职业院校学生要建立成为高素质应用型职业技术技能人才之公民素质基础，成为有良好素质的中国公民，要有良好生理素质，坚持体育运动，加强身体锻炼，始终保持强健体魄，打牢美好人生之身体"革命"本钱。

（2）科学文化素质

要成为有良好素质的中国公民，还必须具备良好的科学文化素质，通过学习自然科学、大学语文、传统文化等科学文化课程，提升科学文化素质。

（3）思想道德素质

良好思想道德素质也是成为有良好素质公民不可缺少的条件。个别青年道德低下、思想麻痹、政治觉悟不高、理想信念不坚定，这不仅阻碍自己成为高素质应用型职业技术技能人才，而且连自己成为合格公民的基本条件都不具备。

（4）心理素质

根据张大均教授专家团队素质理论，心理素质是人整体素质中不可或缺的重要组成部分。不言而喻，青年大学生要成为有良好素质的公民，也必须具备良好心理素质。因为心理素质不仅是其整体素质中的重要组成部分，还不同程度地牵制、影响着生理素质、科学文化素质、思想道德素质等素质系统中的其他三个方面。因此，良好心理素质对于高等职业院校学生成为有良好素质的公民来讲，有着重要的地位作用。

良好心理素质是心理健康的内在品质，有良好心理素质的人常常能保持良好的心理健康状态。因为心理健康是人心理素质两个层面中相对于内源性基质人格层面的功能性层面的功能性表达（张大均、冯正直），因此通常人们又把公民素质结构中的心理素质看成是心理健康。

2.揭开心理素质的谜底

张大均、冯正直、郭成等教授专家团队，多年潜心研究包括大学生在内的中国人心理素质本土化研究，结出丰硕成果。心理素质理论是他们系列成果中的一项重要成果，该成果指出，人的心理素质包括认知素质、个性素质和适应素质。

（1）认知素质

认知素质（认知要素）表现在人对客观事物的反映活动中，直接参与对客观事物认知的具体操作，是心理素质的基本成分[1]。一个人认知素质的高低，很

---

[1]张大均.论人的心理素质[J].心理与行为研究,2003(2):143-146.

大程度上看其对被认知人事物的反映状况,若对被认知对象的反映结果跟对象客观实际能较好吻合或者说能较准确地反映对象自身的客观实际,就认为其认知素质相对较高,若认知结果不符合客观实际或有大的偏差甚至是大相径庭,不仅说明其认知水平较低或许还存在认知功能的一定丧失,存在心理健康问题或心理障碍。比如,生活中有的人"指鹿为马",若故意这样,可能是"别有用心";若并没有别的动机意图,就可能是认知功能问题,或者说认知素质不高或存在缺陷。

(2)个性素质

个性素质(个性要素)表现在人对客观事物的对待活动中,虽不直接参与对客观事物认知的具体操作,但对认知操作具有动力和调节机能,是心理素质要素的动力成分,与认知要素(认知素质)一起同属心理素质的内容要素。比如,有的人消极厌世,有的人积极作为,有的人做事很急性,有的慢条斯理,有的人待人热情大方,有的人却冷漠冷淡。这些反映着人个性的差异[①]。个性不良,影响人的心理素质,影响心理健康成长。

(3)适应素质

适应素质反映的是人心理素质结构系统中功能性层面的状况,即心理素质的功能价值。它连同个性、认知二个内容要素"构成""珠联璧合""浑然一体"的心理素质有机整体。心理素质的功能价值,就是以一定的心理特质要素(认知要素和个性要素)为基础,通过与外部环境的交互作用,选择、适应和改变环境,使自己与环境和谐协调的适应能力,即心理素质结构中的适应性因素(适应素质)[②]。人的适应素质是其心理素质的功能性表达,其表达的状况怎样,由内隐的认知素质和个性素质决定。这三个方面有机衔接、自成一体,反映着人的心理素质(心理品质)。其实,人的心理健康状况就是人心理素质的功能性层面的表达。

3.心理素质与心理健康之间的正相关

根据张大均教授专家团队心理素质理论和其他有关理论,发现心理素质与心理健康之间有着正相关关系。人对环境的适应状况是心理健康的重要体现,这种对环境的适应状况反映的人心理素质中的适应素质高低,是心理素质的功能价值的体现或心理素质结构系统中功能层面的功能性表达,这种功能价值、功能性表达之状况体现出来就是人对环境的适应状况,其实反映的就是人的心

①②张大均.论人的心理素质[J].心理与行为研究,2003(2):143-146.

理健康状况。而人在与外部环境交互作用中到底做出什么样的功能性表达，又由其心理素质结构系统中的认知要素(认知素质)和个性要素(个性素质)决定，所以人的功能性表达中其实内隐着人心理素质的其他二个维度品质，这样看来，人的功能性表达或对环境的适应表现，其实反映或折射的就是人的心理素质。因此，人的心理健康状况不单单就是人的功能性表达或环境适应行为本身，实质也反映着人的心理素质整体状况。它们之间有着显性和隐性关系，有什么样的心理素质就有与之相应的心理健康，它们之间常常有着正相关的关系。

(三)学习心理健康教育课程的理由

1.学习心理健康教育课程是心理健康成长的主渠道

高校开展心理健康教育工作的渠道很多，诸如心理咨询、活动开展、宣传教育、劳动锻炼、课程教学等。作为课程来讲，任何课程都有心理健康教育的功能，当然，心理健康教育课程是专门帮助大学生心理健康成长的课程，是促进大学生心理健康成长的主渠道。

尽管如此，高等职业院校学生中存在轻视心理健康教育课程学习的不良现象，认为只要把专业技术技能学好了，一切都好了。其实，事情并非如此简单。高等职业院校学生向高素质应用型职业技术技能人才进军，不得不学习心理健康教育课程，因为这是心理健康成长的主渠道，自身心理健康成长的现实需求离不开这样的主渠道。

2.亲近心理健康教育课程的理由

高等职业学校大学生朋友是新时代经济社会高质量发展的生力军，是祖国的希望、民族的未来。要书写自己的美好人生、光彩人生、意义人生，至少要做好两篇文章，这两篇文章即要明确学习心理健康教育课程的两大理由。

(1)从成为高质素技术技能人才视角来讲

高等职业学校是培养高素质技术技能人才的摇篮，无疑高等职业学校大学生有着追求高素质技术技能人才的理想抱负。要成为这类人才，至少需要具备四个条件:扎实全面的文化理论础知识、娴熟精湛的专业技术技能、良好的政治思想道德品质和心理健康。药某鑫、马某爵、吴某宇、林某浩等案例说明，心理不健康，不仅影响学习生活质量和人生幸福美好，未得到及时调适，将不断朝负向演变，让自己越来越不适应环境，让问题变得越来越严重，当面对外界突发事件或刺激的时候，将作出严重失当或跟刺激有强烈反差的行为反应，而走上违纪违法甚至是犯罪的道路。马某爵、药某鑫等昔日人们眼中所谓的"高材生"，尽管有知识或有技术技能，但由于心理素质不好，心理健康状况堪忧，最终没有了前程甚至没有了生命，一切皆"归零"。这说明心理健康是成为有用人才的必要条件，也是成为新时代高素质应用型职业技术技能人才的必要条件，即是说没有心理健康，要成为真正意义上的高素质应用型职业技术技能人才是不可能的。

既然心理健康这么重要，高等职业院校大学生该怎么办呢？正确的选择就是行动、行动、再行动，投身到让自己心理健康成长的系列行动中。学习心理健康教育课程是大学生心理健康成长的重要渠道，大学生朋友理所当然应积极主动拥抱这门课程，认真学习这门课程，让自己在这门课程的学习过程中心理健康成长，消除心理阴霾，书写美好人生。

（2）从良好素质公民视角来讲

高等职业学校大学生朋友立志成为高素质技术技能人才，需要开放自己，融入社会，而不是局限在自己的专业领域专业圈子。不仅要在专业领域起到带头作用发光发热，在专业（职业）领域以外更大的时空也有责任彰显一个有志青年的风采，发挥新时代青年大学生作为社会公民的正能量形象。基于此，青年大学生在学习成长过程中，需不断提升公民素质，鞭策自己成为有良好素质的公民，这也是成功成才的前提条件。

从良好素质公民层面来讲，如前所述，根据张大均教授专家团队研究提出的素质理论发现：素质包括生理素质、科学文化素质、思想道德素质和心理素质，心理素质不仅是公民整体素质中的重要组成部分，还影响着素质的其他三个方面。因此，青年大学生要成为有良好素质的公民，没有良好的心理素质不行，即是说良好心理素质是争做有良好素质公民不可或缺的条件。再者，前述有关内容也说明，心理素质与心理健康之间有正相关的关系，有着良好心理素质的人，常常心理健康，保持着良好的心理健康状态。

所以，从公民层面讲，青年大学生要做一个合格公民，成为有良好素质的公民，也必须心理健康成长（培育良好心理素质），那就必须找准心理健康成长的路子，心理健康教育课程的开设，是高等职业院校全面落实执行党的教育方针，关心大学生心理健康成长的重要举措，每一位大学生无疑应该抓住这一大好学习机会，学好心理健康教育课程，成为心理健康成长的主人。

四、成长训练

认可高素质技术技能人才、接纳自己及自己所在的学校是心理健康成长、学业有成不可忽视的因素,否则将贻误大好时机。所以,应该毫不迟疑,立即行动起来,同自己的一些错误观念、发生偏差的一些认知作斗争,以便在上大学之初就做到轻装上阵。

◎训练一 品味丰收:考上高等职业学校无疑是一大丰收

1.现在源于过去

不承认自己的过去就是否定自己的成长历史,否定自己的成长历史也就无异于否定自己。我们之所以是当下这般"模样",一方面是因为从父母亲那里遗传来的,另一方面又跟自己过去的修炼分不开,一切皆是"历史"的沉淀。无疑,今天我们走进高等职业学校,而没有走进清华、北大,也是因为自己过去书写自己"历史"的结果,埋怨不是出路,只有欣然接受才可能焕发新的生机。

【照一照】自己的真实模样

取出一张纸作为卡片,拿出一支笔,最初不必思考,只一股脑地写出自己的优点和存在的缺点,然后跟同桌或小组中最熟悉的同学交换,相互对对方卡片上的内容进行实事求是的增补、删减;之后,将卡片物归原主,各自面对卡片上的内容进行冷静思考,尽可能"照出"自己在成长中的优点和暂时存在的不足。

照出的优点有:_____

_____

照出的不足有:_____

_____

2.考上高等职业学校是自身实力的一种体现

"职业教育是与普通教育具有同等重要地位的教育类型""高等职业学校教育由专科、本科及以上教育层次的高等职业学校和普通高等学校实施"[1]。国家职业教育法明确规定高等职业学校是跟普通高等学校具有同等重要地位的高等学校,并非每一位普通高中或中等职业学校毕业生都能拥有就读高等职业学校的机会,因为这种机会必须经过自己的努力达到其入学标准要求,才可能拥有。

事实上,尽管我国高等教育"普及化"水平在不断巩固与提升,但是目前我国高等教育入学率尚未达到"100%",2022年我国高等教育毛入学率为59.6%

[1]参见:《中华人民共和国职业教育法》(新修订,2022)第3、15条。

(中国青年报客户端,2022-03-23),这说明每一个中学毕业生都要能圆"大学梦",还有一个努力发展的历程。在高等教育资源还相对有限的情况下,能优先拥有接受高等教育的机会、享受高等教育资源的青年是哪些呢? 无疑是那些努力学习、功底相对扎实、在高校招生考试中综合成绩达到入学标准的那些勤学上进、胸怀梦想的青年。大家就是这样的有志青年。所以,大家考上高等职业学校,是付出劳动得到的回报,是自身实力的见证。

【问一问】知彼方能知己

求学道路是人生必经之路,但并非每一个青年的求学道路都顺利。多数青年在求学路上勇往直前、高歌猛进,从幼稚园开始一路拾级而上,顺利进入高等学府享受高等教育雨露阳光,有的却因各种各样原因掉了队、"出了局",与高等学府失之交臂,过早挑起了人生的(家庭)重担。大家有今天的大好机会是幸运的。为了珍惜这种幸运,更好掂量自己作为大学生应有的"位置"与"分量",大家不妨回顾一下自己的求学之旅:问问自己求学路上掉队没能圆大学梦的同学有多少。经回忆与了解,其未能圆大学梦的主要原因又是什么?

(1)小学阶段的同学中:＿＿＿＿＿＿＿＿＿＿＿＿＿＿＿＿＿

＿＿＿＿＿＿＿＿＿＿＿＿＿＿＿＿＿＿＿＿＿＿＿＿＿＿＿＿＿＿＿

(2)初中阶段的同学中:＿＿＿＿＿＿＿＿＿＿＿＿＿＿＿＿＿

＿＿＿＿＿＿＿＿＿＿＿＿＿＿＿＿＿＿＿＿＿＿＿＿＿＿＿＿＿＿＿

(3)高中阶段的同学中:＿＿＿＿＿＿＿＿＿＿＿＿＿＿＿＿＿

＿＿＿＿＿＿＿＿＿＿＿＿＿＿＿＿＿＿＿＿＿＿＿＿＿＿＿＿＿＿＿

3.高等职业学校与普通高等学校具有同等重要地位

高等职业学校与普通高等学校没有高下之分,没有重要、不重要之分,只有类型差异之别,都是新时代经济社会高质量发展不可或缺的高等教育机构,都是青年大学生成长成才的摇篮。

【说一说】

在平时的学习、生活过程中,你每天至少可以说三句让自己增强信心、接纳高等职业学校的话语:"高等职业学校一定会助我成才""只要勤于耕耘,成功势在必行!""既然选择了它,就要懂它爱它相信它"。关于说的方式,可以采用在心中对自己讲的方式,也可以在不影响他人正常学习生活的情况下气势恢宏地大声说。你最想说的有助于更好接纳高等职业学校、更有助于增强士气的三句话是:

(1)我最想说:＿＿＿＿＿＿＿＿＿＿＿＿＿＿＿＿＿＿＿＿＿

＿＿＿＿＿＿＿＿＿＿＿＿＿＿＿＿＿＿＿＿＿＿＿＿＿＿＿＿＿＿＿

(2)我最想说:_____

_____

(3)我最想说:_____

_____

4.学术型高校并非"救世主"

在新时代经济社会高质量发展的新形势下,经济结构调整优化、生产方式转型升级,我国高等教育适应新的发展形势,既需要培养理论研究型学术人才、高级管理人才,又需要培养大量应用型高等职业技术技能人才,满足新时代经济社会发展的新需要。前者主要由学术型本科院校培养,后者主要由高等职业学校(应用型普通高校)培养。分类对口培养,有助于整合高等教育资源,提升不同类型人才的培养质量。

可是,有的青年来到高等职业学校,总觉得自己矮人一等,对学术型高校羡慕不已,在遗憾慨叹中浪费光阴。这种偏见其实跟"学而优则仕"传统观念分不开。事实上,学术型高校以至"名牌"高校、世界一流大学,都不是"救世主",因为学校始终是成功成才的外因,最终都要靠内因才能起作用。成功成才的关键不是"学校"这张"名片",而是自己"努力学习"这张名片。

【想一想】多想善想可通透

为了让自己彻底放下思想包袱,不再为自己没有考上"理想"中的高校而自责或烦恼或心不在焉,可以多视角想想以下问题,有助于辩证、客观理性地对待自己当下所拥有的学习生活和所在学校。

(1)学术型高校、重点大学的学生如果"躺平"都能学有所成、成为成功人士吗?为什么?

_____

_____

(2)学术型高校、重点大学的大学生最终又是不是人人都成为了成功人士了呢?

_____

_____

(3)没机会上学术型高校、重点大学的青年就一定没有好人生、彻底沉沦了吗?

_____

_____

(4)有机会来到高等职业学校难道就真的不是人生的大好机遇吗?

_____

◎训练二　珍惜大好时机　成就美好人生

1.美好人生自己掌控

一个人的人生怎么样，全掌握在自己手中。有些时候，一件"小事"、一个不慎行为就将葬送前程，永远无法弥补。我们每一个人做人做事都应有底线，散发向善的人性光辉，彰显爱心、包容、助人之情怀。

【问一问】在反面"教材"中清醒头脑

原某高校生化学院生物技术专业2000级学生马某爵，曾是人们心目中的"佼佼者"，中学时候参加全国奥林匹克物理竞赛获二等奖、省三好学生，可是在宿舍跟室友打牌过程中，他赢的钱越来越多，输了钱的同学当众说他：打牌作假、同学龚某过生日都不告诉他。这么几句话，让他感到彻底"受伤"，心里反复"琢磨"这事儿，越琢磨越不对劲，最后决定把说他"坏话"的同学干掉。由于怕其他同学发现，影响作案计划和"告密"，相继把另外两名室友也杀害了。狭小的心胸、错误的念头驱使他在2004年2月13—15日杀害四位同学。法网恢恢，疏而不漏，后来公安人员在海南将其捉拿归案，马某爵被判死刑，依法受到应有处罚。

(1)"一问"：马某爵的行为纯属偶然吗？

_____

_____

(2)"二问"：当有人说话"刺伤"了你，你将怎么办？

_____

_____

(3)"三问"：如果你是"受伤"的马某爵，你又将怎么办？

_____

_____

(4)"四问"：如果与同学间有矛盾还没解决，新的矛盾又产生了，你将怎么办？

_____

_____

2.相信功夫不负有心人

俗话说，只要功夫深，铁杵磨成针。高等职业学校大学生朋友只要抓住大学时期大好学习时机，全身心地投入到丰富多彩的学习生活中，自然会一天天地进步、一天天地"变样"，羽翼也会一天天地丰满，一个个美好愿望就会逐渐得到实现。

现实是此岸，理想是彼岸，中间隔着湍急的河流，行动则是架在川上的桥梁。——克雷洛夫

【读一读】在阅读中悟出道理

李某勇(化名),贵州湄潭县人,16岁初中毕业后因贫辍学。1999年,22岁的李某勇来到贵阳,在好心人的帮助下当上贵州某师范学院校园保安。工作过程中,他每天看着一群群学子从身边走过,心中不时涌起"临渊羡鱼"之思,在学校教师的鼓励与帮助下,他决定"退而结网",买来了成人高考复习资料,开启了继续学习的人生之旅。他参加成人高考,顺利考上所在学校中文系专科,一边工作一边读书,专科毕业后,他又考上了中文系本科,2005年本科毕业。本科毕业前夕,在学校一位教师的启发下,他又产生了考研究生的想法。考研究生,英语是"拦路虎",但几乎只有初中英语底子的他并未退缩,买来8000词汇量的考研英语词典,采用"日拱一卒"的方式,不到一年时间,能将整个词典基本上全背下来。尽管如此,2005年的考研仍以失败告终,2006年的考研仍旧败北。面对失败,李某勇并未失去信心,而是有着越挫越勇之势,2007年继续参加考研,以相对理想的成绩考上了美学专业研究生。研究生毕业后,李某勇到该校当辅导员。为了进一步提升自己的业务能力和综合素质,更有条件为母校和贵州教育多做点事儿,李某勇没有止步,2015年考上了华中师范大学文化传播学博士,2018年顺利毕业。博士毕业后,他有多所高校可选择,但他最终选择回到关心支持他、帮助鼓励他成长的母校去工作。

(1)李某勇在极其困难的条件下实现了自己的梦想,其奥秘在哪里呢?

_____

_____

(2)同学们现在的学习条件比李某勇当时的条件优越得多,是不是每个同学都更容易实现自己的梦想呢?

_____

_____

(3)李某勇从初中毕业辍学到成为博士,从校园门卫成为高校教师,从他的传奇人生经历中发现,一个人的起点和终点之间有着什么样的关系?

_____

_____

3.培养独立生活的能力

远离父母来到高校,衣食住行全靠自己。由于多数同学都是独生子(女),过去在父母身边多年的生活成长过程中,自己的许多事情都是由父母帮忙操办的,其生活能力没有得到应有的培养、锻炼。离开父母后,一部分同学最初还不适应,这就需要迅速行动起来,培养自己的独立生活能力,否则将影响到自己的正常学习和生活,不能有效地利用大学期间的大好时机。

【做一做】当好自己的勤务员

独立生活能力强的同学,至少应该能够"理好财"(对生活费要进行计划开支、合理安排)、"管好家"(自己的居所要布置整洁,保持清洁卫生)、"穿好衣"(仪容服饰既要得体大方,又要能保护好身体,做到冬暖夏凉)、"吃好饭"(对自己的饮食安排要合理,不沾染不良的饮食习惯,确保身体健康)。要做到这些,就要当好自己的勤务员,做自己生活的热心人和有心人。你当好自己的勤务员了吗? 如果没有当好,还应该采取哪些新的措施呢?

(1)"理财"方面:_____

_____

(2)"管家"方面:_____

_____

(3)"穿衣"方面:_____

_____

(4)"吃饭"方面:_____

_____

4.对计算机网络资源的合理利用

在当今全球信息化时代,互联网在给人们学习、生活、工作带来无数方便、快捷的同时,也给人们带来了程度不同的负面影响。同学们要把握好大学有限的时光,需要坚强的意志,要正确驾驭计算机网络系统,有选择性地吸收互联网上一些对自己健康成长与发展有用的资源,自觉屏蔽对自己身心发展不利的消极资源,抱着"唯发展是用"的态度来对待计算机网络资源。这样才能更好地抓住大学时光努力学习,为自己美好的未来打下坚实的基础。

【评一评】不被网络所淹没

许多同学没有很好地将计算机作为学习工具使用,也没有有效地利用网络系统中的健康学习资源,反而更多地使用计算机网络系统来玩游戏、聊天、看电影等,这不仅影响了自己的正常学习和生活,还浪费了大好学习机会。为了不被计算机网络系统所淹没,同学们有必要在以下几个方面进行自我评估:

(1)评估上网的内容:_____

_____

(2)评估上网的时间:_____

_____

(3)评估上网的收获:_____

_____

(4)评估上网的危害:_____

5.当好自己的主人

教师和家长对每一位同学来说,都是外部因素。大学时期是一个人开始自主的时期,做好自己的主人具有特殊而重要的意义。无论是学业完成、职业选择,还是生活琐事和人际关系处理等,都需要自己开动脑筋、拿定主意、鞭策自己,从而成为自己的主人。

【评一评】成为真正的主人

现在的大学生多数是独生子(女),"主人"意识相对较强,但是常常是该"主"之事不能"主",不该"主"之事却竭力去"主",到头来更多的是"主"偏了方向,影响了自己的成长与发展。同学们要成为自己真正的主人,就要"主"该"主"之事,不等不靠;并且,要科学"主"事,一切要以有利于自己的健康成长与发展为出发点和落脚点。所以,在学习、生活的过程中,要多对自己担当主人的情况进行评价:

(1)"一评":过去当好自己的主人了吗?_____

_____

(2)"二评":现在当好自己的主人了吗?_____

_____

(3)"三评":今后又准备怎样当好自己的主人呢?_____

_____

五、助人自助

(1)请你帮助下面案例中的同学,让其回头是岸重整旗鼓,以便好钢用在刀刃上,不造成人才浪费。

一位高等职业学校毕业生在毕业之际,来到他信任的"心理健康"老师办公室,告诉老师,他刚领取了毕业证书,并请其为他写毕业赠言。老师写完赠言,出于关心就主动了解同学的就业情况。老师这一了解,才发现工作的事儿对他来讲还"八字没一撇",而班上绝大多数同学都已找到工作,马上就要奔赴单位。老师为此对他有些担心,同时关切地询问他毕业后的打算。这同学却说,对未来没有什么打算,更多的是迷茫懵懂,眼下先回家好好待着。

老师建议他抓住家住主城区的优势,回家适度休整后,可以主动跟所学专业相关的一些单位取得联系,尽量先找个事情做做,这样至少有助于巩固所学的专业技术。他听老师这么一说,旋即产生强烈的反应:"我宁愿到餐馆端盘洗碗,都不可能去做专业方面的活儿。"原来这同学自从走进高等职业学校报到的第一天开始,就没有过好心情,没有用心打量过学校美丽的校园和青春活力的同学,没有用心体察过辛勤工作的教师,更多的是对没考上的那理想中的重点大学的魂牵梦绕……尽管过去得到心理健康老师许多开导,但是毕业之际同学吐露的"真言",又让心理健康老师陷入了沉思:大学生朋友对现实中的学校和所学专业的接受太重要了,其分量一点都不亚于专业学习本身!接受是培养专业兴趣、专业情感、学有所成、快乐生活的前提。

(2)请你为下面案例中的同学当当"参谋",拿拿主意,以便她能把握好人生方向,走对人生路,而不至于错失良机。

小美(化名)是某高等职业学校的女同学,大一下期,她陷入了矛盾与困苦之中。原来,在刚过去的寒假她接触到过去的一些同学,这些同学多数在高中毕业后就失学或直接进入社会打工挣钱去了。在与他们接触的过程中,她发现这些同学尽管没能考上大学,但是一个个在社会上混得风生水起、春风得意,不仅可以不再依靠父母,而且钱袋子还鼓囊囊的。可是自己呢,还要用父母亲的血汗钱,弄得一家人日子过得紧巴巴的。加之,她还听说一些高等职业学校毕业生跟这些同学同在一个公司上班,在收入方面并没有较大差异。于是,这位同学觉得继续读书的意义不大,学习的"信心"也就开始动摇起来,处于痛苦的矛盾挣扎之中:退了学万一挣不到钱没有回头路怎么办?如果继续这样无所事事、心烦意乱、浪费光阴、学无所成,到毕业时年龄"混"大了,没有好的人生归宿又该怎么办?

六、体验升华

张前东曾经是煤矿工人,2002年他在矿井中不顾个人安危、舍己救人的壮举感动国人,获得"感动中国人物"奖。在灾难严重威胁着工友们生命安全的紧要关头,他临危不惧,毅然决定奔向死神,把生命的希望带给在死神面前挣扎的同伴。在危险面前,他勇敢、清醒、果敢,用人格光芒照亮了黑暗的矿道,照亮了危险中矿工的生命,更照亮了人们的心灵。

张前东从只有初中学历到考进国家示范高等职业学校(涉煤类专业)大专毕业,从"农民工"到成为全国五一劳动奖章获得者、全国劳动模范、感动中国获奖人物,其中的"法宝"与秘诀到底是什么?他的英雄壮举与成功事迹,是否又跟心理素质之间有一定关联?请阅读有关张前东的事迹材料,并进行体验内化、感悟升华。

七、拓展训练

1.小组交流探讨:学习心理健康教育课程到底有什么好处?

2.行动计划编制:编制一份心理健康教育课程学习的行动计划。

扫一扫
练习巩固

学习心得

单元二　正确认识心理健康　促进心理恒发展

学习目标

知识目标

1.领会并能口头表述心理健康的内涵、属性、水平。

2.理解并会运用心理健康的评价标准和评价方法。

3.从整体健康视角说明心理健康与健康间的关系。

技能目标

1.具有对自己或他人心理健康状况进行正确评价的能力。

2.具有从自身心理健康状况实际出发,扬长避短,促进自身心理持续向好、积极发展的能力。

思政目标

1.对自身心理健康及其对个人美好人生重要性有一种积极的认识态度。

2.具有对自身心理健康成长负责和呵护他人心理健康的积极态度与意识。

新时代高等职业学校大学生追求幸福美好人生、为中华民族伟大复兴建功立业,都需要以心理的健康持续发展为前提条件。大学生的发展是一个系统工程,不仅仅是学习生活过程中知识量的积累、身体的发育生长、专业技术技能本领的提升,还包括心理的成长发展。人不同,成长轨迹不同,受自身、环境及教育等主客观因素影响,其心理的发展状况不同,有的发展水平高,处于高水平的心理健康状态,有的发展水平可能相对偏低甚至处于不健康的状态或异常状态。作为新时代的大学生,在新的发展征程上要大有作为,必须确立全面发展理念全面提升自己,把心理的健康持续发展提上议事日程,自觉成为自己心理健康成长的主人。当好自身心理健康成长的主人,首先要明白什么是心理健康,如何对自己或他人的心理健康状况进行评判。

一、案例启思

某重点大学"高材生"吴某宇弑母一案,法院一审宣判其犯故意杀人罪、诈骗罪、买卖身份证件罪,数罪并罚,决定执行死刑。其父病故后,他悲观厌世,曾产生自杀念头,认为其母谢某琴生活也无意义,产生杀害母亲的念头以"让她解

没有心理健康就没有真正的健康,也就没有幸福美好的人生。
——作者

脱",并网购作案工具。2015年7月,他趁母亲回家换鞋之际,持哑铃杠连续猛击其母头面部,致母死亡,并在尸体上放置床单、塑料膜等75层覆盖物及活性炭包、冰箱除味剂。之后,吴某宇向亲友隐瞒母亲已被其杀害的真相,虚构其母要陪同他出国交流学习,以需要生活费、学费、财力证明等理由骗取亲友一百多万元予以挥霍。为逃避侦查,吴某宇购买了数张身份证件,用于隐匿身份。

＊你从本案例中得到什么警醒?

＊大学生要成为高素质专业人才,仅有扎实的专业知识、高超的专业技术行不行? 为什么?

二、自我评估

下面是大学生心理健康量表,题目是对一些想法的描述。请你将自身实际情况和感受与量表中各项具体描述进行对照,并根据你的真实情况,在"完全不符合""基本不符合""不确定""基本符合""完全符合"这五个选项中选一个。回答无好坏、对错之分,回答时无须过多考虑,也不要受其他人的影响。

题号	题 项	完全不符合	基本不符合	不确定	基本符合	完全符合
1	我喜欢现在的生活。	1	2	3	4	5
2	我同异性在一起时,感到害羞、不自在。	1	2	3	4	5
3	我缺乏学习动力。	1	2	3	4	5
4	我容易情绪激动。	1	2	3	4	5
5	我已经为毕业后的生活找准了方向。	1	2	3	4	5
6	我渴望生活的挑战。	1	2	3	4	5
7	我现在的生活很有意义。	1	2	3	4	5
8	我无法与异性建立良好的关系。	1	2	3	4	5
9	我缺乏自制力。	1	2	3	4	5
10	我的心情容易受外界影响。	1	2	3	4	5
11	我不知道毕业后想做什么。	1	2	3	4	5
12	受挫后,我能很快恢复过来。	1	2	3	4	5
13	我的大学生活很充实。	1	2	3	4	5
14	我总是逃避人际问题。	1	2	3	4	5
15	我对功课总是能拖就拖。	1	2	3	4	5
16	我的心情时好时坏。	1	2	3	4	5
17	我对未来没有长远的打算。	1	2	3	4	5
18	任何挑战都会令我感到不安。	1	2	3	4	5
19	我觉得大学生活简直糟透了。	1	2	3	4	5
20	我害怕与陌生人相处。	1	2	3	4	5

题号	题　项	完全不符合	基本不符合	不确定	基本符合	完全符合
21	我的注意力没法集中到学习上来。	1	2	3	4	5
22	我常常发脾气,想控制但控制不住。	1	2	3	4	5
23	我不明白人生的价值。	1	2	3	4	5
24	面对自己遇到的困难,我不知所措。	1	2	3	4	5
25	我感到生活枯燥无味。	1	2	3	4	5
26	我觉得不被别人尊重。	1	2	3	4	5
27	我做事缺乏恒心,常常不了了之。	1	2	3	4	5

【评价方法】

采用5点评分法,即完全不符合记1分,基本不符合记2分,不确定记3分,基本符合记4分,完全符合记5分。

其中反向计分题为2、3、4、8、9、10、11、14、15、16、17、18、19、20、21、22、23、24、25、26、27。

【结果解释】

根据评价方法,总分越高,表明你的心理健康状况越好。

【评估结论】

_____

_____

三、知识滋养

(一)心理健康概念

1.心理健康概念的内涵

心理健康与身体健康、道德健康和社会适应良好共同反映人的整体健康。有时,人们将道德健康和社会适应良好归为心理健康中,因此心理健康至少是健康的一半,对人的整体健康具有举足轻重的地位和作用。为了成为新时代健康全面发展的有用人才,大学生首先需要科学理解心理健康的概念内涵。

(1)国外有关方面对心理健康的解读

1946年第三届国际心理卫生大会指出,心理健康是指身体、智力、情绪十分协调;适应环境,在人际交往中能彼此谦让;有幸福感;在工作和职业中能充分发挥自己的能力,过有效率的生活。《简明不列颠百科全书》中将心理健康解释为个体心理在本身及环境条件许可的范围内所能达到的最佳功能状态,但不是十全十美的绝对状态。日本学者松田岩男认为,所谓心理健康是指这样一种心理状态,即人对内部环境具有安定感,对外部环境能以社会认可的形式适应。心理学家英格利希认为,心理健康是指一种持续的情况,当事人在那种情况下具有生命的活力,能作出良好适应,并能充分发展其身心的潜能,这是一种积极的、丰富的情况,不仅是免于心理疾病而已。

(2)国内专家学者对心理健康概念内涵的理解

国内专家学者对心理健康展开大量研究,产生了许多本土化的成果。王书荃认为,心理健康指人的是一种相对稳定持久的心理机能状态,这种状态主要体现在个体在与社会环境交互作用中能与环境中的人建立一种和谐的人际关系,使自己的情绪、需要、认知保持一种平衡稳定的心理状态,表现出一个真实自我的相对稳定的人格特征;不仅自我感觉良好、能进行自我保健,还能在与社会环境和谐融洽中发挥最佳心理效能。刘华山认为,心理健康是指一种持续的心理状态。在这种状态下,个体具有生命的活力、积极的内心体验、良好的社会适应,能有效地发挥个人的身心潜力与积极的社会功能。

张大均专家团队通过对心理健康的内涵结构分析,发现心理健康主要经历了消极心理健康、积极心理健康和完全心理健康三个取向阶段。消极心理健康取向阶段,即病理学取向阶段,研究者们认为:心理健康就是心理疾病的消除,即没有心理疾病症状的心理状态就是心理健康,它是一个单维结构,涉及内化性精神障碍(如抑郁、焦虑)和外化性精神障碍(如行为障碍)两方面。积极心理健康阶段,也称有益健康取向阶段,在这一阶段人们更多关注心理健康的积极面,自从研究者Jahoda率先提出"积极心理健康"的概念,即认为心理健康可以被视为人格和社会环境的良性互动状态。随着积极心理学的兴起,研究者们认为心理健康是一种积极的心理状态,将幸福感作为积极心理健康的指标,Keyes等研究者直接将心理健康操作性定义为幸福感(包括情感幸福感、心理幸福感、社会幸福感)。完全心理健康阶段,也称完全取向阶段,这是对前两个阶段片面强调单维结构的超越,认为心理健康不仅仅是心理疾病的缺失,也不仅仅是拥有高水平的主观幸福感,而是一种两者结合的完全状态,包括心理疾病的缺失和高水平的主观幸福感的存在。张大均带领团队从心理健康与心理素质关系层面展开深入研究,发现心理素质是心理健康的内源性因素,认为:心理健康是心理素质两个层面中与内源性基质人格层面相对的功能性层面(心理健康层面)表达,体现出个体与社会交互作用中达到和谐的行为习惯和积极良好的心理状态。

陈坚、连榕在对大量心理健康系列文献研究的基础上认为,心理健康必须包括三方面内容:一是主观上感受到积极、快乐、安宁,心理机能得到充分发挥;二是客观上与外界适应;三是主客观相互统一。笔者认为,心理健康是指个体内心安定平和、其心理倾向和行为反应与客观现实环境和谐协调、能力所能及地开发自身潜能以实现自我的一种积极良好的心理发展状态。

(3)对心理健康概念内含的共识

不同时代、文化、视野下,人们对心理健康概念内涵的理解或表述可能会有所不同,但对有关文献进行分析,可以发现在以下方面已经总体形成了共识:

心理健康就其本质而言是一种心理状态。既然是一种"状态",就容易随着个体自身情况和外在环境作用情况而发生变化,具有不稳定性。因此,心理健康是不能通过直接教授来提高其水平的,必须通过干预品质来提高其水平。

心理健康的人是内心有安定感的人。内心没有安定感、安全感是心理不健康或心理健康状态不良的体现,同时这种情况也会加速对个体自身心理状态的负面影响,阻碍心理健康的成长。相反,安定平和的内在心理状态不仅是心理健康的一种体现,而且也有益于心理健康的成长。

心理健康的人是能够更好地适应环境的人。心理健康的人在与环境互动或面对变化的环境时能够作出适当的反应,这种适当的反应是适应环境的体现。心理不健康或心理异常的人作出的反应更多的是不适当或失当,甚至可能与周围环境形成强烈的反差。

心理健康是分层级水平的。心理健康是一个连续分布带,可认为有绝对健康端和不健康端,在二者之间有着无穷的渐进分布点,越靠近"绝对"健康端,个体的心理健康水平就越高。高水平的心理健康个体其心理潜能能得到更好开发,展现出一种积极发展的心理状态;低层次的心理健康个体,更多地呈现出没有心理疾病症状的心理状态,正如张大均教授对心理健康结构内涵分析中三种取向中的消极心理健康。介于高水平和低水平之间的心理健康层次水平一般认为就是中等层次的心理健康,其个体在与环境交互作用中能够作出适度得当的反应,保持与环境和谐融洽相适应的一种心理状态。

2.心理健康的几种属性

人们对心理健康概念结构内涵的认识有一个发展演变的过程,在这个过程中,伴随着研究者对其结构内涵分析,也发现心理健康概念有其自身的一些属性:

(1)相对性

心理健康是相对的,有着相对性。个体的心理健康是相对于心理不健康

（或心理疾病）而言的，没有绝对的心理健康。所谓"绝对"心理健康或"完全"心理健康是一种"理想"状态，而"绝对"或"完全"的心理不健康也是一种"理想"状态，人们处于完全健康和完全不健康这"理想"的两极之间，这两者之间是一个连续的分布带。随着相对时间的流逝，个体的心理健康也不会停留在同一个状态，会朝着完全健康那极逼近或朝着完全不健康甚至是疾病边缘滑落。在现实中，具体朝哪个方向相对变化，主动权掌握在个体手中。新时代青年大学生有责任努力让自己朝着完全健康端不断缩短距离，成为水平不断提高、心理越来越健康的大学生。相对于不同文化背景、不同历史时期甚至是同一时期不同群体与个体，我们每一个人的心理健康状况也是有差异的。

（2）渐进性

心理健康的相对性蕴含着变化性，这种变化不是突变，而是渐变，体现出渐进性。处于某一层级水平心理健康的个体，有两种可能，要么朝着"完全"健康的方向变化，要么朝着"完全"不健康（或疾病）的方向变化。不管朝哪个方向变化，都不可能突变，一天就变得很健康、一天就变得不健康或疾病了，这都是不现实的，变好变坏都有一个量的积累的过程。尽管如此，作为新时代大学生，如果对自己心理健康成长不引起高度重视，这种量的积累到一定程度，最终会发生质变，产生心理问题、心理障碍甚至是严重的心理疾病。所以，新时代大学生应该正确运用心理健康的渐进性规律，时刻鞭策自己朝着"完全"健康的方向变化，不断提升自己的心理健康水平。

（3）客观性

尽管人的心理健康是动态可变的心理状态，不易固化或量化，但它是一种客观存在的、实实在在的东西，不是虚无缥缈、超现实的东西。不同水平的心理健康状态，有相对典型的反映其心理状态的"特征"或标志，通常内隐着相应的作为品质系统的心理素质。同时，心理健康也与大脑神经生理物质基础密切相关，心理健康的人通常有良好的认知品质，其大脑神经系统处于良好功能状态，面对客观环境刺激作用能作出理性的心理反应，其脑电波形图与相同情境下心理不健康的人相比存在差异。

当然，不断探索人们对心理健康及其属性的认识会越来越全面，例如，研究者们在不断揭示心理健康概念内涵的基础上，发现它具有主客观同一性，即主客观相统一。也就是说，心理健康的人对客观事物的反映应该与被反映的事物是同一的，而不是"指鹿为马"。

(二)心理健康标准与评价方法

1.心理健康标准之问

心理健康标准是心理健康概念的具体化。对心理健康标准的正确认识体系建立直接关系到心理健康及其教育领域一系列理论与实践问题的解决。随着人们对心理健康及其教育工作的日益重视,越来越多的专家学者也展开了对心理健康标准的研究讨论。连榕、陈坚对心理健康及其标准方面系列文献研究发现,以往专家学者对心理健康标准确立问题争论的焦点在于对心理健康概念界定中有关"适应"和"社会价值观"两个概念理解的分歧上。他们通过系统研究对这两个概念的"本真"内涵予以了澄清:心理学上理解的适应有生理适应、心理适应和社会适应,它源于生物学的术语,表示能增加有机体生存机会的那些身体及行为方面的改变,心理学中用来表示对环境变化做出的反应。心理适应有三大特性,它是主体对环境变化所做出的一种反应,是一个重建平衡的动态变化过程,其内部机制是同化和顺应的平衡。

对于心理健康标准的社会价值观之争论,陈坚、连榕从马斯洛需求层次理论(生理需要、安全需要、归属与爱的需要、尊重需要、自我实现需要)出发,认为心理健康并不必然涉及社会价值问题。根据该理论,需求的满足程度决定了心理健康状况和层次。人对需要满足的层次很大程度上决定了心理健康的层次,需求层次越低越"自我中心",其心理健康层次相对越低,自然与价值判断关系不大。反之,需求层次越高的人,自我实现愿望越强烈,随着自我实现需要的满足,心理健康水平得到增强,越体现其社会价值,因为越高层次的心理健康与社会价值关联越大。比如,努力工作的诺贝尔奖获得者,其心理健康问题就可能涉及社会公众利益问题,而知足常乐河边垂钓的渔夫也完全可能心理健康,但其心理健康就可能较少涉及社会价值判断。

陈坚、连榕在梳理澄清学界对心理健康概念的争论焦点的同时也强调,对心理健康标准的确立不能忽视个体的主观感受,这是判断心理健康的一个重要标尺。个体内心感到安宁、快乐、积极和幸福是判断心理健康与否的必要条件。当然,主观感受并不是判断心理健康的充分条件,必须与"社会适应力"相结合,才能对一个人的心理健康水平进行判断。

2.心理健康标准遵循的原则

对心理健康标准的科学确立,在对心理健康概念内涵深入理解的基础上,首先要明确心理健康标准的确立要遵循的原则。

相对性原则：一个人的心理健康是相对的，而不是绝对的。心理健康和心理不健康都属于"理想"的状态，在健康和不健康之间是一个连续的分布带，绝大多数人的心理健康状态都处于二者之间。

动态性原则：个体的心理健康是一个动态变化的过程，而不是固定不变的。其变化有两种可能，朝着完全健康的"理想"端方向变化或完全不健康的"理想"端方向变化。当然，这种动态变化也蕴含着心理健康相对性的成分。青年大学生可塑性强，面临的心理健康问题常常是发展中问题，随着时间流逝，在自身及环境因素影响下，带来心理机能的自动恢复和心理素质的健全，其心理健康完全可恢复正常。

层次性原则：心理健康是有层次之分的，个体随着不同层次的需求得到满足，产生不同程度积极愉悦的主观感受，其心理健康状态（水平）随之发生变化。根据马斯洛的需要层次理论，人的需求也是分层次的，由低到高有五大基本层次。最低层次的需求是生理需求，自我实现需求属于最高层次的需求。相对于每一层次的需求，都可能存在心理健康的个体和心理不健康的个体。

主观性原则：判断个体的心理健康状况不能离开个体本身，正如江光荣教授所说，要从个人内在的角度来看问题，注重个人的内心感受，而不是仅仅从外部环境的适应来判断心理健康。否则，就可能作出错误的判断，误认为看见的就是心理不健康。

具体性原则：心理健康的标准不能一概而论。不同年龄、性别和社会群体的人们有着不同的心理健康需求，因此需要针对他们的特点制订相应的标准，不能过于泛泛而谈，应该进行分门别类的制订。

内外统一性原则：即是说主观感受与外部适应必须相统一，两者缺一不可。任何只考虑主观感受或只注重环境适应的做法都是不可取的。

3.心理健康标准

心理健康标准是相对稳定、动态发展的。对于不同年龄段、不同国家、不同时代的人，适用的心理健康标准应该有所差异。不同的心理健康标准有不同的适用对象，了解不同种类的心理健康标准有助于深入理解心理健康概念的内涵、多视角地把握心理健康标准，以及用合适的心理健康标准相对客观地评价自己或他人的心理健康状况。

（1）标准一：一个条目

该标准指的是心理功能正常。根据《简明不列颠百科全书》对心理健康的界定,心理健康的人有着"最佳"但不是"十全十美"的心理功能状态。因此,可以认为心理功能正常就是心理健康。要评价一个人心理功能是否正常,主要看其是否符合以下三个原则:

反映和被反映遵循同一的原则,即同一性原则。当人认识客观事物时,其反映得到的东西必须与被反映的客体本身相同。例如,当手中的钢笔成为认知对象时,大脑中反映得到的东西必须是眼前的这支笔,而不是其他笔或别的东西。如果违反了同一性原则,生活中就可能会出现"指鹿为马"的现象。如果当事者的认知违反了同一性原则,可以初步判断其认知功能出现了问题,如果进一步考查发现经常违反同一性原则,那么就可以初步判断其心理功能偏离正常,心理健康状况出现了问题。

知情意协调一致原则,即一致性原则。人的心理活动过程包括认知过程、情绪(情感)过程、意志过程,即知情意。心理功能正常的人其认知、情绪(情感)与意志过程(知情意)是协调一致的。一个人喜欢一个人、憎恶一个人属于心理活动过程中情绪情感阶段的心理过程,它是建立在认知基础上。只有在对一个人或别的对象有了一定认知的前提下,才谈得上对之喜欢或憎恶,即产生正常的情绪情感,否则就可能是不正常表现,违背了知情意协调一致的原则,其心理功能有问题或有问题之嫌。一个人执着于工作或事业,体现强烈的意志力,常常是对其工作活动或事业本身有着积极的情绪情感。之所以有积极情感,很大程度上跟其对工作或事业之于自己、他人和社会的重要性认识是理性的、深刻而彻底的,体现出知情意的协调一致。

个性相对稳定原则。心理功能正常的人,其个性是相对稳定的。比方说,一个内向型性格的人,如果发现其逢人便有说不完的话,口若悬河、滔滔不绝,一反常态,与其平时特质性的表现相违背甚至大相径庭,就要引起高度重视,密切关注并用有效方式帮助他。因为其表现跟自身性格(或个性)之间的这种反差说明其心理功能可能破裂或受到影响,需要同学、教师及有关方面及时伸出援助之手。

从心理健康评价的方法来看,可以根据以上三个原则作为标准或尺度来评价一个人的心理健康状况。如果三个原则总体上得到满足,则可以初步判断当事人的心理功能正常,心理状况健康。

(2)标准二:二个条目

该标准包括两个条目:个体内心有安定(安全)平和愉悦的主观感受,对外部环境能够适应,即主观感受与外部环境适应相统一。心理健康的人内心安定平和、愉悦畅快,有着这样的主观感受。同时,心理健康的人对所处外部环境是适应的,能在与外部环境交互作用中作出合理的反应,即适应环境。内外两个方面都符合,才谈得上心理健康,仅仅自我感觉良好而外部环境不适应,或仅仅外部环境能适应而内心世界却痛苦难受,随时波涛翻滚,都算不上心理健康,必须要两个方面兼备统一。

因此,从方法上来说,要粗略评价一个人或大学生的心理健康状况,就可以从这两个方面来考察。如果绝大多数时候这两个方面都得到满足,就可以判定其心理健康。

(3)标准三:三个条目

该标准包括三个条目,即内心有安定平和愉悦的主观感受,对所处环境能适应,以及能力所能及地开发潜能、发展自我、实现自我。

心理健康的人是内心有着安定(安全)愉悦的主观感受,对所处外部环境能够适应,同时还能力所能及地开发自身心理潜能、发展自我、实现自我价值。按照这种标准,要评估一个人是否心理健康,就需要从这三个方面进行综合考察。如果这三个方面总体上得到满足,那么就是心理健康的,当然,这是高水平的心理健康;否则,就是心理不健康,或处于低水平的心理健康状态。

(4)标准四:四个条目

该标准的四个条目是:智力(IQ)正常、适当的情绪调节能力、对自己能作出恰当的评价、能保持良好的人际关系。在北京林业大学韩旭与刘强合著的论文《心理健康的内涵与标准》中,我国学者季浏研究认为心理健康至少包含以上四个方面。因此,从该标准来讲,评价个体心理健康与否应从以上四个方面进行综合考察评估。若四个方面条件都总体满足,说明被考察对象是心理健康的;否则可能存在心理不健康或更严重的情况,需要进行进一步的考察与诊断。

要能较为准确地对自己或他人心理健康状况进行评估,需要对本标准的四个条件有正确的理解。不同个体其智商可能存在差异,智商在90~129之间为智力正常,70以下为智力落后,130以上为智力超常。每个个体的情绪都不可能绝对稳定或处于积极良好状态,但心理健康的人能够调节自己的情绪,具有适应的情绪调节能力。心理健康的人能恰当地客观地评价自己,既不自负也不自卑。心理健康的人能处理好跟自己之间的关系,也能处理好跟他人之间的关系,有着良好的人际关系。

(5)标准五:五个条目[①]

该标准一共有5个条目,15个评价要素。认识自我、感受安全(自我意识),

---

①蔡焯基,马辛,等.中国人心理健康标准制订研究[J].中华健康管理学杂志,2012,6(2):119-123.

含3个评价要素:自我认知(能恰当评价自己,有一定自尊心和自信心);自我接纳(能体验到自我存在价值,接受自己);安全感(对人身安全、生活稳定等有基本的安全感)。自我学习、生活自立(基本能力),含3个评价要素:学习能力(具有从经验中学习获得知识与技能的能力);生活能力(能独立处理日常生活中大部分的衣食住行活动);解决问题的能力(能利用获得的知识、能力或技能解决常见的问题)。情绪稳定、反应适度(情绪健康),含3个评价要素:情绪稳定(能保持情绪基本稳定);情绪积极(能保持以积极情绪为主导的情绪状态);情绪控制(能调控自己情绪的变化)。人际和谐、接纳他人(人际关系),含3个评价要素:人际交往能力(具有基本的社会交往能力,能处理并保持基本的人际交往关系);人际满足(能在人际互动中体验到正常的情绪情感,获得满足感);接纳他人(能接纳他人及交往中的问题)。适应环境、应对挫折(环境适应),含3个评价要素:保持与现实环境接触;面对、接受并积极应对现实;正确面对与克服困难、挫折。

蔡焯基、马辛等专家研制的中国人心理健康标准是综合考虑个体和社会两个层面建立的,从"和谐"的视角可将其划分为三个部分:前三条归为自我和谐,第四条为人际和谐,第五条为社会心理和谐。

(6)标准六:六个条目

本标准主要针对我国大学生,包括六个条目:有幸福体验的主观感受(少痛苦多,乐观面对现实,正确看待环境多体验幸福快乐)、人际关系和谐(有建设性的积极的人际关系)、积极乐学(自觉主动学习,不视学习为负担)、能调控情绪(自觉主动调控情绪,让情绪稳定)、有合理的人生发展目标(找准人生方向、做好人生规划、把握人生)、勇于挑战困难(勇于接受学习生活挑战,面对打击能冷静处理,积极应对)。这一标准是程科、黄希庭在健全人格取向下对我国大学生心理健康结构予以探索得出的。根据本标准的六个条件,要初步考察大学生心理健康状况。若在有效的时间范围内个体总体符合这六个维度(条件),就可初步判定其心理健康;否则,心理健康不良或存在问题,需进一步考察。

(7)标准七:七个条目

本标准七个条目是指:能保持对学习较浓厚的兴趣和强烈的求知欲望;能保持正确的自我意识,接纳自我;能协调与控制情绪,保持良好的心境;能保持和谐的人际关系,乐于交往;能保持完整统一的人格品质;能保持良好的环境适应能力;心理行为符合(大学生)年龄特征。其适用对象主要是我国大学生,它是由樊富珉教授主持研究得出的。

按照本标准七个维度指标,在评价大学生心理健康状况时,如果被评价对象在七个方面都总体符合,就可初步判定其心理健康。对于大学生朋友自己来讲,对照本标准若发现自己在七个方面都符合,就可以作出相应的判断。

(8)标准八:八个条目

本标准的八个条目具体内容包括:智力水平在正常范围内,能正确反映事物;心理行为特点与生理年龄基本相符;情绪稳定积极,与情境相适应;心理与行为协调一致;社会适应,主要是人际关系的心理适应协调;行为反应适度,不过敏,不迟钝,与刺激情境相应;不背离社会规范,在一定程度上能实现个人动机,并结合生理要求得到满足;自我要求与自我实际基本相符。本标准由王效道(1990年)提出,他经研究认为正常心理应符合以上八个方面的内容。同时他还认为人的心理(健康)水平可从适应能力、耐受力、控制力、意识水平社会交往能力、康复力、道德愉快甚至道德痛苦七个方面加以评量。若个体心理健康状况总体符合以上八个方面标准条件,即可判定其心理健康。

(9)标准九:九个条目

本标准由姚本先提出,他经系统研究认为现代人和青少年学生的心理健康标准应包括以下九个方面的具体内容:

智力水平正常:它是以思维能力为核心的各种认识能力和操作能力的总和,是个体心理健康的重要前提和基础,智商在90至129之间为智力正常。

自我意识正确:它是个体心理健康的核心标准,提倡一种积极的自我观念,了解自我、接纳自我、完善自我。

人际关系和谐:它是维持心理健康的重要条件之一,具体表现为人际交往中心理相容,相互接纳、尊重,对人情感真诚、善良,以集体利益为重,关心集体,乐于奉献。

生活平衡积极:心理健康的人既努力工作,也懂得享受生活,能保持工作、学习与休闲生活之间的平衡,过一种平衡的生活。

社会适应良好:心理健康的人与社会保持良好接触,在了解社会、认识社会的过程中使自己的思想、信念与行动跟上时代发展步伐,与社会的发展进步协调一致。

情绪乐观向上:心理健康的人乐观开朗,热爱生活,积极向上,更多保持满意的良好心境,其积极的情绪状态占优势。

意志行为健全:意志健全主要表现在意志品质上,一个人行动的自觉性、果断性和顽强性是意志健全的重要标志。

人格统一完整:人格是指一个人的整个精神面貌,即具有一定倾向性的心理特征的总和。人格的各要素是具有一定联系和关系的有机整体,它们对人的行为进行调节和控制。如果各种成分之间的关系协调,人的行为就正常;否则,就会造成人格分裂,产生不正常的行为。

心身特征一致:一个人在每一年龄阶段其心理发展都会表现出相应的质的特征,即心理年龄特征。一个人心理行为的发展总是伴随年龄的增长而发展变化。在这种变化中,其心理特点符合其年龄特征,就是其身心特征一致的表现。这是评价青少年学生心理健康状况时要考查的一个条件。

(10)标准十:十个条目

美国心理学家马斯洛和米特尔曼研究提出了有别于其他专家学者的心理健康标准,它涵盖十个维度(条件):充分的安全感;充分了解自己并能恰当评价自己的能力;生活目标切合实际;与现实的环境保持接触;能保持人格的完整与和谐;具有从经验中学习的能力;能保持良好的人际关系;适度的情绪表达与控制;在不违背社会规范的条件下对个人的基本需要作恰当的满足;在集体要求或允许的前提下,能做较好而有限的个性发挥。个体在用这一标准进行心理健康评价时,就要结合自身实际情况从这十个维度一条一条地进行比对,如果总体满足可初步判定心理健康;否则,需要进一步诊断评估。

综上所述,作为新时代的大学生,其心理健康状况可以从以下八个维度(条目)来考量评价:智力正常;情绪稳定;意志健全;人格完整;自我评价正确;人际关系和谐;适应社会;心理行为符合大学生年龄特征。新时代大学生是"天之骄子"、祖国的未来、民族的希望,应当掌握中国人心理健康标准,以之为镜映照自己,以之为尺丈量自己,以便自己在符合中国人心理健康标准的基础上不断提升心理健康水平,打牢民族复兴大业之健康基础。

4.心理健康的评价方法

一个人的心理健康状况不能仅凭感觉。应该根据(被试)对象的实际情况,借助合适的工具,采用相应的方法对其心理健康状况进行考察或测量,经过分析后,才能得出有关心理健康方面的结论。这里所说的工具其实就是心理健康标准的具体化,当然,与物理学领域测量有形物体的工具不同,心理学领域的测评工具更多是间接反映心理健康状态的。由于其测量评价对象的特殊性,心理健康测量工具也有自身的特殊性。它常常是对心理健康标准各个维度(条件)的具体化,根据各维度的内涵特质设计相应的题目组成一组题目,再经过一系列环节程序的标准化,就可得出相应的测量工具,这样的工具被称作量表。

（1）自评法与他评法

按照测评主体来分，心理健康评价方法可分为自评法和他评法，对于前者，其测评的对象又是测评的主体，就是自己遵照一定的原则，依据心理健康标准或量表对自己的心理健康状况进行测量评价；对于后者，即具备相应条件的施测者（测量主体）采用合适的心理健康标准或测量工具对他人（测评对象、被试）的心理健康状况进行测量评价。对测量结果进行分析得出相应结论，并将结论向被试合理反馈。

（2）定性评价法与定量评价法

如果以是否使用量表来区分，可分为定性评价法和定量评价法。前面在介绍心理健康的十种标准的过程中，伴随介绍了心理健康的评价情况，针对具体的某一种心理健康标准所涵盖的维度（应满足的条件），结合需测评的对象或我们自己的自身实际一条一条进行比对，如果总体满足或符合，就认为心理是健康的，如果不符合视其具体情绪进一步诊断或作出初步的判定。这样的方法我们称之为定性法，主观成分相对较多，"误差"相对较大。如果用量表测量后进行评价，"精准"度相对较高，"误差"相对较小，比如本节"自我评价"板块中所用的心理健康量表，通过对符合自己实际情况的每个题目选项或答案数量化计分，最终加出总分，将总分跟相应常模作比对，就能得出相对准确的心理健康评价结论。当然，心理健康测评工具与方法还有待进一步探索发展。

四、成长训练

新时代高等职业学校大学生要成为心理健康全面发展的高素质技术技能型人才，不仅要对心理健康方面的基本常识和自身心理健康状况有所"知"，还必须有所"行"，在与客观现实环境交互作用、助人以及专门的心理素质训练活动中，不断改造主观世界，适应环境，健全人格，涵养心理品质，保持良好心理健康状态。

◎训练一　在自我肯定中增进心理健康

1. 自我肯定是自信的一种体现

不管是高水平的心理健康，还是中低水平的心理健康，都需要自信、自我肯定，接纳自己，悦纳自己，处理好跟自己之间的关系。自信就是自己要相信自己，有一种有能力有机会克服困难、完成任务、实现目标、发展壮大的信念。大学生要在自我肯定中增强自信心，不能仅仅停留在认知与思辨层面，还必须由

天生我材必有用，千金散尽还复来。——李白

知向行转化过渡,通过行动训练让它落地生根、开花结果。

【说一说】"推销"自己增强自信

一个人要心理健康成长,不仅要处理好跟自己之间的关系,还必须跟他人建立联结。既要不忘老朋友,还要结识新朋友,融入集体与社会,与他人、集体与社会和谐融洽,共同成长发展。人在旅途中,社会性联结要不断扩大,因此免不了要在新的境遇中"推销"自己,在方便他人认识自己的同时缩短心理距离、建立联结,增强自信。

操作步骤:

(1)组队,二人一组,可随机组队,也可根据实际情况寻找合作伙伴。

(2)从座位上起身,相向站立,一人主动说"您好",同时伸出右手与对方握手,面带微笑,目光注视对方30～50秒钟(不准笑)。

(3)诚恳向对方介绍自己:"我叫_____,我对_____最有把握,我很自信,请支持我"(声音洪亮、目光亲切有神、面带微笑)。

(4)然后交换角色,另一位同学又来"推销"自己。

(5)最后交流并分享感受。

活动感受:

_____

_____

_____

2.自信心的养成贵在行动

每当有同学在大庭广众之下大胆展示自己的时候,其他同学会投去羡慕的目光,并在心中叹息:自己也能这样该多好;每当教师在课堂上提出问题让同学们主动上台回答的时候,许多同学心中都有上台展示的冲动,但是真正能将这种冲动变为现实的只是少数。自信心的养成仅仅停留在想一想或冲动的层面是不够的,必须将自己内心这种正确的冲动与想法转变为行动,挑战自己,克服困难,大胆尝试。

【扫一扫】扫清自信心养成道路上的障碍

有的大学生自信心不足,给自己留下不少遗憾,主要有以下几方面原因:一是过分考虑参与行动的结果,担忧结果不好"丢人"。这种顾虑是让参与冲动消减的一大障碍。二是对曾经有过的参与行动未仔细反思、体验和感悟。其实,就拿课堂上上台展示自我或众目睽睽下公开发言这样的事,最初对每个人来讲都是一种挑战,在这种挑战中一定有收获,一定有成长,只是有的人没有去觉察。只要去觉察与坚持这种成长就会越来越明显,这过程中自信心自然得以增强。

三是在成长的道路上较少得到外界的肯定、鼓励或更多得到的是批评和否定。我们要改变外界有时很难,很多时候无法保证他人一定肯定、支持并鼓励自己。那怎么办? 不能"支配"他人,但我们可以支配自己,自己肯定自己、鼓励自己。

操作步骤:

(1)清理出自己没有将"心动"变为"行动",信心不足失去锻炼展示机会的"拦路虎:_____

_____

(2)用呼吸放松法清扫:_____

_____

(3)用自我对质法清扫:_____

_____

(4)用自我暗示法清扫:_____

_____

◎训练二　在整体健康中心理健康成长

在经济社会高速发展的同时,各行各业对人才质量的要求越来越高,高等职业学校大学生无疑面临着学业、择业、事业等多方面压力的挑战。在新的挑战面前,越来越多的大学生意识到心理健康的重要。但是,也有一些大学生对心理健康重视不够,认为自己身体"棒棒"的,又没有心理"毛病",没必要学习心理健康课程。这种现象是极端有害的,因为它反映出有的大学生对健康概念并未真正理解。

健康是一个复合概念,它不仅包括身体健康,还包括心理健康、社会适应良好(社会健康)和道德健康(联合国世界卫生组织WHO,1989)。由此可知,健康不仅仅是指身体健康,还包括其他三个方面。只有既身体健康,又心理健康、社会健康和道德健康,才称得上是"真正"的健康。因此仅仅身体没病、自我感觉身体"棒"的人,不能说就一定是健康的人,因为这最多代表身体健康,不能代表在心理、道德以及社会适应三个方面都一定健康。当然,有时人们常常又把健康说成身体健康和心理健康两个方面,在这种情况下就意味着把道德健康和社会适应良好两个方面归到心理健康门下去了。新时代大学生要革新健康理念,走出以往身体健康即整体健康的片面观念,自觉确立起身体健康、心理健康、道德健康和社会健康和谐统一的整体健康观。

【练一练】身体需要常锻炼

尽管身体健康不能代表整体健康,但是身体健康对心理健康有促进作用,有

健康是这样一个东西,它使你感到现在是一年中最好的时光。——亚当斯

助于整体健康。因为人的身心之间有着密切联系,身体健康的人其身体器官组织、大脑神经系统功能状态良好,这是人保持良好心理健康状态的生理物质基础,否则,将影响人的心理情绪状态,影响整体健康质量。因此要成为真正健康的有用人才,拥有整体健康的资本,锻炼好身体,让自己身体健康也是很重要的。

操作步骤:

(1)运动锻炼审视:自进入高一级学校以来,平均每天的身体锻炼时间是多少?

---

(2)运动锻炼约定:将身体锻炼纳入学习生活整体安排,编制身体锻炼周计划卡,与自己或同学达成一定约定。

星期	约定运动时段	约定运动时长	约定运动形式	执行效果自评分	一句运动感言
一					
二					
三					
四					
五					
六					
日					
周运动计划落实情况总结:					

说明:执行效果自评满分为10分,意味着约定的运动计划落实执行良好,运动方法科学,感受良好。

五、助人自助

(1)临近毕业的小单(化名)执意离校回家并放弃学业,请你结合小单的实际从心理健康成长的视角帮助他。

小单,某高等职业学校学生,在毕业前3个月发生了一件事。一天,在学生公寓楼层走道上行进时,他向后转身击打了身后的同学(该楼层楼长),身后的同学也迅速做出了反应,矛盾升级。很快该校保卫科科长介入了调查。下面是科长向小单调查了解情况的对话:

科长:你为什么打人?

小单:他(楼长)偷袭我。

科长:他有没有侵犯你? 怎么说他偷袭了你呢?

小单:我是说他要偷袭我?

科长:你又怎么知道他要偷袭你呢?

小单:我在公寓楼道往前走,他尾随在后面。

科长:你怎么知道他尾随在后面呢?

小单:我听见了他尾随跟踪我的脚步声。

科长:即便他尾随在你后面,就一定要偷袭你、加害你吗?

小单:他分明就是想偷袭我,我打他是为了保护自己。

科长:……(后面对话省略)

之后,心理咨询师也主动走近小单,力图帮助他,但小单"阻抗"很强。心理咨询师初步了解到小单内心没有归属感、没有安全感。小单不听人们的劝导,执意放弃学业,将所有生活学习用品用黑色塑料口袋装好后戴着深色墨镜离校回家了。半年后又给辅导员来电询问能不能毕业……很是后悔!

(2)小妒(化名)是一名某高等职业学校的女生,她想要从室友小勤的助学金中分一杯"羹",这引起了室友之间的不和谐。请你对小妒提供帮助,以便其心理健康成长。

小妒聪明机智,家庭条件较好,但学习不够用心;而她的室友小勤家庭经济条件很困难,但学习很努力,期末时按助学金评比条件成功获得了助学金。小妒自从小勤获得了助学金后,心里感觉不是滋味,于是在其他室友面前开始表达不满和抱怨,并且还在晚上睡觉前故意挑起"助学金"这一敏感话题,试图让室友们纷纷把矛头指向小勤,最后小妒提议:在学校兑现了小勤的助学金后,室友们每个人都应该分享一份。小勤对小妒和室友们的做法感到非常困惑和不解,她本来应该得到鼓励和祝贺,却遭到了冷嘲热讽。更为糟糕的是,她还要被迫容忍室友们强行分粥的行为,这让她感到心烦意乱。

六、体验升华

心理健康有不同的层级水平,心理潜能的开发和自我实现需要的满足是高水平心理健康的体现。请阅读并领悟侯晶晶博士的感人事迹材料,从其潜能开发和成功人生与心理健康关系的视角去审视,能得到什么样的心灵感悟?

七、拓展训练

1.心灵碰撞:交流分享对心理健康、心理健康标准等内容的学习成果。

2.知行合一:编制提升心理健康水平的行动计划。

扫一扫
练习巩固

学习心得

单元三 主动关注心理咨询 结交成长好帮手

学习目标

知识目标

1. 理解心理咨询概念的内涵及其基本功能。

2. 明确心理咨询的对象、内容与类型。

3. 了解大学生心理咨询的意义和特点。

技能目标

1. 具备初步识别和属于寻求心理咨询解决的心理问题的能力。

2. 具备应对心理问题和维护心理健康的方法策略。

思政目标

1. 树立正确的心理咨询观念和自我求助的自觉意识。

2. 培养关心和帮助同学或他人正确排解心理困惑的情感。

新时代的高等职业学校大学生在成长的道路上会面临许多良好的机遇，也不可避免地会面临一些新的人生课题需要解决，比如：亲情友情爱情、学业就业创业、生存生活生命、安全安保安心、识事识人识己等一系列人生课题。在应对这些人生课题的挑战过程中，不同程度地感受到压力或产生心理困惑，属于正常现象。

只要以积极良好的心态和正确的方法来面对成长路上的这些人生课题，其心理困惑或压力都可以得到完全的消解。但是，如果消极对待，产生的心理困惑、感受到的压力就可能会升级，演变成严重的心理问题，甚至是心理障碍和心理疾病。在成长道路上，大学生有心理困惑、心理问题是很正常的，关键在于要正确对待，并使用合适的方法来及时排解。寻求心理咨询机构、医院临床心理科的帮助是解决心理问题、维护并促进心理健康的重要途径。

一、案例启思

"我怎么会没病呢"

张虑(化名)，男，20岁，某高等职业学校一年级学生，面容忧愁，情绪低落。

他曾经是一个乐观开朗、对任何事儿都充满好奇且有主见的人。一年前,他的舅舅被检查出患有癌症,家人都非常震惊,因为他舅舅平时生活习惯良好,不抽烟不喝酒。两个月前,舅舅因癌症去世,家里人都沉浸在悲痛中。受到舅舅去世的影响,他开始非常关注自己的身体健康状况,每当自己的身体有一点不舒服都非常在意。有一次运动后感到非常累,坐在凳子上很久才恢复过来,他发现其他同学并不这样,就开始怀疑自己的身体是不是有什么问题,为什么恢复能力这么不好。后来到医院做了体检,医生告诉他身体检查报告显示一切正常,但他本人不相信,总觉得报告不对。又有一次,他感冒咳嗽,吃了一点药症状有所好转后,随意去网上查阅了一下有关资料,发现有医生网友说如果咳嗽没治好长期发展下去可能会转化为肺炎或者肺结核,他顿时被吓倒了,赶紧去医院检查,后来医生也只是开了一些简单的药,可是他又担心吃了这些药没效果反而留下病根,心里也一直耿耿于怀。现在只要一发现身体哪里不适,就会先去网上查询相关信息,感觉网上那些资料描述的情况好像都跟自己的表现一样,而那些结果又都很严重,于是他又不得不再去医院检查,可是检查结果显示他一切正常,他又难以相信。为了"健康",他经常请假进医院,大家为了照顾他,都尽量让他少参加集体活动,不过,单位的照顾反而让他更加确信自己身体方面有问题。为此,他感到非常痛苦,整天担心着自己的身体状况,无法去做别的事儿。张虑时刻被"我怎么会没病呢"的念头困扰着。

* 医生说张虑"没病",你对此有何看法?
* 综合观之,根据张虑的表现你能初步得到什么结论?
* 作为有助人情怀的大学生,对张虑有什么建议?

二、自我评估

下面是对有关心理咨询态度方面的描述,请你将自己对心理咨询及有关方面的认识或态度与表中描述的各种情况对照,并据实在"完全符合""基本符合""不确定""基本不符合""完全不符合"这五个选项中选一个。回答无好坏、对错之分,只要符合自身实际就行,回答时无须过多考虑,也不要受别人的影响。

题号	题 项	完全符合	基本符合	不确定	基本不符合	完全不符合
1	我认为心理咨询没益处,不相信它。	1	2	3	4	5
2	我认为有心理问题看心理咨询师(心理医生)是很可耻的。	1	2	3	4	5
3	我觉得心理咨询跟生活中的一般谈话交流没两样。	1	2	3	4	5
4	我认为心理咨询就是思想教育。	1	2	3	4	5
5	我认为有心理问题随意找一位教师帮助也能达到心理咨询师的同等效果。	1	2	3	4	5

续表

题号	题　项	完全符合	基本符合	不确定	基本不符合	完全不符合
6	若我对心理咨询师不满意,有权利寻求别的心理咨询师帮助。	5	4	3	2	1
7	我认为心理咨询应遵循保密原则,心理咨询师和来访者应相互保密。	5	4	3	2	1
8	我认为大学生寻求心理咨询帮助应该主动自觉、遵循主动求助原则。	5	4	3	2	1
9	我认为寻求心理咨询帮助是对心理健康成长负责任的体现。	5	4	3	2	1
10	所有的心理问题,心理咨询师都能帮我解决。	1	2	3	4	5
11	我认为心理咨询师的作用不可忽视,但心理问题的解决最终要靠自己。	5	4	3	2	1
12	所有的心理问题,我认为只能寻求心理咨询师才能解决。	1	2	3	4	5
13	到心理咨询机构咨询1次,感觉好多了,我认为就可不去第2次……。	1	2	3	4	5
14	若心理咨询师建议到医院临床心理科去就诊,我认为完全没必要听从。	1	2	3	4	5
15	在接受心理咨询帮助过程中,没必要为咨询师提供其要询问了解的信息。	1	2	3	4	5
16	我是心理委员不是心理咨询师,没必要帮助同学排解心理困惑。	1	2	3	4	5

【评价方法】

采用5点评分法,即完全符合计记1分,基本符合记2分,不确定计3分,基本不符合计4分,完全不符合计5分;其中,第6、7、8、9、11题属反向记分题,记分顺序相反,即选"完全符合"记5分,"基本符合"记4分,"不确定"记3分,"基本不符合"记2分,"完全不符合"记1分。

【结果解释】

根据评价方法,总分越高,表明你对心理咨询的认识越理性、态度越良好、接纳度越高。这里满分是80分,若测量结果分数低于45分,说明你目前对心理咨询的认识还比较模糊、不具备积极主动寻求心理咨询专业机构(专业人士)帮助的正确态度。

【评估结论】

三、知识滋养

(一)心理咨询概述

1.我国心理咨询发展简史

我国心理咨询的雏形在20世纪50年代末已经孕育,到20世纪80年代初随着心理学重获新生才真正起步。1985年3月成立了中国心理卫生协会,随后在其下又成立心理咨询与心理治疗专业委员会,这是我国心理咨询工作发展起来的标志。21世纪初,我国正式开启心理咨询师职业资格证书的考核鉴定工作,一大批同志通过考核认证。至今,我国心理咨询业已得到巨大发展,不管是在社区、医疗卫生系统还是基础教育、高等学校,心理咨询工作都不同程度地在专业化轨道得到较大发展。

2.心理咨询概念

到底什么是心理咨询?如何给心理咨询下定义?首先,从字源上讲,咨即"谋也",谋事、商议之意;询即询问、请教、征求意见。从词源上讲,咨询是指为某事去请教、询问、征求意见、商议解决。因此,心理咨询可以定义为:因心理方面的事情去询问请教、征求意见、商议解决。不同的专家学者,对心理咨询概念内涵与外延的理解,因为各自立足的学术视角或学派立场而存在差异。

罗杰斯认为:心理咨询是通过与个体持续的直接的接触,向其提供心理帮助并力图促使其行为、态度发生变化的过程。威廉森等人(1949)认为:心理咨询是两个人在面对面的情况下,其中一个人是经过心理咨询专门训练的咨询师,向在心理适应方面出现问题并寻求解决问题的另一人提供援助的过程。

张人俊等(1987)对心理咨询下的定义是:心理咨询是通过语言、文字等媒介,给咨询对象以帮助、启发和教育的过程。通过心理咨询,可以使咨询对象的认识、情感和态度有所变化,解决其在学习、工作、生活、疾病和康复等方面出现的心理问题,从而更好地适应环境,保持身心健康。马建青(1992)认为:心理咨询就是运用有关心理科学的理论和方法,通过解决咨询对象(即来访者)的心理问题(包括发展性心理问题和障碍性心理问题),来维护和增进身心健康,促进个性发展和潜能开发的过程。梁素娟和于心愿认为:心理咨询,就一般而言指咨询师运用心理学的有关理论和方法,通过特殊的人际关系,给求助者以帮助、启发和指导的过程。在这个过程中,咨询师通过与求助者的沟通和合作,帮助他们解决在学习、工作和生活等方面出现的心理问题(包括性心理问题和发展性心理问题)、挖掘求助者的潜在能力,以更好地适应环境,并保持和提升身心健康水平。

综上，根据科学领域给事物下定义的规则——用最概括的语言说出被定义事物的本质，抽取不同定义的共同点，《心理咨询师（基础知识）》（中国心理卫生协会、中国就业培训技术指导中心联合组编，2015年修订版）用一句话给出了心理咨询的定义：心理咨询是心理咨询师协助求助者解决心理问题的过程。笔者认为，心理咨询是心理咨询师运用心理学的理论与方法，通过与求助者的沟通和合作，帮助他们解决心理问题，促进其心理健康成长的过程。

3.心理咨询的功能

所谓功能，是指事物或方法所发挥的有利的作用、效能。不同的事物、不同的方法具有不同的功能。心理咨询作为一种特殊的助人活动，有其自身的功能。其基本功能如下：

（1）稳定平衡情绪

来访者（求询者）寻求心理咨询师的帮助，都有着不同的求助动机不同的人可能会因为不同的原因产生求助动机，就大学生来讲，这些原因可能是学习、就业、情感、婚恋、人际关系、人生理想等方面。尽管每个来访者的具体问题或事情可能有所不同，但这些具体问题或事情往往会对来访者的情绪产生影响，比如焦虑、抑郁、痛苦、恐慌等。当这些情绪困扰着来访者，以至于他们无法自我调节或承受超过自身限度时，他们的求助动机就会得到增强，从而产生求助行为。

心理咨询作为一种助人活动，主要帮助来访者调节、稳定和平衡情绪，这是其基本功能。只有当情绪得到稳定和平衡时，才能进一步促进来访者的成长和发展。为了实现情绪稳定和平衡的功能，心理咨询师一方面采用无条件接纳、让来访者感受到被接纳和支持，从而建立良好的咨访关系；另一方面是通过引导来访者倾诉、深呼吸、肌肉放松等方法放松身心，缓解情绪紧张和焦虑。情绪好转是来访者认知松动与修正的先决条件。

（2）调整修正认知

帮助来访者调整和修正认知是心理咨询的另一个基本功能。来访者的心理问题往往与他们的认知密切相关。每个人都不是孤立存在的，而是与周围环境中的人、事、物相互关联。然而，不同个体对这些关联的认知可能存在偏差或偏离客观实际的情况。当这些认知发生偏差时，就会影响个体对环境的适应性和自我和谐，如果偏差越来越大，个体可能会越来越不适应环境，并导致心理问题。例如,有些大学生无法正确认识自己与自己的关系、自己与同学的关系、自己与学习的关系、自己与未来的关系等,这导致了他们的心理困惑和问题。面对这样的来访者,咨询师在帮助他们调节情绪后,需要着力引导他们调整和修正认知,深化自我认识理解,化解内部心理冲突,以全面客观、理性平和的态度看待人和事物。通过认知调整和修正,可以帮助来访者重新建立健康的心理状态和平衡,以达到偏差认知的调整矫正和修复重建。

（3）促进心理成长

促进心理成长是心理咨询的第三个基本功能。心理咨询是一种特殊的助人活动,教育是培训人的社会活动,从大处讲,心理咨询有教育功能、育人功能,只是其教育功能、育人功能的实现是采用心理学的理论与方法,通过帮助来访者这一特殊群体心理的成长来实现。所以,促进心理成长是心理咨询的基本功能,也是心理咨询存在与发展应有的终极效能。

心理咨询师通过建立良好的咨访关系,稳定来访者的情绪,帮助他们调整认知、化解冲突,以及更新陈旧的观念和信念,这样来访者就能够掌握情绪稳定的方法和技巧,重建健康的认知思维模式,学会面对现实,并用自己的力量解决当下的问题。最终,他们将拥有足够的勇气、正确的方法和坚强的意志,以及不懈的行动去面对学习生活和独立解决发展中的问题,在这个过程中,他们的心理不断成长,人格也得以健全发展。由此不难发现,促进心理成长是心理咨询的重要功能之一。

(二)心理咨询的对象、内容与类型

1.心理咨询的对象

心理咨询的对象主要有三大类:有与心理有关的现实问题并寻求帮助的精神正常的人群;心理健康水平较低,产生心理障碍而不能正常学习、生活和工作,并寻求帮助的人群;已经临床治愈或处于潜伏期精神病的特殊对象。

总之,心理咨询的对象是精神正常或心理正常的人群。他们在成长发展的人生旅途中可能会因学习生活、情感婚恋、人际交往、职业理想等因素引发心理问题。这些问题通常都是可以通过寻求心理咨询师的帮助得到解决的,他们不属于精神病人,也不属于心理疾病患者,他们属于心理正常的人群。即便是第三类"特殊对象",对于"临床治愈"的那部分人群也不再是精神病人。在进入康复期心理咨询之前,他们已经接受了临床心理治疗,其精神疾病已经得到治愈。康复期的心理咨询主要是为了帮助他们尽快恢复健康,回归日常生活。对

于有潜伏期精神病的"特殊对象",对其进行心理咨询的目的在于及时"刹车",并化解潜在问题,避免其演变为现实问题。实质上,这部分人群仍然属于心理正常的人群,心理咨询的作用在于预防和解决问题,并增强他们的心理免疫力。

既然心理咨询的对象是具有正常心理或心理正常的人群,那么就需要正确理解正常心理这一概念。正常心理是与异常心理相对而言的,郭念锋(1986、1995)从心理学的视角切入,根据心理学对心理活动的定义:"心理是脑对客观事物的主观反应",提出了判断心理正常和心理异常的依据:

(1)主观世界与客观世界的统一性原则

对于心理正常或有正常心理活动的人而言,他们的心理活动在形式和内容上必须与客观现实环境保持一致,即主客观统一或反映与被反映统一。有的人坚信自己看到或听到了什么,然而实际上他们的周围并不存在能够引起这些感觉的刺激物,据此,我们可认为他们的精神活动不正常或心理不正常,可能产生了幻觉。有的人的思维内容脱离现实,或者思维逻辑背离客观事物的规定性,而且坚信不疑。这种情况也说明他们可能出现了幻想,精神活动不正常或心理不正常。例如,曾经有一位老人,会间歇性谩骂邻居,并且在谩骂中声称邻居在他的煮饭锅里放毒药,想要害死他。然而事实上并没有这样的事情发生,但他却坚信不疑。这就是被害妄想的表现。

另外,如果一个人的心理冲突与实际处境不相符合,并且长期持续无法自拔,就可以认为他们的精神活动不正常,可能产生了神经性心理问题。

在精神科临床诊断中,常常将是否具备"自知力"作为判断精神障碍的指标之一。具备"自知力",意味着来访者的主观认知与客观现实相统一,符合主观世界与客观世界统一性原则或反映与被反映同一性原则。如果来访者缺乏"自知力"或"自知力不完整",就说明他们对自身状态存在错误的认知和反映导致"自我认知"与"自我现实"的统一性丧失,这不符合主客观统一性原则或反映与被反映同一性原则。

(2)心理活动的内在协调性原则

心理活动的内在协调性原则通常也被称为知情意协调一致性原则。人的心理活动(精神活动)过程可以分为知(认知)、情(情绪情感)和意(意志)等部分,这些部分是一个完整的"有机体",不是孤立、碎片化的东西。在正常心理状态下,这些部分应该保持协调一致性原则,以便高度准确地反映客观世界。否则,就可能初步判断其心理功能存在问题,需要进一步考查。例如,对于正常心理的人而言,遇到令人高兴的事情,他们会表现出良好的情绪;遇到令人痛苦的事情,他们会感到忧伤或挫折。如果遇到令人愉快的事情却做出痛苦的反应,或者遇到令人痛苦的事情却做出快乐的反应,那么其心理过程就失去了协调一致性,这可能是心理异常的表现。

一个人喜欢或讨厌一个人,属于情绪情感阶段的心理活动,这不仅与被喜欢或被讨厌的对象本身有关,而且也与个体对被喜欢或被讨厌的人的认知密切相关。如果一个人对被讨厌或被喜欢的人一无所知,或者被讨厌的人并未做出让人讨厌的事情,而是做了本应让人感激的事情,又或者被喜欢的人并没有与个体有任何交集,也没有表现出任何让人喜欢的信息,那么这种情况一定程度上说明存在情感倒错,违背了知情意协调一致性原则,不属于心理正常或正常心理的人的状态,属于心理异常状态,或者说表现出异常心理。正如生活中所言,没有无缘无故的爱,也没有无缘无故的恨。

从临床心理学的视角出发,可以将人的全部心理活动分别使用"心理健康""心理不健康""心理异常"三个概念来表达。

心理正常是相对心理异常而言的,而心理正常包括心理健康和心理不健康两种情况。心理健康是指个体的心理活动处于一种动态平衡的心理过程,如果个体自身或内外环境发生了激烈的变化,其动态平衡过程可能被打破,心理活动可能偏离群体心理的健康常模,变为相对失衡的状态或在失衡的状态中变化,这可能会对个体的生存发展和稳定生活质量带来负面影响。在这种情况下,个体的心理活动可以被认为是处于一种"不健康心理"状态(即心理不健康),这种状态指的是个体偏离常模而丧失常规功能的心理活动。因此,不健康心理活动可以理解为一种处于动态失衡的心理过程。个体心理不健康状态包括三种类型:一般心理问题、严重心理问题和神经症性心理问题(可疑神经症)。

(3)人格的相对稳定性原则

在长期的学习、生活和成长过程中,每个人都会形成独特的人格心理特征,并且表现出区别于他人的个性。这种形成的人格(个性)是相对稳定的,这是心理正常的人所具备的心理功能体现。一般来说,除非遭遇重大的外界变革,否则个体的性格通常不会轻易改变。心理正常的人应该符合人格相对性原则或个性相对性原则。

如果一位原本性格外向的大学生,近阶段表现出沉默寡言、郁郁寡欢、闭门不出的行为,与其外向的个性或者说与其外向的人格心理特征不相符合,可初步判断其心理活动存在异常,需要进一步评估和考查。如果确认其心理活动存在异常,那么这些行为就是异常心理表现,其精神活动已经偏离了正常轨道。

例如,热情的人突然变得冷漠、原本用钱节约的人突然挥金如土、内向的人突然出明显的外向行为,而这些改变在其学习生活的环境中找不到足以解释的原因。

2.心理咨询的内容

（1）基于工作过程的心理咨询内容

心理咨询作为一种特殊的助人活动,从工作过程的主要环节时序来讲,其主要内容有以下方面。①收集来访者的信息:人口学资料、个人成长史、近期生活遭遇、求助目的与愿望等信息。②界定来访者的心理问题:通过对收集的各类信息资料进行排序、筛选、比较、分析等多环节工作,最后对来访者的"心理问题"予以评估界定。③确立心理咨询目标:明确了来访者的心理问题,需要确立合适的咨询目标。咨询目标在确立的方式上不能仅由咨询师一人"说了算",需要与来访者协商,让来访者主动介入参与进来。咨询目标的合适性是指在确立时既不能过高也不能过低,让来访者在咨询师的帮助下通过自身努力达到。④制订心理咨询方案:咨询目标的有效实现需要制订咨询方案,其方案的制订需要由咨询师和来访者共同完成,来访者也是其方案制订的主人。⑤心理咨询方案的具体实施:通过会谈（晤谈）、行为训练（如深呼吸、肌肉放松等）、布置作业等方式来展开具体的咨询工作,以达到情绪调节、认知矫正、童年创伤的修复等效果。⑥心理咨询评估。心理咨询方案实施的最终目的是帮助来访者解决问题,促进心理健康成长,回归正常的高质量的学习生活。因此,心理咨询方案实施后的评估工作也很重要。通过心理咨询评估,可以及时了解心理咨询目标实现的情况,以便在前面各环节工作开展基础上作出一定的调整,更好地开展来访者与咨询师之间约定的下一轮次的心理咨询工作。来访者心理问题的解决,常常不是一次咨询就可以完全解决,而是在螺旋上升的多次咨询过程中逐渐得到解决,具体需要多少次咨询需要根据自身心理困惑或心理问题的具体情况,与心理咨询师商议约定。

（2）基于来访者问题的心理咨询内容

心理咨询的对象是来访者,这些来访者是有心理问题的正常人。心理咨询工作的开展离不开来访者的心理问题,因此,自然心理咨询的内容也离不开它。对于高等职业学校的大学生,作为心理咨询对象来说,从其寻求帮助需要解决的心理问题视角来考查心理咨询的内容,根据笔者多年心理咨询的"临床"经验积累,主要包括以下方面:

①人际关系问题:有的同学背井离乡来到新的学习生活环境,要同来自四面八方的同学打交道,这些同学有不同的生活成长经历,不同的家庭环境,不同的文化和习惯、学习生活习惯、待人接物方式和个性特征,大家汇聚到一起,免不了要交往互动与"碰撞",在这过程中,由于有的同学过去交往范围相对窄小,加之极少数同学本身有些自我封闭,来到新的"大家庭"在与"家庭成员"往来互动中有不适应的地方或出现心理困惑,这是难免的也是正常的。寻求心理咨询帮助是解决"问题"、对自己心理健康成长负责的体现。

②恋爱爱情问题:高等职业学校的学生年龄一般分布在18岁至22岁这个范围。根据艾里克森人格发展阶段理论,这个年龄阶段的学生需要解决的人生主要矛盾或发展性心理危机即是亲密对孤独的危机。因此,大学生有谈恋爱、培育爱情的愿望或行动是正常的,是心理成长发展的体现。然而,有的大学生暂时不具备这方面的条件,比如缺乏爱的能力、同学之间正常交往的勇气和基本技能等,这样的青年容易产生恋爱爱情方面的困惑。他们时常内心憧憬与渴盼爱情,而现实对自己又很遥远,由此引起心理问题是难免的。这样的青年大学生寻求心理咨询帮助的比例也占了一定的数量。

③学习动机问题:大学生的各种行为和活动都是由动机所引起的。动机是直接推动有机体活动以满足某种需要的内部状态,由内驱力和诱因两个基本因素构成。学习动机是大学生动机系统中的重要组成部分,是直接推动大学生学习活动的内部动力,也是激发、定向和维持大学生学习行为的重要心理过程。作为高等职业学校的大学生朋友,普遍动手能力强、思维活跃、追求新事物的热情高。但是也有一些人因为文化基础知识相对薄弱、自我约束力相对有限、对学习的真正目的和意义认识模糊、易受学习环境的影响,而出现不同程度的学习动机问题,表现为学习自觉性不强、学习积极性不高、主动探索不够等不良现象。这些问题不仅影响自身的学业进步,而且也对自身心理健康成长产生了重要影响。对于天生追求进步的大学生,由于对学习动机问题所带来的不良学习后果感到担忧,或者对未来的人生前途感到迷茫和焦虑恐慌,最后鼓起勇气选择走进学校心理咨询室寻求帮助。

④理想信念问题:高等职业学校大学生是新时代经济社会高质量发展的生力军,肩负着光荣的时代使命。习近平总书记指出,伟大的梦想不是等得来、喊得来的,而是拼出来、干出来的。绝大多数大学生朋友,在伟大理想与时代使命的感召与指引下,发扬大国工匠精神、潜心学习、探索创新,不断提升专业技能与综合素质,用行动诠释着新时代大学生的理想追求与坚定信念。然而,也有

极少数大学生在理想信念方面出现了一些状况,成为了自身心理健康成长的影响源头,例如:有的青年对理想认识模糊。笔者在调查中发现,有的大学生来到高等职业学校就是为了拿到毕业证、找一份工资高的好工作、有一个人生伴侣,过着小家庭幸福的日子就满足了。这样的青年有着为自己和小家庭负责任的态度,是值得肯定的。但是,如果仅仅局限于个人及其小家庭的利益,那么他们的理想就存在缺憾。大学生应该有责任将自己的前途命运与国家、民族的前途命运相结合,既要考虑自己,更要考虑他人、社会和国家。只有这样,个人的理想才更有价值,也才能更好地实现。理想是一盏指路明灯,没有正确的理想,心中就会缺少明亮光芒的照耀和长远目标的牵引,渐渐地会失去一个人应有的"主心骨"和灵魂应有的"着落地",让自己没有踏实感,不免会因为空虚无聊、信念缺乏而产生一系列心理问题。因此,帮助这样的青年处理好理想信念问题、促进他们的心理健康成长,无疑也是心理咨询工作内容中不可或缺的部分。

⑤就业择业问题:以培养高素质技术技能人才为己任的高等职业学校,与经济社会生产第一线联系紧密,其人才培养的"特殊性"不可避免地让学生对未来的职业选择和走向有一种"敏感性"。从学生选择专业的那一刻开始,他们的就业前景如何就牵动着他们的心,成为他们关心的大事。大学生关心就业、择业和创业是对自身职业人生负责任的体现,同时也是大学生活的重要动力来源。然而,由于一些高职大学生存在不理性的择业观、对职业人生缺乏整体全面的规划、没有明确的职业理想等原因,他们在就业择业方面出现了心理问题。例如,有些大学生会过度思虑未来的就业择业,不切实际地在想象中给自己下定论,从而导致焦虑恐慌或无助抑郁,影响正常的学业和自身的心理健康成长。因这些问题而走进心理咨询室的学生在高等职业学校中也占有一定的比例。

3.心理咨询的类型

对于心理咨询的分类,根据不同的分类标准(依据)会有不同的分类分法。其分类依据一般有咨询性质、咨询时程、咨询规模、咨询形式等几种。根据咨询时程,可分为短程心理咨询、中程心理咨询和长程心理咨询。大学生了解心理咨询的类型及其基本特点,有助于他们在学习生活中"精准"地寻求帮助。

(1)按咨询的性质分类

按照咨询的性质,可以将心理咨询分为发展心理咨询和健康心理咨询。大学生在人生发展的各个阶段,都可能会遇到一些困惑和问题,需要去解决。这些问题和心理困扰通常会伴随着个人成长过程出现,因此属于发展中问题。为了更好地适应环境、拥有更好的学习生活状态,并充分开发自身潜能,大学生朋友常常会寻求心理咨询的帮助,与之对应的是发展心理咨询。

对于一个本身心理(精神)正常的人,如果在与外界的交互作用中因刺激而产生焦虑、紧张、恐慌、抑郁等情绪问题,或者因遭遇困难和挫折引起行为问题,导致失去应有的心理平衡和社会功能的正常发挥,那么针对这种情况所展开的心理咨询属于健康心理咨询。

(2)按咨询的形式分类

按照咨询的形式、途径和手段来分,可以将心理咨询分为现场(门诊)心理咨询、电话心理咨询和网络心理咨询等。无论是在心理咨询机构还是在医院门诊现场进行的面对面心理咨询,其实都属于门诊心理咨询。它有助于对来访者进行初步检查和诊断,在及时发现问题的基础上做出是否需要转诊或会诊等方面的适当处理。在心理咨询中,门诊心理咨询是最主要的形式之一。

电话心理咨询早期主要应用于心理危机干预,以便及时防止心理危机人员发生危险行为。现在,心理咨询师也常常采用这种方式便捷地提供支持性咨询帮助。

随着互联网和新媒体技术的不断发展,以QQ、微信、相关小程序平台等基于互联网和新媒体技术的跨时空心理咨询形式不断涌现。这样的咨询方式被称为网络(互联网)心理咨询。这种咨询形式可以突破时空限制,为来访者提供便捷的心理支持和建议。

(3)按咨询的规模分类

按照心理咨询来访者人数规模大小来分,可以将心理咨询分为个体咨询和团体咨询。个体咨询是一个咨询师面对一个来访者,通过建立一对一的咨询关系,帮助来访者解决个人的心理问题。团体咨询是在一个团体情境(一般5~8人)中进行的,在这个团体中,心理咨询师带领成员开展工作,通过调动团体成员之间的动力,促进他们在交互作用中认识、接纳、探索自我,改变对自己和他人的态度以及人际互动方式,从而促进他们解决人际心理问题,更好地适应学习生活环境的助人活动。

(4)按咨询的时程分类

根据心理咨询时间的长短来分类,可以将心理咨询分为短程心理咨询、中程心理咨询和长程心理咨询三种类型。短程心理咨询的时间不超过3周,主要帮助求助者解决一般心理问题,以追求近期"疗效"为目标。中程心理咨询的时间在1到3个月内,通常需要完成咨询目标任务,与短程心理咨询相比,来访者的心理问题相对较为严重,可涉及较严重的心理问题。因此需要制订完整的咨询计划和咨询预案,并要求咨询时间较长(中期以上)。

长程心理咨询的时间在3个月以上,旨在帮助来访者解决严重心理问题或神经症性状态(倾向)问题。由于问题的复杂性和严重性,长程心理咨询对心理咨询师的业务水平有较大的挑战性。在工作中,不仅需要制订详细的咨询计划,还需要编写案例分析报告。

四、成长训练

大学生是自己心理健康成长的主人和第一责任人。当在学习、生活、成长道路上遇到困难或挫折时,首先要有克服与战胜的勇气,相信通过努力最终都能解决。克服困难、战胜挫折本身就是一种宝贵的成长,在这过程中伴随一些心理困惑或心理问题的产生是难免的,也是很正常的。只要正确面对,用实际行动守护好自己的心灵家园,采用心理咨询的一些理念或方法技术促进自我心理健康成长,就能起到具体困难克服与心理素质提升、人格健全发展之双赢甚至是多赢的效果。心理咨询的具体方法有很多种,从其流派来讲,主要有基于行为主义理论流派的行为疗法、基于精神分析理论流派的精神分析疗法、基于认知主义理论流派的认知疗法、基于人本主义理论流派的人本疗法。下面主要就行为疗法和认知疗法展开训练。

◎训练一　用行为"疗法"自我"疗愈"成长

1.宣泄"疗法"

人永远都是环境中的人,只不过环境并非一成不变。大学生告别中学,来到高校,其学习生活环境发生变化,人生的旅程也发生变化。在与变化的环境交互作用的过程中,努力完成新的人生课题,但一切并不总是如预想的那样顺利。在面对环境变化和不顺时,常常会感到焦虑、抑郁、痛苦等不良情绪,这些情绪会影响心情,使内心逐渐积聚负能量。如果能够及时宣泄和释放这些负能量,使其不会加剧,就可以逐渐恢复心理平衡。

【试一试】试着当当咨询师

小艾(化名),某高等职业学校大三学生。离毕业还有一个月之际,他被两年前分手的女朋友骗进了传销组织的"火坑"。起初,他想逃跑,但因为传销组织不法之徒的暴力威慑与严密监控,他没有机会。无奈之下,他只能"接受"他们的强制洗脑。为了脱身,尽管小艾软硬兼施,但都没有效果。终于有一天中

人只有鼓起勇气告别海岸,才能发现新的海洋。——纪德

午,当传销人员午睡时疏忽之际,小艾小心翼翼地将虚掩的客厅大门推开一个空隙,胆战心惊地走下楼,逃离了那个魔窟所在的院坝。他飞快地跑到街道上,叫停了一辆出租车:"快、快、快,到火车站。"回到学校后,小艾仍处于高度紧张和恐惧之中。一天中午在食堂,他碰到了学校的心理咨询师小志(化名),表达了想得到其帮助的愿望。如果你是心理咨询师小志,可以采用以下具体的宣泄方式来引导小艾释放负能量。

(1)宣泄方式一:打橡皮人

橡皮人是一种专门供来访者在宣泄室中"暴打"宣泄的对象,它具有不同的面相和表情。在宣泄过程中,来访者可以将与自己心中"有意见"的人的面相相似的脸谱罩在橡皮人的面部,然后朝着它进行一顿"暴打"。

这种方式宣泄的好处有:＿＿＿＿＿＿＿＿＿＿＿＿＿＿＿＿＿＿

＿＿＿＿＿＿＿＿＿＿＿＿＿＿＿＿＿＿＿＿＿＿＿＿＿＿＿＿＿＿

用这种方式宣泄时应该注意:＿＿＿＿＿＿＿＿＿＿＿＿＿＿＿＿

＿＿＿＿＿＿＿＿＿＿＿＿＿＿＿＿＿＿＿＿＿＿＿＿＿＿＿＿＿＿

(2)宣泄方式二:大声吼叫

小艾在与传销不法之徒斗争的过程中,有许多愤怒的情绪想要表达,有反驳抗争的话语想要倾吐。然而,在特殊环境下,他只能"敢怒不敢言",将这些情感积聚在心中。为了达到宣泄效果,他选择在空旷的地方大声吼叫,从而释放内心的情感。

大声吼叫的好处有:＿＿＿＿＿＿＿＿＿＿＿＿＿＿＿＿＿＿＿＿

＿＿＿＿＿＿＿＿＿＿＿＿＿＿＿＿＿＿＿＿＿＿＿＿＿＿＿＿＿＿

吼叫宣泄时应该注意:＿＿＿＿＿＿＿＿＿＿＿＿＿＿＿＿＿＿＿＿

＿＿＿＿＿＿＿＿＿＿＿＿＿＿＿＿＿＿＿＿＿＿＿＿＿＿＿＿＿＿

(3)宣泄方式三:运动锻炼

运动能让人体的神经系统和身体组织器官功能状态趋于良好,不仅具有强身的作用,还具有宣泄和整合身心的功能。因此,可以为小艾制订一些运动锻炼的家庭计划,并引导他注意以下几个方面:

在运动的方式上:＿＿＿＿＿＿＿＿＿＿＿＿＿＿＿＿＿＿＿＿＿

＿＿＿＿＿＿＿＿＿＿＿＿＿＿＿＿＿＿＿＿＿＿＿＿＿＿＿＿＿＿

在运动的时间上:＿＿＿＿＿＿＿＿＿＿＿＿＿＿＿＿＿＿＿＿＿

＿＿＿＿＿＿＿＿＿＿＿＿＿＿＿＿＿＿＿＿＿＿＿＿＿＿＿＿＿＿

在运动的时段上:＿＿＿＿＿＿＿＿＿＿＿＿＿＿＿＿＿＿＿＿＿

＿＿＿＿＿＿＿＿＿＿＿＿＿＿＿＿＿＿＿＿＿＿＿＿＿＿＿＿＿＿

在运动的觉察上:＿＿＿＿＿＿＿＿＿＿＿＿＿＿＿＿＿＿＿＿＿

＿＿＿＿＿＿＿＿＿＿＿＿＿＿＿＿＿＿＿＿＿＿＿＿＿＿＿＿＿＿

2.系统脱敏疗法

系统脱敏疗法也被称为交互抑制法或缓慢暴露法,它由南非精神病学家沃尔普在1958年创立。该疗法的理论基础是交互抑制原理或对抗作用原理,即个体无法同时产生性质不同的情绪,例如高兴和不高兴。如果有相反性质的情绪反应,它们就会相互抑制和抵消。因此,要消除焦虑、恐惧等负性情绪反应,可以使用正性情绪反应来抑制和抵消它们。例如,猫在进食时有抑制恐惧的效果,人类进行肌肉放松训练也有抑制恐惧和焦虑反应的效果。系统脱敏疗法的程序包括三个环节:一是肌肉放松训练、二是建立焦虑(恐怖)等级表、三是系统脱敏。

【练一练】肌肉放松训练

在咨询室里,咨询师采用系统脱敏疗法来帮助来访者消除社交恐惧。首先,咨询师会对系统脱敏疗法进行介绍,然后让来访者保持舒适的坐姿,微闭双眼,深深地吸气,慢慢地呼气,并想象轻松的情境,例如在海边观赏海景。接下来,咨询师会依次练习放松来访者的双手、前臂、面部、颈部、肩部、背部、胸部、腹部以及下肢等部位肌肉。在练习过程中,可以借助肌电仪测量所得的肌电位数据值变化,以增强训练效果,当肌电位值下降时,说明焦虑程度在降低。

大学生无论是自助还是助人,都有必要掌握肌肉放松技能。请你练习分享要领与感受:

【建一建】建立焦虑等级表

对于感到焦虑或恐惧的来访者,建立焦虑(或恐惧)等级表是系统脱敏疗法的重要第二步。首先,根据会谈材料和相关信息,引导来访者找出所有让他们感到焦虑(或恐惧)的事件、人物和情境。然后,我们按照引发焦虑(或恐惧)主观感受的程度,从小到大依次对这些事件进行排序。第三,我们将它们分为五个等级(当然也可以采用百分制),以0为划分等级的基准(即根本不焦虑对应的刺激事件),将引发最严重焦虑(或恐惧)对应的刺激事件记为最高等级,即第五等。在第五等和基准之间,我们根据平均等级差的原则,将引发焦虑(或恐惧)的事件分成五个等级,即第一、第二、第三、第四和第五等,对应的焦虑分数是1、2、3、4、5分。这样,一个焦虑等级表就建立起来了,为系统脱敏治疗做好了准备。

大学生在人际交往、活动参与以及工作开展过程中,可能会遇到不同程度的社会交往焦虑和社交性成长焦虑。请你根据自己的情况,建立焦虑等级表:

焦虑(恐怖)等级	对应等级分值	相应的焦虑(恐怖)对象
零等:不恐怖、自然	0	
一等:有点紧张	1	
二等:紧张、不自然	2	
三等:害怕并回避	3	
四等:恐怖并回避	4	
五等:极端恐怖	5	

【战一战】系统脱敏

做好了前面两个阶段的准备工作后,就可以进入系统脱敏环节的学习训练,让自己"战胜"恐怖的对象与场景,由小到大逐级脱离敏感,不再紧张。首先,让来访者在微闭双眼放松的状态中想象最低等级的刺激物或场景。当来访者能清晰想象但感到有些紧张时,就让其举手示意并暂时停止想象,然后进行全身(肌肉)放松运动。接着再想象、再放松,如此反复直到来访者对想象的场景或对象不再感到焦虑或恐惧为止。这样,我们就完成了第一等级的脱敏。接着依次对后面四个等级的刺激物或场景进行脱敏训练,最后将效果迁移到现实生活的真实情境中,不断练习以巩固"疗效"。

在咨询室的具体操作中,咨询师通常采用想象脱敏的方式引导来访者进行训练,即让其在想象中逐渐"进入"紧张恐怖的情景直至脱敏。通常在一次咨询时间内完成1~2个等级的脱敏训练。当然,咨询师可以给来访者布置现场脱敏方面的作业,引导来访者鼓足勇气,参照系统脱敏的程序,到感到紧张恐惧的现实情境中去参与锻炼。

请结合自身情况按照焦虑等级由低到高的顺序展开训练。在课堂上,可以先进行一至二级的训练,训练后请回答:

(1)分享训练的感受:＿＿＿＿＿＿＿＿＿＿＿＿＿＿＿＿＿＿

＿＿＿＿＿＿＿＿＿＿＿＿＿＿＿＿＿＿＿＿＿＿＿＿＿＿＿＿＿＿＿

(2)系统脱敏的具体方式有＿＿＿＿＿脱敏和＿＿＿＿＿脱敏,前面你所采用的系统脱敏训练方式属于＿＿＿＿＿＿脱敏。

(3)系统脱敏疗法的理论依据是＿＿＿＿＿＿＿＿＿＿＿＿,即当来访者出现焦虑、恐惧等刺激的时候,咨询师就引导其做出抑制焦虑和恐惧反应的训练,如放松训练,让其逐渐消除焦虑、恐惧情绪,不再对"有害"的刺激产生反应。

◎训练二　认知疗法

认知疗法认为来访者的情绪情感问题(或障碍)与非适应行为问题源于不良认知,即歪曲的、不合理的、消极的信念或思想,也叫认知偏差或认知失真。

认知疗法旨在矫正来访者的不合理认知,从而使其情感和行为得到相应改变。其代表人物是贝克和艾利斯。最初,贝克在对抑郁症进行治疗的基础上发展出认知疗法,埃利斯发展出合理情绪疗法(RET),认知疗法作为一种有别于行为疗法、精神分析疗法、人本主义疗法的心理咨询(治疗)派系,为其作出贡献的还有其他的心理学工作者或临床心理学家,比如,梅钦鲍姆探索得出认知行为矫正法(CMB),也叫自我指导治疗法;格拉塞的现实疗法;伯恩的相互作用分析法。

不同的认知疗法,尽管理论假设或依据和具体操作方式存在差异,但是其目的都是改变来访者的思想和认知结构,通过一定的方式帮助来访者认知重构,重新建构一个更为合理、积极和适应性的认知结构,以便形成新的认知模式。

1.贝克的认知治疗技术

贝克指出,来访者的"自动化思维"是一些个人化的观念,由特定刺激引发,并可导致情绪反应。他坚信,有情绪困难的人会犯特有的"逻辑错误"——将客观现实向自我贬低方向歪曲。来访者的心理问题是源于一般过程,即在错误思维、信息不足或错误信息基础上进行不正确推理,不能正确区分现实和想象。他进一步总结出,因错误假设与误解导致系统推理错误的认知歪曲(认知偏差、认知失真)类型主要有以下几种:

①主观推断:做出的结论没有事实依据或不符合逻辑推理,包括"灾难化"或在许多情境下想到最糟糕的结果。

②选择性概括:仅仅根据自己对一个事件某一方面细节的了解就形成结论,忽略整体背景或其他信息。其中实质上隐含着作出结论的假设:跟失败和剥夺有关的事件或细节才是重要的。

③过度概括:由一个偶然事件得出一种极端信念,并将之不适当地应用于不相似的事件或情境中。

④夸大和缩小:对一个事件或情境的感知较其真实情况放大或缩小。

⑤个性化:在没有根据或事实的情况下将一些外部事件与自己联系起来的倾向。比如,班上某人被盗,无端地把这个事跟自己联系在一起,担心同学、老师怀疑是自己偷盗的,进而产生脸红、心跳加速等身心反应。

⑥贴标签和错贴标签:根据缺点和以前犯的错误来描述一个人、定义一个人的本质。

⑦极端思维:用全或无、非黑即白的方式来思考、解释或下结论的认知思维模式,又称为二元化思维、极端化思维。

贝克在1985年提出了五种具体的认知治疗技术,包括自动性思维识别技术、认知性错误识别技术、真实性验证技术、去中心化技术,以及忧郁或焦虑水平的监控技术。对于自动性思维,当事人往往不容易觉察和识别,因为它们已成为思维习惯的一部分,具有"自动化"的特点。自动性思维(或自动化思维)的存在会导致当事人产生不良情绪反应,但在产生不良情绪反应之前,多数当事人可能并没有意识到这种自动性思维的存在。因此,咨询师帮助这样的当事人(来访者)识别到引起不良情绪反应的自动性思维,无疑是工作的重点。其具体技术包括提问、自我演示、模仿等。

【照一照】照出自己的歪曲认知

人们产生消极情绪或不适应行为的原因在于歪曲认知。如果不能察觉这种歪曲认知,就会形成不良认知模式,产生消极情绪、不适应行为,影响心理健康成长。通过"照镜子"的方式,对自己过去所经历的不愉快的事件、情境以及当时自己的认知状况进行回忆、审视,能够遏制歪曲认知的作用。

照出"主观推断"的具体事例：＿＿＿＿＿＿＿＿＿＿＿＿＿＿＿＿＿＿＿

照出"过度概括"的具体事例：＿＿＿＿＿＿＿＿＿＿＿＿＿＿＿＿＿＿＿

照出"极端思维"的具体事例：＿＿＿＿＿＿＿＿＿＿＿＿＿＿＿＿＿＿＿

其他认知歪曲的具体事件：＿＿＿＿＿＿＿＿＿＿＿＿＿＿＿＿＿＿＿＿

＿＿＿＿＿＿＿＿＿＿＿＿＿＿＿＿＿＿＿＿＿＿＿＿＿＿＿＿＿＿＿＿＿

2.埃利斯的合理情绪疗法

合理情绪疗法(Rational-Emotive Therapy,简称RET)也叫"理性情绪疗法",由美国著名心理学家埃利斯在20世纪50年代创立。该疗法帮助来访者解决因不合理信念产生情绪困扰的心理问题,属于认知(行为)疗法范畴。

(1)RET遵循的基本原理——ABC理论

RET认为,人们所产生的情绪困扰或不良行为后果C(consequence)不是由外界发生的客观刺激事件A(activating event)所引起,而是由其对外界客观刺激事件的看法、想法、观念、评价等认知B(beliefs)所引起。让人产生不良情绪或行为后果的认知是有偏差的认知,伴随着时间让人形成不合理信念。因此,来访者要改变情绪和行为反应C,就要改变认知C,而不是外界事件A。

(2)RET的操作过程

①心理诊断阶段。在这一阶段,咨询师的主要任务是通过与来访者会谈,引导来访者围绕存在的问题展开初步的分析与诊断工作,帮助其找出情绪困扰和行为不适的具体表现C,以及与之相对应的诱发性事件A,并分析得出这二

者之间的不合理信念B。

②领悟阶段。在这一阶段,咨询师的主要任务是帮助来访者领悟合理情绪疗法的原理,使其真正明确并意识到:引起其情绪困扰和行为后果C的并不是与之关联的人、发生的事件等外界诱发事件A本身,而是其自身对事件或他人的态度、看法、评价和信念等认知内容B;要减轻与排解情绪困扰C,不是致力于改变外界事件A,而是应该改变认知B,通过改变认知、纠正不合理信念,来达到减轻或消除目前存在的情绪困扰或各种"症状"C。

③修通阶段。本阶段是RET最主要的阶段。修通阶段即是运用多种技术,使求助者修正或放弃原有的非理性信念,用理性的信念取而代之,从而使情绪和症状得到减轻或消除。RET不鼓励情绪宣泄,也不去追究过去经验对目前的影响。下面介绍两种常用方法。

与不合理信念辩论技术。通过与求助者进行辩论,从科学、理性的角度对求助者所持有的有关他们自己、他人和周围世界的不合理信念和假设进行挑战和质疑,以改变其不合理信念。辩论是RET最常用最具特色的方法,源于古希腊哲学家苏格拉底的"产婆术式"辩论技术。苏格拉底的方法是:先让对方表达自己的观点;然后依据对方的观点(以之为前提)进行推理,找出(引出)对方观点中存在的矛盾或谬误之处;让对方认识到自己先前认知中不合理的地方,进而主动加以矫正。产婆术式辩论的基本形式是一般从"按你所说……",推论"因此……",再推论到"因此……",即"三段式"推论,直到产生谬误,形成矛盾。咨询师抓住矛盾进行质疑,使求助者承认自己观点中的矛盾,最终改变不合理信念。

合理情绪想象技术。求助者的情绪困扰有时是由自己对自己灌输不合理信念、夸张地想象一些并未成为现实的失败情境、产生不适当的情绪体验和行为反应所致。合理情绪想象技术有助于帮助求助者停止灌输不合理信念,从源头上解决情绪困扰问题,可分为三个步骤:

第一,重新体验负性情绪反应:让求助者通过想象进入到曾经产生过不适应情绪反应或自己感受到难以承受的情境中去重新体验强烈的负性情绪反应。

第二,负性情绪反应逆转体验:通过改变求助者对负性情绪反应体验及其刺激事件的不正确认识,帮助其改变不适当的情绪体验,进而体验到适度的情绪反应,达到负性情绪反应逆转的效果。

第二,讲述想象过程巩固成果:让求助者停止想象后,讲述自己的情绪变化情况及其变化的原因,以及在认知和观念上有哪些改变,从而对调整后的理性认知初步形成的积极观念和获得的新的情绪反应起到强化的效果(钱怡民,1990)。

3.伯恩斯新情绪疗法

戴维·伯恩斯是美国斯坦福大学医学博士、著名心理学家、认知疗法最主要的发展者之一。他的著作《伯恩斯新情绪疗法》连续多年位居自助书籍畅销榜第1名,向人们全面展示了快速有效克服抑郁等不良情绪的治疗技术。伯恩斯认为,思维决定情绪,只有改变认知才能更好地战胜抑郁;只有敢于接受平凡才能战胜完美主义;只有建立自尊和基于自己内在的价值观,才能战胜绝望。他在书中强调,在对来访者咨询与治疗过程中,要把握好情绪诊断和情绪破解两大步骤:通过会谈了解、测验评价等方式对来访者的情绪状况进行评估诊断,然后引导来访者对其情绪进行分析破解,弄清楚产生不良情绪反应及其症状表现背后的不合理思维、信念与认知。具体操作方法有多种,下面介绍其中一种:伯恩斯三栏目技术。其主要步骤如下:

(1)准备一个三栏目表格

请取出一页纸,画一个三栏目的表格,其中左侧栏目为"随想"栏,中间栏目为"认知失真类型"栏,右侧栏目为"合理反映"栏。

随想	认知失真类型	合理反映

(2)将随想写出来进行识别

随想是不合理的想法,是偏差的、失真的认知,它是产生不良情绪反应、不适应行为的源头。咨询师使用此法帮助来访者,就要引导来访者在三栏目表格中写下引起心理情绪问题有关事件的看法、想法、观念;然后,对其进行识别,属于什么样的认知失真类型。常见的认知失真类型有:

①极端化思维,包括糟糕至极、贴标签、过分夸大或缩小等。

②瞎猜测,即把想象与主观推测当事实、主观臆断。

③心理过滤,它是由认知的选择性带来的,往往使人不能客观全面看待现实,看见的常常是想看见的,产生预言家的迷误,心目中提前有某种预言,就朝着预言的方向去选择性认知,预言自然会实现,现实中的一些所谓迷信与征兆

背后其实就隐藏着这样的心理过滤方面的认知偏差。

④虚拟陈述，人的认知加工有自下而上和自上而下两种，在自上而下加工过程中，利用已有知识经验对外在情境或事件等刺激作出解释，进行认知思维加工，由于知觉的恒常性，许多现象司空见惯后就习以为常，形成一种图式、内在假定、指令，由于经验的局限性，这些图式、假定或指令常常有偏差，又可以叫它们虚拟陈述，以之为前提作自上而下思维加工，自然会影响加工的结果。

⑤情绪推理，即把感性当理性，凡事跟着感觉走，其表述方式是："我感觉到了它，它一定是真实的""我觉得……""我喜欢……"。

⑥人格化，在没有任何理由的情况下，将外在事件与个人发生关系的倾向，比如找"替罪羊"，自己打牌输了回家找夫人出气"你整天哭丧着脸，我怎么能不输钱呢？"①

（3）对随想进行合理反映

随想是带有偏差的想法和认知，它是产生不良情绪和不适应行为的根源，为了纠正这些偏差，我们需要采取合理反应的方式进行矫正。例如，张同学看到班上的王同学穿着朴素、平时少言寡语，便产生了以下随想：王同学一定是一个孤陋寡闻、不学无术、一无是处、没有出息的人。这种随想中包含了极端化思维和主观臆断等认知失真类型。在随想的驱使下，张同学对王同学产生了排斥的心理情绪和远离的行为倾向。为了矫正这种随想，可以进行以下合理反映：王同学穿着朴素是事实，平时话语不多也是事实，但这并不代表他孤陋寡闻、不学无术、一无是处、没有出息。穿着朴素可能只是代表他性格内向或者不喜欢多说话。这些特点与不学无术、孤陋寡闻、一无是处、没有出息之间并没有必然联系。既然如此，怎么能给王同学下"一无是处、没有出息……"的结论呢？通过设问、反问或苏格拉底式自我质询等方式，可以对随想进行合理反映，从而起到认知矫正的效果。认知矫正后，对人对事的看法态度就会改变，情绪也会得到好转，不适应行为也会得到应有的调整。

【做一做】三栏目技术助我好心情

在学习生活过程中，我们每天都会经历一些事情，与周围的人进行交往和互动。在这些时候，我们不可避免地会产生这样或那样的想法。如果这些想法不够理性，存在偏差，就可能会让我们产生不良情绪反应或不适宜的行为。请结合你自己的实际情况，描述一个近期或曾经影响你情绪的典型事件，并使用

①张玲.心理健康研究与指导[M].北京:教育科学出版社,2001:54-61.

三栏目技术来矫正和调整你的情绪。

事件1:_____
_____

事件2:_____
_____

事件3:_____
_____

事件4:_____
_____（说明:矫正的具体操作在上述三栏目技术表格中进行）

五、助人自助

女户疾(化名)是某高等职业学校的一名女学生,她对室友堇力(化名)获得助学金感到内心不满,因此故意找麻烦,导致堇力心情非常糟糕。请你帮助堇力走出心理困境。

女户疾能说会道,家庭条件好,但学习不用心。她的室友堇力家庭经济拮据,但学习非常刻苦,期末按照条件顺利获得助学金。然而,自从堇力获得助学金后,女户疾内心就变得不是滋味。在寝室的"夜聊"黄金时段,她故意提起"助学金"这一敏感话题,让室友们纷纷把矛头指向堇力。最后,女户疾提议:在堇力的助学金到账后,室友们应该共同分享、人手一份。堇力对女户疾的做法感到非常不解,她本应该得到室友们的祝贺与鼓励,却遭到变相的热嘲冷讽,还被强迫分享成果,导致她烦躁不安、有苦难言。她不知道该如何处理这种情况。

六、体验升华

新时代的大学生朝气蓬勃、自信满满。然而,由于特殊的成长经历或先天原因,有极个别或少数的大学生性格内向孤僻、敏感多疑、缺乏安全感。一个案例:小每(化名)在即将毕业之际,做出了一项匪夷所思的举动,她执意离校并放弃学业。请你结合材料深入思考,并将感悟分享给同学。

七、拓展训练

1.心灵碰撞:以小组为单位,交流分享本次课程对自己在心理健康成长方面的促进与帮助。

扫一扫

练习巩固

2.知行合一:运用心理咨询的合适方法,至少帮助一个同学或朋友。

学习心得

单元四　高度警惕心理障碍　预防心理慢变态

学习目标

知识目标

1.对异常心理概念的理解。

2.明确高职大学生常见心理疾病的临床特征。

技能目标

1.能清楚表述异常心理与正常心理的区别,并能识别。

2.能口头表述常见心理疾病的临床表现,并能初步识别。

思政目标

1.增强预防心理疾病、异常心理形成的自觉意识。

2.对心理疾病持乐观态度、接纳心理疾病患者。

在中国式现代化新征程中,大学生面临着新的机遇和使命。使命担当,平和的心态和健康的心理是前提。心理成长伴随着生命的全程,而大学时期是一个人心理走向成熟的关键时期。总体而言,高等职业学校大学生展现出积极良好的心理状态,心理日趋成熟,人格不断健全,展现了新时代高技能人才新生力量特有的心理风貌。但是,也有极少数高职大学生朋友由于特殊的成长经历、所受家庭教育、自身对环境刺激的心理"免疫力"等主客观因素影响,导致其心理发展由正常趋于异常,甚至产生依赖型、回避型、边缘型等人格障碍,焦虑症、抑郁症等心理疾病。本单元旨在帮助大家警惕心理障碍和预防心理变态。学习了解预防并远离心理障碍、心理变态的一些基本知识和方法技能。

一、案例启思

2022年正月初二清晨,某高等职业学校心理健康课程教师汀力(化名)发现原教学班级课程微信群中有一位名叫S的同志请求添加微信好友。汀力当时很矛盾,因为无法确定S的身份(正常情况下,教学班级学生进群要使用真实姓名)。如果同意添加S为微信好友,万一S是混进群里的别有用心的人,就可能会给自己带来危险。但如果不同意添加,万一S是本校学生,有特殊情况需要帮助,错过时机可能会造成遗憾。经过反复权衡,本着学生至上的原则,汀力

修养之于心性,其必要性犹如食物之于身体。——西塞罗

同意将S添加为微信好友。

刚刚将S加为微信好友后,奇怪的事情发生了:S对汀力老师的问候和询问没有做出应有的回应,而是以超乎寻常的速度一口气吐出了一段"苦水"。汀力仔细斟酌后发现,这些"苦水"涉及学习生活和同学关系等方面的情况,但是表达不清晰、逻辑混乱。汀力努力与S互动,尽量帮助其稳定情绪、走出困境,但是互动很难同步,S很难接收外界信息。在这种情况下,汀力及时与微信群教学班级的学习委员X取得了联系,询问S是否是班上的同学。X经过调查后告诉汀力老师,S不是班上的同学。然而,汀力仍然不放心,于是迅速联系了该班的辅导员,并请求其核实S的身份。后来,辅导员反馈的信息表明:S确实是班上的一位同学。于是,汀力和辅导员及时与S的家长取得了联系,并建议家长立即带S到医院的心理科或精神科进行诊断。到此,汀力终于可以放下悬着的心了。然而,考虑到学生的安全和健康,汀力仍然担心家长不能及时带孩子去医院看病。于是,在第二天,汀力再次拨通了家长的电话,询问了S的病情。家长表示,孩子因为和嫂子吵架而心情不佳,所以来到她们务工的城市。他们发现孩子情况不好,虽然没有带她去看医生,但最近几天孩子的姐姐和其他家人都在想办法逗她开心。汀力在肯定家长的同时,也"责成"家长立即带孩子去医院看医生。家长明白了看医生的重要性后,及时将孩子送到了医院的心理科进行诊断和治疗。经过科学的治疗,S终于战胜了心理障碍。

*本案例给你带来什么启示?

*S生病住院的原因就是跟家人发生矛盾吵架这个事吗?为什么?

*平时有同学说没有"心理疾病"就没必要上心理健康课,你对此怎么看?

二、自我评估

为了预防心理偏离常态,避免产生心理障碍或心理疾病,有必要借助相关测评工具对自己的精神状况进行自我评估,一旦发现有症状(或表现),应及时前往医院临床心理科或精神科就医,接受进一步诊断。其中,SCL-90症状自评量表(Symptom Check-List90, the Self-Report Symptom Inventory)是一种评估成人精神症状或心理健康状况的工具[1]。请使用该量表对自己最近一周的"症状"表现进行测量评估。

以下表格中列出了有些人可能会有的问题,请仔细地阅读每一条,然后根据最近一星期以内下述情况影响您的实际感觉,在5个方格中选择一格,画一个钩。下面给出了评定方法及具体评分要求(每个项目均采用5级评分制,症状等级"无""轻度""中度""偏重""严重"分别对应分数为1、2、3、4、5分)。

---

①王征宇.症状自评量表(SCL-90)[J].上海精神医学,1984(2):68-70.

项　目	无	轻度	中度	偏重	严重
1.头痛	□	□	□	□	□
2.神经过敏,心中不踏实	□	□	□	□	□
3.头脑中盘旋着不必要的想法或字句	□	□	□	□	□
4.头昏或昏倒	□	□	□	□	□
5.对异性的兴趣减弱	□	□	□	□	□
6.对旁人求全责备	□	□	□	□	□
7.感觉别人能控制你的思想	□	□	□	□	□
8.责怪别人制造麻烦	□	□	□	□	□
9.忘记性大	□	□	□	□	□
10.担心自己的衣饰整齐及仪态的端正	□	□	□	□	□
11.容易烦恼和激动	□	□	□	□	□
12.胸痛	□	□	□	□	□
13.害怕空旷的场所或街道	□	□	□	□	□
14.感到自己的精力下降,活动减慢	□	□	□	□	□
15.想结束自己的生命	□	□	□	□	□
16.听到旁人听不到的声音	□	□	□	□	□
17.发抖	□	□	□	□	□
18.感觉大多数人都不可信任	□	□	□	□	□
19.胃口不好	□	□	□	□	□
20.容易哭泣	□	□	□	□	□
21.同异性相处时感到害羞不自在	□	□	□	□	□
22.感到受骗,中了圈套或有人想抓你	□	□	□	□	□
23.无缘无故地突然感到害怕	□	□	□	□	□
24.自己无法控制地大发脾气	□	□	□	□	□
25.怕单独出门	□	□	□	□	□
26.经常责怪自己	□	□	□	□	□
27.腰痛	□	□	□	□	□
28.感到难以完成任务	□	□	□	□	□
29.感到孤独	□	□	□	□	□
30.感到苦闷	□	□	□	□	□
31.过分担忧	□	□	□	□	□
32.对事物不感兴趣	□	□	□	□	□
33.感到害怕	□	□	□	□	□
34.我的感情容易受到伤害	□	□	□	□	□
35.旁人能知道你的私下想法	□	□	□	□	□
36.感到别人不理解你,不同情你	□	□	□	□	□

续表

项 目	无	轻度	中度	偏重	严重
37.感到人们对你不友好,不喜欢你	☐	☐	☐	☐	☐
38.做事必须做得很慢以保证做得正确	☐	☐	☐	☐	☐
39.心跳得很厉害	☐	☐	☐	☐	☐
40.恶心或胃部不舒服	☐	☐	☐	☐	☐
41.感到比不上他人	☐	☐	☐	☐	☐
42.肌肉酸痛	☐	☐	☐	☐	☐
43.感到有人在监视你谈论你	☐	☐	☐	☐	☐
44.难以入睡	☐	☐	☐	☐	☐
45.做事必须反复检查	☐	☐	☐	☐	☐
46.难以作出决定	☐	☐	☐	☐	☐
47.怕乘电车、公共汽车、地铁或火车	☐	☐	☐	☐	☐
48.呼吸有困难	☐	☐	☐	☐	☐
49.一阵阵发冷或发热	☐	☐	☐	☐	☐
50.因为感到害怕而避开某些东西、场合或活动	☐	☐	☐	☐	☐
51.脑子变空了	☐	☐	☐	☐	☐
52.身体发麻或刺痛	☐	☐	☐	☐	☐
53.喉咙有梗塞感	☐	☐	☐	☐	☐
54.感到对前途没有希望	☐	☐	☐	☐	☐
55.不能集中注意力	☐	☐	☐	☐	☐
56.感到身体的某一部分软弱无力	☐	☐	☐	☐	☐
57.感到紧张或容易紧张	☐	☐	☐	☐	☐
58.感到手或脚发沉	☐	☐	☐	☐	☐
59.想到有关死亡的事	☐	☐	☐	☐	☐
60.吃得太多	☐	☐	☐	☐	☐
61.当别人看着你或谈论你时感到不自在	☐	☐	☐	☐	☐
62.有一些不属于你自己的想法	☐	☐	☐	☐	☐
63.有想打人或伤害他人的冲动	☐	☐	☐	☐	☐
64.醒得太早	☐	☐	☐	☐	☐
65.必须反复洗手、点数目或触摸某些东西	☐	☐	☐	☐	☐
66.睡得不稳不深	☐	☐	☐	☐	☐
67.有想摔坏或破坏东西的冲动	☐	☐	☐	☐	☐
68.有一些别人没有的想法或念头	☐	☐	☐	☐	☐
69.感到对别人神经过敏	☐	☐	☐	☐	☐
70.在商店或电影院等人多的地方感到不自在	☐	☐	☐	☐	☐
71.感到任何事情都很难做	☐	☐	☐	☐	☐

续表

项 目	无	轻度	中度	偏重	严重
72.一阵阵恐惧或惊恐	□	□	□	□	□
73.感到在公共场合吃东西很不舒服	□	□	□	□	□
74.经常与人争论	□	□	□	□	□
75.单独一人时神经很紧张	□	□	□	□	□
76.别人对你的成绩没有作出恰当的评价	□	□	□	□	□
77.即使和别人在一起也感到孤单	□	□	□	□	□
78.感到坐立不安心神不宁	□	□	□	□	□
79.感到自己没有什么价值	□	□	□	□	□
80.感到熟悉的东西变得陌生或不像是真的	□	□	□	□	□
81.大叫或摔东西	□	□	□	□	□
82.害怕会在公共场合昏倒	□	□	□	□	□
83.感觉别人想占你的便宜	□	□	□	□	□
84.为一些有关"性"的想法而苦恼	□	□	□	□	□
85.认为应该因为自己的过错而受到惩罚	□	□	□	□	□
86.感觉要赶快把事情做完	□	□	□	□	□
87.感觉自己的身体有严重问题	□	□	□	□	□
88.从未感觉和其他人很亲近	□	□	□	□	□
89.感觉自己有罪	□	□	□	□	□
90.感觉自己的脑子有毛病	□	□	□	□	□

【测评方法】

(1)结合自身实际感受对每个项目计分(或以因子为单位对各因子内的项目记分)。

(2)分数统计:

总分:将各个项目分数全部加起来。

阳性项目数:计分大于等于2分的项目个数。

阳性症状均分=[总分-(90-阳性项目数)]/阳性项目数。

因子分=组成某一因子的各项目总分/组成某一因子的项目数。

(3)明确评价标准(针对5级记分制)。

总分大于160分、阳性项目数大于43、因子分大于等于2分,可考虑筛选阳性。

(4)作出理性评估处理。

根据阳性筛选阳性的标准,结合统计分数和自身实际情况,对自己精神或心理健康状况进行理性评估,在此基础上进行适当的自我调节或前往医院临床心理科(精神科)进行进一步诊断处理。

【测评结果】

9个因子定义及所包含项目

因子	定义	包含项目
躯体化 somatization	该因子主要反映主观的身体不适感,包括心血管、胃肠道、呼吸等系统的主诉不适,以及头痛、背痛、肌肉酸痛和其他躯体表现,以及焦虑的表现。	1,4,12,27,40,42,48,49,52,53,56,58,共12项
强迫症状 obsessive-compulsive	它与临床上强迫症状的定义基本相同,主要指那种明知没有必要、但又无法摆脱的无意义的思想、冲动、行为等表现,还有一些比较一般的感知障碍(如"脑子都变空了""记忆力不行"等)也在这一因子中反映。	3,9,10,28,38,45,46,51,55,65,共10项
人际关系敏感 interpersonal sensitivity	它主要指某些个人不自在感与自卑感,尤其是在与其他人相比较时更突出;自卑感、懊丧,以及在人事关系方面明显相处不好的人,往往是这一因子的高分对象。与人际交流有关的自我敏感及反相期望也是产生这方面症状的原因。	6,21,34,36,37,41,61,69,73,共9项
忧郁 depression	它反映的是与临床上忧郁症状群相联系的广泛概念,忧郁苦闷的感情和心境是代表性症状,还以对生活的兴趣减退、缺乏活动愿望、丧失活动力等为特征,并包括失望、悲观、与忧郁相联系的其他感知及躯体方面的问题。该因子中有几个项目包括了死亡、自杀等概念。	5,14,15,20,22,26,29,30,31,32,54,71,79,共13项
焦虑 anxiety	它包括一些通常临床上明显与焦虑症状相联系的症状和体验,一般指那些无法静息、神经过敏、紧张以及由此产生躯体征象(如震颤)。那种游离不定的焦虑及惊恐发作是本因子的主要内容,它还包括一个反映"解体"的项目。	2,17,23,33,39,57,72,78,80,86,共10个项目
敌对 hostility	这里主要从三个方面来反映病人的敌对表现、思想和感情以及行为;其项目包括从厌烦、争论、摔物,直至争斗和不可抑制的冲动爆发等各个方面。	11,24,63,67,74,81,共6项
恐怖 phobic anxiety	它与传统的恐怖状态或广场恐怖症所反映的内容基本一致,恐惧的对象包括出门旅行、空旷场地、人群、公共场合及交通工具;此外,还有反映社交恐怖的项目。	13,25,47,50,70,75,82,共7项
偏执 paranoic ideation	偏执是一个非常复杂的概念,本因子仅包括其一些基本内容,主要涉及思维方面,如投射性思维、敌对、猜疑、关系观念、妄想、被动体验和夸大等。	8,18,43,68,76,83,共6项

续表

因子	定义	包含项目
精神病性 psychosis	由于在门诊中需要迅速、简要地了解病人的病情程度,以便作出进一步的治疗或住院等决定,因此一些明显的、纯属精神病性的项目被汇集到了本因子中。有四个项目代表了Schneider氏的一级症状:幻听、思维播散、被控制感、思维被插入。此外,还有反映非一级症状的精神病表现,如精神分裂样症状等项目。	7,16,35,62,77,84,85,87,88,90,共10项
其他 other	反映与9个分型因子不同的其他症状内容的项目。	19,44,59,60,64,66,89,共7个项目

说明:由于"其他"因子未分型,通常将90个项目说成分型的9个因子,但为了体现各因子项目分之和等于90个项目之总分,此表将"其他"因子一并列出。

三、知识滋养

(一)心理障碍与变态心理

1.走近心理障碍

（1）何谓心理障碍

一般而言,心理障碍属于心理疾病范畴,是相对心理正常、没有疾病的角度来讲的。若不严格区分,人们也将其看作是精神障碍,例如,心理学家安德鲁•麦克洛德曾指出,心理障碍也称为精神障碍,是指人的一些不常见的(有些是常见的)的行为和经历[①]。从精神医学的角度来看,或许精神科医生心目中的精神障碍不等同于心理障碍,精神障碍更多地与生物学因素相关,大脑神经系统出现病变。

1)有关心理障碍的认识发展史

对心理障碍的认识与界定,有一个相对漫长的演变发展过程。早在古希腊时期,医学鼻祖希波克拉底对心理障碍就有过探索,曾提出"心理障碍的体液病理学说",描述了抑郁症、产褥期精神障碍以及其他一些心理障碍症候群的症状表现[②]。那时他就把心理障碍分成了躁狂和抑郁,一定程度上开启了心理障碍、精神障碍分类学的先河[③]。对心理障碍的认识发展,跟当今归类于躯体形式障碍或分离障碍的"癔症"(歇斯底里)有着一定渊源。癔症一词来源于希腊

①魏源.心理障碍:医学心理学的认知与思考[J].中国临床康复,2005,9(8):134-135.
②沈渔邨.精神病学[M].北京:人民卫生出版社,1995:668-669.
③王登峰.变态心理学[M].北京:时代文化出版社,1993:25-26.

语"Hystera",本义是"子宫",这一名称可上溯至公元前1900年古埃及的记载(沈渔村,1995),当时医者认为这类疾病是子宫在女性体内游走所致,也就采用子宫复位的方式进行治疗,诚然现在看起来是很荒谬的,但至少能引发人们去思考。在推进对癔症等心理障碍科学认识的道路上,许多医学界心理学界的同志都做出了不少贡献:公元2世纪的亚里提斯、公元2世纪的罗马医生盖伦,认为(偏常)人格特点会导致临床症候群产生、躯体疾病会影响人的心理状态,具体地讨论印证了心身关系这一古老的哲学问题,为从心身关系角度揭示心理障碍"内幕"开了头、起了步;17世纪,英国西德纳姆在探讨疾病科学分类意义时指出在一些躯体症状背后存在心理原因;17世纪后半叶,威廉斯捍卫癔症、疑病症的神经起源学说,为1769年库伦提出"神经症"概念奠定了基础,医学中开始建立起神经症是神经系统的疾病的观念[①];随19世纪病理解剖学的发展,医生们开始相信功能性疾病和器质性疾病的差异,接受神经症是神经系统的功能性障碍的观念,将神经系统其他器质性疾病与之区分。认识脚步不断向前,最终人们把癔症这种心理障碍从神经症中分离了出去。通过对癔症的追溯,不难发现人们对心理障碍的认识发展史折射出它自身一些"本真"的东西。

一是心理障碍常常与社会文化观念关联密切:看一个人有无心理障碍,通常要考察其社会文化背景,比如在中世纪时期,在宗教主流社会文化背景下,鬼魔附体导致心理障碍成了当时癔症心理病理学的主要解释,患者被送进寺院,采用祷告、念符咒、伤害躯体等驱鬼方式进行"治疗"。由此不难看出文化进步进化的重要性。

二是社会一旦形成某种主导观念,即使有事实证据,否定原本认同的心理障碍观念也很困难:比如,癔症发现早期,更多地与女性及其子宫相关联,尽管后来有人发现男性也可能有癔症症状、与子宫无关。19世纪对癔症研究最有影响的沙可和他的学生弗洛伊德等人确定了歇斯底里是神经系统的疾病的论断,但是当弗洛伊德1886年向维也纳的医学会报告自己在巴黎的学习成果《论男性癔症》时,却遭到包括医学会主席在内的许多医学界权威的非议:……男人怎么会患歇斯底里症呢?并禁止他治疗歇斯底里症患者[②]。

三是心理障碍患者的精神痛苦不仅得不到社会的理解,反而会受到社会的歧视甚至是残暴对待:无论是教会统治的中世纪还是弗洛伊德时代,甚至是20世纪,人们对"癔症"患者的印象更多的仍然是"疯子",将其当作"疯子"或精神

①许又新.神经症[M].北京:人民卫生出版社,1993:19-23.
②高宜扬.弗洛伊德传[M].北京:作家出版社,1986:80.

病患者来对待。

四是随着人类对心理障碍患者研究的深入,分类系统方法和症状学的发展为心理障碍患者的有效治疗提供了良好的基础:弗洛伊德揭示癔症的成因后,认为躯体症状其实是一种"转换"——癔症患者以象征的方式把内心的冲突表达出来以避免严重的焦虑不安与痛苦。弗洛伊德还认为,"分离"与"转换"都是癔症的无意识防御机制,此后,癔症就被区分为以躯体症状为主的转换型(躯体形式障碍)和以精神症状为主的分离型。

2)对心理障碍的本质揭示

人类对心理障碍的探索经历了一个漫长的历程,尤其是自20世纪以来,心理学在世界各国得到了迅速的发展。随着心理科学的大发展,变态心理学、精神病学也得到了不断进步,人们越来越接近心理障碍的"核心"。然而,至今仍然没有一组明确的定义性特征能够包容所有的心理障碍(魏源,2005)。这主要有三个原因:第一,临床上对心理障碍的界定是根据分类体系进行的,而分类体系的不断改进说明心理障碍的类别繁多且复杂,正如前面提到的癔症的认识演变分类。第二,临床心理学家们无法从名目繁多的具体的心理障碍中找到一个共同的致病因素。尽管心理障碍和躯体障碍一样,都是生物、心理、社会文化因素相互作用的复杂结果,但对于不同种类的心理障碍来说,其形成中的神经生理生化作用机制、心理作用机制、社会文化影响机制是各不相同的。第三,很难找到判断心理障碍在逻辑上所必需的标准。医学心理学和变态心理学认识到,心理活动的正常和异常是相对的,在健康与病态之间很难找到一条分明的界限[①]。此外,人的心理异常症状表现受到环境条件、认知水平、主观经验和社会文化背景等多种因素的影响,在心理正常与心理异常之间很难找到一个统一公认的判别标准。

至今,在临床应用及其研究领域,人们发现对心理障碍的解释主要有三种模式:生物学解释、心理学解释、社会学解释。生物学解释采用医学模式,认为心理障碍是由于大脑、神经生化及免疫系统出现问题,导致其作用机制发生变化。例如,焦虑症、抑郁症、精神分裂症等心理障碍是由于人的有关部件功能失常不能正常运转所致。现在的先进脑成像等医疗科技也证明心理障碍患者大脑等生理层面的非正常状态,揭示了心理障碍与人生理生物学方面的关系。心理学模式的解释更多地将心理障碍的形成与产生归因于人心理活动过程的作

---

①尹振东.心理干预对恶性血液病患者心理障碍的影响[J].中国临床康复,2004,8(6):1143.

用机制,认为人对人对己以及别的刺激不能理性认知,其偏差的认知和不适当学习是产生心理障碍的源头。社会学模式认为,心理障碍是由社会文化环境、自身生活经历和重大生活事件的影响所致。这三种解释各有侧重点,实际上心理障碍是生物因素、心理因素、社会因素相互作用的结果,只是针对不同个体,这三种因素在其身上的作用水平不相同。

对心理障碍成因的解释有助于揭示心理障碍的本质,但仅仅揭示了心理障碍的形成过程或机理,并未回答其本质问题。对其本质的回答,需要弄清"心理障碍是什么"的问题。关于"心理障碍是什么"的回答,首先要确立判定依据或标准。目前有两种:一种是描述性事实依据,另一种是认识性价值依据。前者强调人体内部生理功能失调或社会功能失调或失能,存在功能失常的科学事实;后者强调价值判断的重要性,即障碍的存在是因为人们对人对自己对社会对万事万物的价值认识,这种价值认识的视角方式或尺度是积极的还是消极的,以此作为心理障碍判定的标准。综合来看,在心理障碍是什么这个问题上,倾向于走整合的道路:对心理障碍之本质问题,将痛苦经验和功能损害联系起来予以揭示回答,既依据功能损害之事实,又考虑价值因素,障碍即有害的功能失常[①]。总之,心理障碍是相对的不是绝对的,是跟大多数人的心理行为表现相异的、内心有痛苦或有害的身心功能失常,对其本质或规律性揭示或许永远在路上。

(2)大学生常见心理障碍

从广义角度讲,在不严格区分的情况下,人格障碍、神经症以及其他精神障碍或心理疾病都可以被看作是心理障碍。心理障碍的类别繁多、分类复杂,如果按照心理活动内容来分类,可分为认知思维障碍、情绪情感障碍、意志品质障碍、问题行为障碍;如果从人格视角出发,从症状表现来分类,又可分为反社会型、偏执型、强迫型、冲动型、边缘型、表演型、分裂样型等多种人格障碍;从横向视角来看,对其分类的标准还有很多。实际上,每一种心理障碍在症状的表现上都有程度上的差异,按照程度轻重来分,可以分为轻度、中度、重度三种类别,这是从纵向角度来区分的。轻度者能够基本适应大学生活,中度者基本可以维持大学生活,重度者无法维持大学生活。大学生群体中产生的心理障碍具有特殊性,客观上表现为这少部分"患者"无法适应所处的社会环境、无法完善和发展自身,主观上对自身行为有一种不自主的状态,具有主观上的不自主性和客

[①]魏源.对当代心理治疗理论缺陷的认识[J].中国临床康复,2005,9(4):148-149.

观上的不适应性两大特点。

1）焦虑障碍①

焦虑障碍是全球常见的精神疾病，其表现包括过度的焦虑和恐惧，常伴随有紊乱的行为。这种焦虑、恐惧不是平时偶尔产生的相对轻微的情绪，而是过度的焦虑、过度的恐惧以及时常伴随有相关的行为紊乱，其症状严重程度足以导致明显的临床痛苦或社会功能损害。所谓恐惧是对当前感知到的紧迫威胁的反应，而焦虑则是对未来预期性威胁的反应。不同类型的焦虑相关障碍所特定的焦虑集中点不相同，即激发这种焦虑的刺激或环境不同。

大学生群体中也存在广泛性焦虑障碍。广泛性焦虑障碍在《国际疾病分类（第11版）》即ICD-11中编码为6B00，表现为显著的焦虑症状，持续至少数月，在大多数时间里出现。至少存在以下两种症状之一：一方面，存在广泛性的忧虑或聚焦点在诸多日常事件的过度的担忧（多为家庭、健康、经济情况、学业或工作）；另一方面，伴有附加症状：肌肉紧张、运动性坐立不安、交感神经过度活跃、主观体验的精神紧张、难以维持注意力集中、情绪易激惹或睡眠紊乱，这些症状导致明显的临床痛苦或社会功能损害。症状不是另一种健康情况的临床表现，也不能是某种作用于中枢神经系统的药物或物质所致②。

有的大学生也表现出社交焦虑障碍。社交焦虑障碍在ICD-11中的编码为6B04，ICD-11对社交焦虑障碍的诊断要根据其临床症状表现、症状程度、病程等条件综合考查。在其症状表现上，存在在一个或多个社交情境中一致出现的、明显而过度的恐惧或焦虑。这里的社交情境包括社交互动（如与他人谈话）、被他人观察的情境（如吃饭或饮用酒水中）或在他人面前表演的情境。在这些场合，个体担忧他的行为举止或焦虑症状会导致他人对自己的负面评价；个体抑制地回避这类社交情境，或不得不带着强烈恐惧或焦虑进入并忍受这些情境。在其病程上，症状持续至少数月。在其症状的严重程度上，其严重程度足以导致明显的临床痛苦或社会功能损害。

惊恐障碍也是焦虑障碍中的一种类型。惊恐障碍在ICD-11中的编码是6B01，用ICD-11对其诊断，在其临床症状上表现为反复的、非预期的惊恐发作，这种惊恐发作不限于特定的情境或刺激。所谓惊恐发作是指散在的、发作性的强烈恐惧或忧虑，伴随急性自主神经症状（如心悸或心率增快、出汗、震颤、气促、胸痛、头晕或眩晕、寒冷、潮热、濒死感）。在社会功能方面，因惊恐障碍患

---

①肖茜，张道龙.ICD-11与DSM-5关于焦虑障碍诊断标准的异同[J].四川精神卫生，2020,33(1):79-83.
②WHO.ICD-11 for Mortality and Morbidity Statistics/Anxiety or fear-related disorders [EB/OL].2019-04-01.

者对惊恐发作的复发有显著担心或一些回避复发的行为,导致个人、家庭、社交、学业、职业或其他重要领域功能的显著损害。同时,其症状不是另一种健康情况的临床表现,也不能是某种作用于中枢神经系统的药物或物质所致。

特定恐惧症也是影响正常学习生活的一种焦虑障碍,其在ICD-11中的编码为6B03。其临床症状表现是:当暴露于或接触某个或多个物体或情境时,反复出现明显而过度的恐惧或焦虑(如接近某种动物、乘坐飞机、站在高处、幽闭的恐惧、看到血或损伤),明显超出这类物体或情境的实际危险性。就病程来讲,其症状持续至少数月,其症状严重程度足以导致明显的临床痛苦程度或社会功能的损害。

除了以上类型,焦虑障碍还有广场恐惧症、选择性缄默症、分离焦虑障碍以及其他特定和未特定的焦虑障碍等多种类型。

2)抑郁障碍①

近年来,抑郁障碍患者人数比例在全球呈上升趋势,也成为全球性的公共卫生问题。其主要临床表现为抑郁的心境、兴趣减退、失眠、食欲下降、体重变化以及自杀意念等。目前,国内外对抑郁障碍的诊断系统主要有ICD-11和DSM-5两个。下面以ICD-11诊断系统对抑郁障碍诊断标准或有关条目的解释,有助于对抑郁障碍的认识。ICD-11在对不同种类的抑郁障碍进行诊断之前,对抑郁障碍下了总体性的定义:抑郁障碍表现为抑郁心境或愉悦感的丧失,伴有认知、行为或植物神经性的症状,并对个体功能水平产生影响。抑郁障碍的诊断不适用于既往经历过躁狂、混合性或轻躁狂发作的个体,这些发作提示存在双相障碍。

单次发作抑郁障碍。其在ICD-11中的编码为6A70,其临床症状表现为只有一次抑郁发作,且既往无抑郁发作史;抑郁发作表现为一段时间内几乎每天的抑郁心境或对活动的兴趣减少,并伴有其他症状,如注意力集中困难、无价值感、过度而不适当的内疚自罪、无望感、反复的死亡或自杀的想法、睡眠或食欲变化、精神运动性激越或迟滞、精力减退或乏力。其病程为抑郁发作期的症状表现持续至少2周。

复发性抑郁障碍。其在ICD-11中的编码为6A71,表现为至少出现2次的抑郁发作,且2次发作间隔期内至少数个月没有显著的心境紊乱。

恶劣心境障碍。其编码为6A72,表现为持续至少2年的抑郁心境,患者在

---

①肖茜,张道龙.ICD-11与DSM-5关于抑郁障碍诊断标准的异同[J].四川精神卫生,2019,32(6):543-547.

病程中的大多数时间存在抑郁心境,且在一天中的大部分时间内存在。青年、少年、儿童患者的抑郁心境可表现为普遍的情绪易激惹。在2年的病程中,从未出现过症状持续2周以上、症状条目数量满足抑郁发作诊断的情况。

混合性抑郁和焦虑障碍。其编码为6A73,表现为在至少2周的大多数时间里同时存在抑郁和焦虑症状。如果将抑郁和焦虑两组症状分别单独考虑,会发现任何一组症状的严重程度、数量或持续时间均不构成抑郁发作、恶劣心境或某种焦虑及恐惧相关障碍的诊断。

心境障碍。ICD-11中对心境障碍发作的症状和病程表现作出了界定。心境障碍中,心理障碍发作的症状和病程表现的编码为6A80,包括突出的焦虑症状、惊恐发作、目前持续抑郁发作、目前抑郁发作伴忧郁特征、季节特征、快速循环。这些类别是对心境障碍发作表现与特点的描述,诊断时用于描述心境障碍发作的特别、重要的临床特征。

其他特定和未特定的抑郁障碍。前者的编码是6A7Y,指由于未达到任何一种抑郁障碍的诊断标准,但具有明显抑郁典型症状的情况;后者编码为6A7Z,是由于信息不充分而无法明确判断是何种抑郁障碍的情况。

不同亚诊断的抑郁障碍[①]。一是以严重程度维度进行亚诊断分类:轻度发作——轻度抑郁发作的任何症状都不应达到强烈的水平,个体在日常工作、社交或家务活动中有些困难,但不严重,发作中没有幻觉或妄想。中度发作——中度抑郁发作可有少许症状表现突出或整体症状略微突出,个体在日常工作、社交或家务活动中面临相当大的困难,但在一些领域仍保持功能,达到中度以上严重程度,可伴随/不伴随精神病性症状。重度发作——重度发作中较多或大多数的症状表现突出,或一些症状表现非常强烈,个体在个人、家庭、社交、学业、职业或其他重要领域中无法保持功能或功能受到严重限制,达到重度的严重程度,可伴随/不伴随精神病性症状。未特定严重程度发作——由于信息不足,难以确定抑郁发作的严重程度。第二个维度是是否伴有精神病性症状,根据发作中是否存在妄想或幻觉判断。第三个维度是被描述为当前处于发作期、部分缓解或完全缓解等,该维度下有三种亚型:目前处于抑郁发作期——指目前的症状达到抑郁发作的诊断标准;目前为部分缓解——目前已不符合抑郁发作的定义性需求,但仍可能残留一些显著的情感症状;目前为完全缓解——目前已无任何显著的情感症状。

---

①WHO.ICD-11 for Mortality and Morbidity Statistics/Depressive disorders [EB/OL].2019-04-01.

3）强迫症[①]

什么是强迫症？强迫症（Obsessive-compulsive disorder，OCD）又称强迫性神经症、强迫性障碍，是一种以强迫和自我反强迫同时存在为临床特征的心理障碍。在相关的诊断系统中，强迫症被归为焦虑障碍，在某些系统分类中又属于神经症性障碍一类的疾病。尽管如此，考虑到强迫症或强迫现象在大学生中并非罕见，而且存在不同程度上的认识模糊，因此，这里单独将其列出予以介绍。

强迫症是一种严重影响大学生日常生活的心理障碍，其主要临床表现为：有意识地自我强迫和自我反强迫同时存在；体验到观念或冲动系来源于自我；有症状自知力，感到异常，希望消除，但无法摆脱，因而产生焦虑和痛苦[②]。

强迫症以反复出现强迫观念和强迫行为为主要临床特征。强迫观念是指患者认为没有现实意义、不必要、多余的一些思想、表象或冲动意向不由自主地进入其意识领域，虽极力摆脱、排斥与控制，但无能为力，为此感到苦恼、焦虑、痛苦。强迫行为是指为了阻止或降低焦虑和痛苦而反复出现的刻板行为或动作，比如，有的青年每次离开家门一段距离都要回去重新检查门关好没有，每次在厨房煮饭关了煤气灶离开一段距离都要走回去检查煤气灶开关，重复关煤气灶的动作。其实，每次回去重复关门动作时发现门已经关好，重复关煤气灶开关动作时发现煤气灶已经关好，可是，不重复那样的动作就是控制不住，否则，痛苦难受。强迫观念和强迫行为具有以下共同之处：一是症状反复、持续出现；二是症状非外力所致，患者极力希望能够摆脱；三是症状令患者非常痛苦；四是患者明知症状表现是多余的、没有意义的，有强烈抵抗的欲望，但却无力摆脱。

强迫症有哪些主要症状表现呢？第一大类症状表现是强迫观念。强迫思维——其第一类是强迫性的穷思竭虑，即反复思考一些生活事件或自然现象，明知没必要却不能停止；第二类是强迫怀疑，患者对自己言语的正确性反复产生怀疑，明知毫无意义却摆脱不了，常常伴随强迫行为；第三类是强迫联想，当大脑中出现一个观念或听到一句话，便马上联想到另一个观念或另一句话，控制不住这种思维过程，如果联想的观念或内容与原来的相反，那就是强迫性对立思维；第四种情况即是强迫性回忆，个体对过去的经历、所作所为等反复回忆，虽然明知没有意义。强迫表象——患者大脑中出现的"表象"内容生动而具

---

①魏荣霞.心理学与生活：大学生心理健康促进[M].成都：电子科技大学出版社，2019：294-295.
②中国就业培训技术指导中心，中国心理卫生协会.心理咨询师（二级）[M].修订版.北京：民族出版社，2012：7.

体,令患者讨厌和厌恶,但自己又不能控制其在大脑中出现,因此而苦恼;严格来讲强迫表象不能完全内属于强迫观念,因为强迫观念常常涉及的是抽象内容。强迫性恐惧——不由自主反复出现恐惧的心理,是一种心理上的疾病,其恐惧的内容与恐惧症不一样,恐惧症的恐怖内容是外在的特殊环境或物体,而强迫性恐惧是对自己心理情绪方面的恐惧,比如老是担忧害怕自己会失控,做出一些伤害他人、社会的事情。强迫意向——又称强迫冲动,是一种即将行动起来的冲动感,但患者从来不会真正行动。第二大类症状表现是强迫行为:强迫洗涤、强迫检查、强迫询问、强迫计数、强迫仪式行为、强迫性迟缓等等。比如,强迫洗手,有的患者反复不停洗手,导致手部皮肤出现严重问题甚至出现伤痕仍不能停止洗手行为;有的患者强迫计数,表现为反复数台阶、数楼层数或路边的树木等。

4)人格障碍[①]

要了解人格障碍,首先要知道什么是人格。对人格的定义是很复杂的事情,相对来讲,下面的定义抓住了人格的本质成分:人格是个体内部的心理特质和机制的集合,具有组织性和相对持久性,它们影响到个体对心灵内部的、物理的和社会环境的适应以及与它们的相互作用。人格障碍即是明显偏离个体所处文化期望的持久内心体验和行为模式,这种模式普遍存在且难以改变[②]。它有三个要素:一是起病早,于童年或少年起病;二是人格的某些方面过于突出或显著增强,导致牢固和持久的适应不良;三是患者感到痛苦或贻害周围。不同专家学者站在不同视角,对人格的分类不同,其人格障碍类型自然也不是单一化绝对化的,下面主要就通识视角对大学生中的常见人格障碍予以简要介绍。

依赖型人格障碍。这种人格障碍是一种因过分需要他人照顾以致造成顺从和依附行为并害怕分离的普遍模式,以女性多见。其特征包括缺乏自信,不能独立活动,感到自己无助和笨拙,情感上把自己置于从属的地位;一切听从父母或同学或其他关系人的安排。这种依赖与患者年龄不符、与其现实处境不符、与其能力不符(患者并不是处于客观上不能做决策的情况)。根据 DSM 对人格障碍三类集群的分类(A 群、B 群、C 群),它属于 C 群人格障碍——焦虑的或恐惧的人格障碍。

回避型人格障碍。这种人格障碍亦属于 C 群人格障碍,是一种社交抑制、能力不足感和对负性评价极其敏感的模式。患者因害怕被批评、被拒绝、被反

①兰迪·拉森,戴维·巴斯.人格障碍与调适[M].郭永玉,刘娅,译.北京:人民邮电出版社,2013:134-185.
②魏荣霞.心理学与生活:大学生心理健康促进[M].成都:电子科技大学出版社,2019:296-298.

对而拒绝接触必要的人或拒绝参加必要的学习、工作或其他社会方面的交往活动。

边缘型人格障碍。它属于B群人格障碍(戏剧性、情绪性或不稳定的人格障碍),是一种在人际关系、自我印象、情绪及其冲动性方面具有不稳定特征的普遍模式。边缘型人格障碍的核心是对被遗弃的恐惧,即使是一次小小的分离或结束,都容易被他们错误地理解为被抛弃或被拒绝,导致他们拼命尝试与别人保持联系和接触,这可能导致其极不稳定的人际关系。边缘型人格障碍的人,其感情像过山车似的,其人际关系极不稳定,对朋友不信任,很难有人能在其心目中建立相对稳定的位置。

偏执型人格障碍。这种人格障碍属于A群人格障碍(古怪或反常的人格障碍),是一种对他人普遍存在的不信任和猜疑,以致将人们的动机从恶意的角度去解释或解读。患者表现为没有任何证据就相信别人在利用、伤害或欺骗他,他们对来自朋友、家人或熟人间的不忠诚或不信任高度警惕。

对大学生心理障碍的认识既要结合一般人群的共性特征,也要基于大学生这一特殊群体自身的特点来科学分析与把握。大学生相对其他群体,具有自身的显著特点:智商普遍较高,情感丰富,进取心和成就感强,可塑性、再造性强,角色冲突激烈,抗挫折能力相对较差。这些特点决定了大学生群体中产生的心理障碍有其自身特殊性,在客观上表现为大学生中的心理障碍患者不能适应所处的社会环境、不能完善与发展自身,在主观上其所作所为处于不自主状态,具有主观上的不自主性和客观上的不适应性两大特点。

大学生心理障碍类型多种多样,分类标准不同,其类型也不同。如果按纵向分类的原则或标准,根据大学生对大学生活的适应程度,可分为轻度、中度、重度心理障碍三种类型。轻度者能够基本适应大学生活,中度者基本可以维持大学生活,重度者无法维持大学生活。如果以横向分类,按照大学生心理活动基本内容的不同,可分为认知和思维障碍、情绪和情感障碍、意志品质缺陷、问题行为等几大类。

2.走近变态心理

(1)何谓变态心理

任何事物都有两面性,有正面就有反面,有正确就有错误,有富裕就有贫穷。类似的,正常的、常态的心理活动与异常的、变态的心理活动并存。不言而喻,变态心理相对于正常心理、常态心理而言,是变态心理学的研究范畴。

不同学派专家学者因各自所持视角不同,对变态心理的定义与界定有所不同。例如,有人从社会规则视角,认为变态心理行为就是对社会规则的违反;有人从统计学视角,认为变态心理行为就是任何偏离统计平均状态的情况;有人从行为主义视角,认为对适应不良就是变态行为,其行为模式不能满足其生活需要……近年来,不少专家学者力图从整合的视角对变态心理下一个普遍适用的定义,既考虑到事实性的界定标准(统计方面、清晰可见的失调行为等),也考虑到对社会规则的遵守情况等价值性维度。从整合的视角来看,有助于引导人们不断朝着更加科学、全面的高度去认识变态心理。但是,要找到一个绝对化的、四海皆准的定义或许是不现实的,因为变态心理本身具有相对性,是个体主观性与客观性的统一。

就一般而言,偏离常态或偏离正常的心理活动就是变态心理。哪些心理活动是常态的呢? 通常认为被社会所期许、普遍认可、可接受、协调的心理行为就是常态的、正常的。变态心理学也曾这样作出界定:丧失了正常功能的心理活动就是异常心理,这里的异常心理就认为是变态心理。那么,什么样的心理功能是正常的呢? 能够体现以下三个"保障"功能的就可认为是正常的:保障个体顺利地适应环境,健康地生存发展;保障个体正常地进行人际交往,在家庭、社会团体、机构中正常地肩负责任,使社会组织正常运行;保障个体正常地反映、认识客观世界的本质及其规律性[①]。

人的心理活动包括心理过程和个性心理。不同个体的心理过程和个性心理各不相同,其心理面貌、心理活动状态、心理活动水平也存在差异。任何人的心理活动都不可能停留在某一状态静止不动,而是动态变化的。在正常范围内变化即为正态或常态,若不被社会所认可、所期许,或与大多数人不一致即为变态或异常。需要注意的是,变态心理并非停留在某一"变态"位置静止不变,它完全可能随着个体自身身心状况及其与环境交互作用情况的变化而朝着常态、正态方向转化。人的心理状态本身是一个渐进变化的连续体。

(2)变态心理的识别

较为常见的变态心理有人格障碍、性变态、精神疾病后的人格改变等[②]。例如,性变态又叫性倒错,是指性爱异常的一种性心理障碍类别,如恋物癖、异装癖等,多数患者对异性持厌弃态度。明确变态心理与正常心理的区分原则或

①中国心理卫生协会,中国就业培训技术指导中心.心理咨询师(基础知识)[M].北京:民族出版社,2015:300-301.
②鲁文兴.试述变态心理的实质[J].云南医药,1999,20(5):380.

标准,有助于对变态心理的预防干预。李心天(1991)提出了四类判断正常心理和异常心理的标准,本书将变态心理视为异常心理。

①医学标准。在医学标准视角下,精神障碍被视为躯体疾病。如果某人的心理或行为异常或变态被怀疑有病,就必须找到其病理解剖或病理生理变化方面的依据,才能认定此人有精神障碍。对于有精神障碍的个体来说,其心理或行为方面的变态表现被视为疾病症状,其产生原因被归结为脑功能失调。临床医师广泛采用这一标准,他们深信精神障碍患者的脑部应当有病理过程存在。尽管有些精神障碍目前未能发现其明显的病理改变,但在将来可能会被发现。随着脑科学的不断发现,病人大脑中分子水平上发生的精细变化也完全可能被发现。

这种病理变化是识别变态心理或异常心理的可靠依据。作为正常心理的个体,其脑部没有这样的病理变化。

②统计学标准。普通人群的心理特征在统计学上服从正态分布。基于这一点,一个人的心理是变态还是处于常态或正常,就可以根据其偏离平均值的程度来判定。以心理测验为工具,以反映有关人群心理特征的统计数据为依据,确定正常与异常、常态与变态的界限。当然,由于受到社会文化等因素的影响,心理测量的内容(某些心理特征和行为)不一定服从正态分布,所以,统计学标准的普遍性也是相对的。

③内省经验标准。该标准涵盖两个条件:第一是病人的内省经验,例如患者自己感觉焦虑、抑郁或有一种不明原因的不舒适感,觉得自己无法控制自己的行为等。第二是观察者的内省经验,即观察者将观察到的被观察者(患者)的行为表现与自己以往经验进行比较,从而对患者做出心理变态与常态或异常与正常的判断。这种识别标准具有很大的主观性,因为不同的观察者各自的经验不相同,对患者相同的行为评定的标准或尺度也会因此不同。当然,在临床工作中,观察者有责任尽可能减少因主观性带来的偏差。

④社会适应标准。正常人能够维持生理和心理活动的稳定状态,其行为是一种社会适应性行为,能够按照社会要求和道德规范行事,符合社会行为规范准则,满足社会生活的需要,适应环境并改造环境。如果由于身体器质的或功能的缺陷,其社会行为能力受损,不能按照社会认可的方式行事,就认为其行为属于变态行为或有精神障碍。因此,如果一个人的心理行为与社会规范性行为相违背,就认为是变态的或异常的;如果是相适应的、吻合的,就是正常的或常态的。

郭念锋从心理学角度出发，对异常心理与正常心理的区分与识别进行了研究。他以心理学对人类心理活动的一般性定义（"心理是脑对客观事物的主观反应"）为依据，提出了三条判别依据。

第一条：主观世界与客观世界的统一性原则，即统一性或同一性标准。因为心理是对客观现实的反映，所以任何正常心理活动与行为在形式和内容上必须与客观现实、客观环境保持一致。如果不一致，那就有问题，就叫异常或变态。比如，幻觉：如果一个人坚信他看见或听见了什么，而现实环境中当时却不存在引起他这种感觉的刺激物，就可认定他的精神活动不正常，产生了幻觉；妄想：如果一个人的思维内容脱离现实，或思维逻辑背离客观事物的规定性，并且坚信不疑，就可以认定他的精神活动不正常或异常（变态），产生了妄想；神经症性问题：如果个体的心理冲突与实际处境不相符合，并长期持续不能自拔，就可以认定他的精神活动不正常，产生了神经症性问题，即心理异常或处于变态状态。人的精神或行为与外界环境失去同一性，必然不能被人理解，人们就认为其心理异常或变态。在精神科临床上，常常把有无"自知力"作为判断精神障碍的指标，所谓无"自知力"或"自知力不完整"是指患者对自身状态的错误反映或患者"自我认知"与"自我现实"的统一性的丧失；同时也把有无"现实检验能力"作为鉴别心理异常与正常或心理变态与常态的指标，因为如果要以客观现实来检验自己的感知和观念，必须以认知和客观现实的一致性为前提。

第二条：心理活动的内在协调性原则。人的心理活动可被分为知、情、意等部分，但自身是一个完整的统一体。各种心理过程之间具有协调一致的关系，这种协调一致性保证人在反映客观世界过程中的高度准确和有效。一个人遇到一件令人愉快的事情，会产生愉快的情绪，神采飞扬，欢快地向别人述说内心的体验，这是正常心理行为表现。如果不是这样，比如遇到令人愉快的事，却以低沉的语调向人述说，表现出痛苦的情绪，或对于痛苦的事情却向别人做出快乐的情绪反应，那就可以说其心理过程失去了协调一致性，其心理处于异常状态或变态。

第三条：人格的相对稳定性原则。不同的人有不同的生活成长轨迹，各自在不同的生活成长轨迹上形成自己独特的心理特征或个性。人格心理特征一旦形成，便有相对稳定性，在没有重大外界变革的情况下，一般是不易改变的。但是，如果一个人没有遭遇明显的重大外部变革或变故的强烈刺激或冲击，其人格相对稳定性出现异常或发生变化，那就是一种变态的表现。因此，如果一个人的心理行为表现违反了人格的相对稳定性原则，与其人格或个性相背离，即可认为心理异常或心理变态。反之,心理活动正常。一个热情大方、外向的人,突然变得冷漠少语,在找不到足以促使其发生改变的原因的情况下,即可认为其精神活动偏离了正常轨道。

(3)变态心理与心理障碍之关系

任何事物都不是孤立的,都不可避免会跟别的事物之间有着这样那样的关系。变态心理与心理障碍二者之间也必然会有一定的关系。

1)变态心理与心理障碍之间不能画等号

变态心理属于变态心理学研究范畴,心理障碍尽管也有从心理学视角去探究人心理障碍产生机制、诊断治疗等系列问题的成分,但是更多的还是立足精神医学视角对之予以探究。精神医学信奉的是医学,在这样的背景下探究心理障碍,更多的是要寻找到个体产生心理障碍的生理病因,其理论假设是个体产生心理障碍(精神障碍)一定是个体在身体或脑部出现了生理病变,基于这一前提,在治疗取向上更多地采用医学模式,所以心理障碍(精神障碍)患者在医院精神科诊治,常常都要服药。而变态心理学是从心理学视角研究人的心理过程和个性心理特征发生异常或变态的表现、原因及其演变发展机制与规律,基于变态心理学理论视角对变态心理患者进行治疗,更多采用心理学的一些方法技术。

"变态心理"作为偏正词组,其重心在心理,人的心理是动态变化的复杂过程,甚至是伴随人一生的一个漫长历程,而变态心理只是人心理发生发展、变化成长过程或历程中的一个阶段或一种与其他阶段不同的或非正常的状态,因此,变态心理这种措辞表达给"患者"一种流动转变、蕴含希望的一种召唤,而不是静止不动、无可救药、只能这样的一种消极暗示。心理障碍作为偏正词组,它的落脚点在障碍,何为障碍,其本义是阻挡前进的东西,那么心理障碍就是阻挡人心理前进(成长、发展)的东西,即是因有关原因人的心理停滞不前的状况或者人的心理因某种"东西"的阻挡不能前进或停滞不前。人的心理停滞不前或被阻挡着,是什么状况,显然就是一种静止的、似乎没有希望没有转机的"疾病"状况。从词义层面的分析,可觉察到:心理障碍更多呈现的是人心理上有了"障碍""疾病"这种不良的结果,而变态心理更多呈现的却是人的心理在发展演变过程中步入到变态的阶段。

2)变态心理与心理障碍密不可分

尽管变态心理与心理障碍有差异,但是它们二者之间又有着紧密的联系。张春兴在主编的《张氏心理学辞典》中对变态或异常解释为:凡个体身心状态异于常人者均称为变态(心理)。在心理学中,常态与变态无明确而绝对的界定标准。但通常情况下,采用以下几种区分方法:一是常态分配的标准(以数据为依据,将人类某些特质在常态分配中接近平均数者视为常态,居于两个极端者视为变态);二是社会规范的标准;三是生活适应的标准(不能有效适应个人所处外在物理环境、社会环境或内在心理需求者为变态);四是心理病理标准(有心理疾病者为变态);五是心理成熟标准(个人行为未能达到该年龄水准应有的成熟程度即幼稚或退化为变态)[①]。

心理障碍亦称"精神障碍",是指个体心理和行为显著偏离正常,以精神病性症状、社会功能下降和本人感到精神痛苦为特征的一组疾病;《美国精神障碍诊断与统计手册》(DSM)将心理障碍界定为 mental disorder,而非 disease 或 illness,即一种紊乱失调的状态。有的学者认为,心理障碍是指个人在认知、情绪调节或行为方面出现重大障碍,伴随心理和行为偏离正常、社会功能下降、精神感到痛苦、心理功能紊乱等现象的一种心理综合征或模式[②]。

通过对不同专家学者对变态心理和心理障碍的界定与理解进行比较,可以发现它们之间存在一些有机联系。心理障碍既然是一种紊乱失调的状态,这种紊乱失调实际上就是与环境不协调不适应的状态,按照社会规范等标准衡量就是一种变态的体现,也就是说,心理障碍患者的心理是变态的、偏离常态的。按照王娅金对心理障碍的理解,心理障碍是指个体伴随有心理和行为偏离正常、社会功能下降、精神感到痛苦、心理功能紊乱等系列现象的一种心理综合征,也就是说,心理障碍作为一种"心理综合征",是由于个体心理行为偏离正常状态或变态导致其社会功能、情绪情感、心理功能等受到影响而最终形成。因此,可以发现变态心理与心理障碍有交叉重叠的地带,在一般意义上,变态心理个体就是有心理障碍的患者,心理障碍患者常常是心理变态或存在变态心理的个体;同时,变态心理又是个体产生心理障碍的一种原因。

(二)预防心理变态,远离心理障碍

1.如何预防心理变态

人的心理伴随人的一生有一个发生发展的过程,这个过程是渐进连续的,不会突然改变。总体来说,绝大多数人的心理都是正常的,被大众所认可,自己也能够接受;但是,不排除有少数人在人生的某些阶段其心理状况偏离自己人

[①]张春兴.张氏心理学辞典[M].上海:上海辞书出版社,1992:3.
[②]王娅金.大学生心理障碍的态度量表编制[D].昆明:云南师范大学,2022:3.

生其他阶段的正常表现或跟社会大众心理行为表现相违背、不被社会所认可，即出现了异常或变态。如果一个人的心理发生变态，出现变态心理，产生心理障碍、心理疾病，将会对自身学习工作的正常开展、身心健康成长、美好人生的追求带来影响，同时还可能成为危害他人或社会的一个因素。因此，大学生对自身心理发展状态要倍加关注，用实际行动预防心理的变态，不让变态心理形成，尽可能保证自己的心理处于常态化的范围内。下面介绍几种预防的方法。

（1）"知彼知己"预防法

知己知彼，百战不殆。要预防心理变态，首先要清楚变态心理产生的根源，明白其根源，反其道而行之，不与之为伍，就有助于自己的心理朝向正态、健康、积极的方向发展，起到远离变态的效果。尽管不同理论流派对变态心理产生根源的意见并不完全统一，但一般来讲，人们认为有先天的根源和后天的根源[①]。

1）先天的根源[②]

北京师范大学的严春友曾提出"先天全息认知结构"概念，他认为人类天生就有一种认知结构，它能识别、接受人类的后天信息。这种认知结构具有先天性、全息性、认知功能，是在生物和人类长期进化过程中在适应外界环境的过程中建立起来的固定联系和反应模式，长期的固定联系和反应模式会被人类内化，引起内部结构的变化，这种变化达到足够强度时会引起微观世界的变化，最终内化沉淀到遗传基因中，遗传给下一代，世代遗传，形成大脑这个奇妙的认知系统。人类的大脑是遗传的结果，每个人一生下来就有大脑，具有先天认知结构，具有潜在认知能力。认识能力是人的一种本能，人天生就有认知事物的本能和倾向，具有接受人类知识内容的潜在能力，只是作为一种可能性存在，需要接受教育才能显化出来。按照"先天全息认知结构"理论的观点，既然人的先天理性能力是遗传的结果，那么也一定不可避免地会有变异。如果一个人的"先天全息认知结构"发生了变异，他与其他个体之间就无法进行沟通。因为不同"范式"之间是不可通约的、不可比较的。变异有两种情况：异常或超常。异常创造变态的个体，超常创造天才的个体。通过遗传与变异，个体的"全息认知结构"就会出现三种情况：正常的、异常的、超常的。由此发现，仅仅局限于严春友对人类"先天全息认知结构"遗传层面的认识是不全面的，还应关注具体的、不同时代和不同地域的个体现实认知结构的同一性和一致性。只有注意到"先天全息认知结构"会发生变异性这一特点，才能揭示个体变态心理、变态行为的先

①张国清.变态的根源及其结构新探[J].浙江大学学报,1993,23(4):57-64.

②严春友.精神之谜:全息精神学[M].北京:中国社会科学出版社,1991:65-66.

天根源。当然,个体的"先天全息认知结构"异常或不健全,未必导致个体的心理行为一定变态或异常,因为个体可以通过后天努力来抑制、升华、补救、掩饰自己的异常或变态倾向。因此,"先天全息认知结构"异常或不健全只是个体可能出现变态心理、变态行为的潜在根源。

2)后天的根源

张国清从全息变态心理学的视角指出,"后天全息认知内容"的匮乏或偏差必然会导致不健全的、变态的心理和行为。后天教育不当、诱导不当是导致个体变态行为、变态心理的最主要根源,其后天根源主要包括心理根源、社会根源和认知根源。虽然外界环境的正确教育与诱导固然重要,但个体自身对环境的作用和影响更取决于自己,而不是环境,因此,在明确变态的后天根源基础上,有助于"祛邪扶正",抑制环境中消极因素的影响,不断朝着心理健康的方向发展。

变态的心理根源。人的心理因素本身也是变态心理、变态行为的诱发因素。如果个体心理需要的满足受挫或在大脑中不切实际、不合逻辑地加工已有的记忆信息,其行为反应就可能趋于失调、心理趋于变态。一种情况是个体在婴幼儿时期遭受心理剥夺。表现之一是口部剥夺——若个体在婴儿时期常被剥夺吮吸乳汁的行为需要,在以后的发育阶段就可能出现情绪不稳定和自我表达障碍等方面的"变态"表现;表现之二是父母剥夺——幼年丧母丧父或失去双亲,得不到应有的情感爱抚、关怀照顾,从而让个体在人生中感到自己生活在不安全的环境中。第二种情况,个体缺乏生活经验或遭受恐怖的经历。个体的行为模式来自生活经历,个体在物质生活、精神生活、情感生活和社会生活过程中,其各种需要满足的情况、习惯、个人态度、价值观等方面培养的情况,将影响其各种关系的处理。如果个体学习不当,将导致其调整困难,产生偏差、孤僻、怪诞的变态心理异常行为;如果个体遭遇过恐怖经历,经历给自己留下的心理创伤也完全可能引起个体心理变态行为失常。第三种情况,个体在青春期的发展性危机未能得到很好解决。青春期的个体由于身心发展"不平衡、不对称"、性意识萌发、自我意识觉醒、对异性和外部世界的渴望,常常让自己面临更多的压力和心理困惑。如果得不到家庭、学校和社会有效因势利导的教育呵护、助力赋能,这一阶段应解决的人生发展危机(自我同一性与角色混乱的危机)就得不到很好解决,不免产生迷茫失望、孤独无助,甚至消沉绝望的消极心理,产生反社会行为,为变态心理的形成埋下隐患。当然,人生路上的挫折、失败或遭遇危机事件,让人心理失衡,不能从挫败的心理阴影或心理危机中走出来,也会导致其心理变态。

变态的社会根源。人是社会中的一员，人的心理行为不可避免要受到社会文化环境的影响与制约，健康文明的社会文化环境有助于人们心理健康成长发展，不健康不健全的社会文化环境难免会成为滋生变态心理的土壤。可以从以下几方面来认识这一问题。

一是社会规则偏斜。人是社会中人，都是置身在一定社会环境中的存在者，不得不面临对所在环境社会规则、社会制度的遵从或不遵从的问题。不过，不管个体作何选择，其心理行为都不可避免会打上社会环境、社会舞台、社会角色方面的烙印。如果个体所处环境社会规则或制度规章本身有所偏斜，不符合社会发展主流价值要求，不可避免会有人不情愿地片面迎合或有人公然不遵从而成为所处环境的"另类"，这些人心理变态行为变态是难免的事。显然，不健全的社会环境影响着个体的健康成长，大学生要主动成为自觉维护并遵守良好社会规则的主人。

二是科学技术双刃剑。时代列车奔驰不息，科学技术日新月异。随着互联网、移动通信、智能机器人、区块链、物联网等技术的高速发展，经济社会各行各业得到革命性的进步，现代化列车加速前进。与此同时，飞速发展的科学技术也改变着人们生活、工作和交往的方式，人们不得不接受因地球村来临不可回避的海量信息冲击、自身信息保密的无能性、高科技手段伤害陷阱、网络交流交往容易带来的伪善性等一系列问题的考验。如果不与时俱进、不加强学习调节、不适度开放自己，不可避免会陷入到关系紧张、孤立无助、焦虑恐慌、自我否定的旋涡中，导致行为失常、人格紊乱，空虚无聊、灵魂漂浮，最终心理变态或精神病态。所以，大学生要用好科学技术这把双刃剑，在学科学练技术长本领的过程中，要注意自身心理世界的修养，要合理利用网络技术、现代科技手段，走出虚拟网络世界，回归现实生活，用技术传递人间真情。

三是享乐式的消极生活方式。在高效率、快节奏的现代生活中，一部分人在不断远离自身内心世界，更多地把注意力聚焦在外部世界，而忽视了自己的精神需求，追求享乐却并不追求快乐的生活。享乐指向外在的目标，但快乐指向人的灵魂（张国清，1993）。追求享乐的人在外在目标达到的瞬间会有一种满足感，但这种满足感是短暂的，并没有给灵魂带来安宁、充实。短暂的满足过后就是沮丧、空虚、无聊。为了不再无聊，又去寻求新的目标与刺激。因此，享乐的人有一种不断膨胀的自我，力图不断占有外部世界。但是，外部世界在终极意义上是无限的，个体的有限性决定了任何人对外部世界的征服与占有都是不可能的。所以,个体追求享乐的过程更多是沮丧痛苦的人生历程。追求享乐为生活目标的个体,习惯用"占有"的眼光去看待周围的一切,用"所拥有的东西"作为衡量一个人生存价值的尺度。由于这样的人把无止境的占有作为人生的目标与追求,一旦遇到挫败就完全可能行为异常、心理变态。

大学生要有正确的生活观、人生观,要走出"想成为超人,而不想成为人"的错误逻辑。只有在为社会给予与奉献的行动中,内心才变得更充实、更阳光、更健康。

当然,社会文化与习俗中的一些弊端陋习、家庭的不和谐不健全、遭遇危机事件,都会给个体造成不良影响,成为其心理变态、行为异常、人格紊乱的诱因。

变态的认知根源。生活中,有些个体出现心理变态行为,不仅受上述有关原因的影响,还可能是受自己给自己所设定的思维上或观念上的消极陷阱的影响。这样的消极陷阱就是变态的认知根源,下面从两个层面予以审视。

一是固定化的认知图式。人在成长道路上不断与外界交互作用,形成一定的反应方式、思维倾向、想法与观念,并不断加固成型、模式化,最终形成相对稳定牢固的固定化认知图式。个体一旦形成认知图式,对人对事的认识就有一种心理定向,以固有的观念、成见、态度或先入为主的定势作为参照物去认识未知的人事物或人事物的未知方面。这样难免会产生认知偏差,让个体认知的人事物与其客观实际不相吻合甚至相违背,其心理行为偏离常态产生变态。这主要跟两个方面的情况分不开:一是个体固定化的认知图式本身就存在偏差,因为它是在不合逻辑、与客观实际相违背的认知思维加工的经历中形成的,以之为参照去看人识事,无疑会存在不协调甚至是反差的地方,产生心理冲突也就不可避免;再者,已有认知图式即使在最初形成的时候是科学的,也未必在以后放之四海与万物都适用,因为万事万物伴随时空更替在不断发生着变化,变化的万事万物一定有跟以往认知图式不相协调的地方,这些时候也将产生心理冲突。心理冲突如果长期得不到很好解决,个体将在焦虑痛苦、迷茫与迷失的情绪情感体验中心理扭曲行为变态。

二是情绪化的认知冲动。贝克认为,个体的思想与态度(认知)决定着个体自身的心情和行动。个体之所以感到心理困惑、情绪困扰甚至是更严重的心理问题,主要原因是他对人对事对己的不适应看法,即偏差的认知所致。悲观的看法将导致悲伤的情绪与消极的行动,乐观的看法将导致快乐的情绪与积极的行动。诸如忧郁症、焦虑症、恐惧症、孤独感、绝望感、无助感、失落感等许多消极心境与心理障碍、心理疾病,常常跟扭曲的、失真的认知分不开。大卫·鲍恩斯归纳出十多种导致消极心境、心理疾病的认知失真形式：非此即彼、以偏概全、情绪推理、仓促作结论、夸大其词、自我贬抑、疑神疑鬼、无中生有、愤世嫉俗、怨天尤人、代人受过、吹毛求疵。个体在外界刺激面前，这些失真形式的认知常常是"本能"、自动化地产生，尤其是在个体处于情绪化状态下，其偏差认知工作的自动化程度更高。因为个体在紧张、冲动、愤怒等消极情绪状态下，大脑神经元及其神经网络的功能受到影响，致使有关脑部的认知思维加工水平下降，影响加工的准确性、完整性。在这种情况下，对外界刺激产生不恰当的反应行为、失态或变态行为常常是不可避免的。这种情绪化状态下的偏差认知其实是一种冲动认知，是在不具备作出理性认知与抉择判断的心理情绪条件的情况下作出的，所以这样的认知常常会让个体付出变态行为的代价。因此，大学生既要对认知失真说"不"，更要涵养良好性情，设法让自己保持平和心态、积极情绪状态，并养成良好的认知思维习惯。在情绪不好的时候，先谈心情（调节好情绪）、不要谈事情，让大脑休息，不要作什么决定。

（2）积极行动法

个体心理的发生发展与自身生理机能的成熟密切相关，同时也与行动实践有着重要的关联。在生理机能一定的情况下，人心理发展的状况很大程度上是由行动实践所决定的。积极行动有助于个体心理健全发展，使其处于一种正态的、健康的、积极的状态；而消极的行动则会影响个体心理的正常发展。为了让自己心理正常变化、健康成长，并保持良好的、积极的状态，大学生有必要采用积极行动的方法，让自己的心理行为朝着远离变态的方向去发展。

1）利他行动法

劳动是人类的本质活动，是人类文明进步的重要手段。它不仅为了改造自身、服务自身，更主要的是服务他人、促进人类文明进步。在这个过程中，劳动者可以不断缩短与外界的距离，增强与外界的联系，从而在同化和适应的过程中，心理世界得到改造，行动能力得到增强，成为一个心理健康、积极发展的人。劳动的社会本质蕴含着利他的成分，不劳动者既不能利他，也不能改造自身，心理行为容易朝着异常的方向发展。在现实生活中，心理异常的患者常常有不喜欢劳动、懒惰、想得多行动得少、自私、以自我为中心、很少关心他人与集体等不良表现。这些表现都可以归结为一个问题，那就是不喜欢劳动，不喜欢劳动就让人远离人的本质，与同类发生异化。因此，大学生要健康成长，远离异常心理和行为，就要努力投身到利他的行动中，彰显劳动所具有的"文明进步"的本真属性。

如何做到利他？利他首先需要为他人着想，考虑他人的需求和感受，急他人之所急，痛他人之所痛。然后，要付诸行动，立即采取措施。比如，当发现周围的同学有困难时，及时伸出援助之手；当发现同学心情不好时，主动陪伴或送上安慰的话语；上下楼梯时主动靠右行走；乘车时主动为老弱病残孕者让座等等。利他绝不仅仅是表面文章，它是一种精神和文明进步的习惯，让我们能够从中获得积极幸福的心理体验，使内心变得更加富足和充盈。

2）创造行动法

人的心理潜能是巨大的，心理发展目标不仅局限于心理不变态层面，如果总是聚焦在这一层面，反而会适得其反。因此，以马丁·塞利格曼为首的心理学家在1999年发起了积极心理学运动，从正向、积极的视角去探索心理学，让心理学更好地为人类的幸福生活和创造潜能的开发服务。积极心理学既是一种方法也是一种理念，将研究的视角聚焦在个体的积极面、优势潜能上，以积极、正向、美好、愉悦、幸福的元素与力量去抑制、消解、替代或感召低级的、负性的影响心理健康成长的消极因子。创造是一种积极的行动，有助于个体身心潜能的开发、心理健康水平的提升和积极心理的形成。

大学生预防心理变态、促进积极心理成长，需要投身到创造行动之中。创造行动，首先要培养问题意识。在日常生活、专业学习和各种实践活动中，要善于发现问题、捕捉问题，创新常常是从问题开始的。如何才能发现问题并且是有价值的真问题？需要有与众不同的敏锐的视角，既要认真用眼看、用耳听、用手感触，用好各个感觉器官收集原初信息，更要用心去理解信息、加工信息，这样才可能在貌似平静的海面发现不平静的地方、在司空见惯中发现真问题。在坚持不懈的锻炼中，让自己有一双发现问题的敏锐眼睛、有一套洞见问题的独特视角和科学思维，时时处处有一种挖掘问题、发现未知的冲动和自觉意识。其次，创新学习方法。大学生的主要工作是学习，创新行动无疑应落实到学习这一责任田中，创新学习方法要结合学习课程及其内容的特殊性、学习资源与场所环境实际、自身学习优劣势等多方面因素来优化设计，走出传统记一记、背一背、考一考就行了的方式与模式，既要知，更要行，知行合一，做到行中有知、知中有行，最大化发挥手脑联盟效力。手脑联盟不仅有助于提高学习质量效益，还有助于大脑开发、身心协调、心境愉悦、积极向上。第三，紧密结合所学专业。今天所学的专业就是今后赖以生存的职业、未来效忠人民的事业。因此，大学生在专业学习过程中要有先见之明，把所学专业融入中国式现代化事业相应行业领域，去结合经济社会行业企业生产实际加深对专业知识专业技术的理解掌握,去发现专业知识专业技术在加速行业企业发展助推生产力水平提升过程中的重要地位作用,从而不断生发创造灵感、创造热情,在更好服务经济社会高质量发展的创造行动中增强自我效能感。

3)意义行动法

以积极行动促进积极心理成长,以预防并远离变态心理和行为,最终旨在为人类的幸福而奋斗。人类的幸福呼唤每个人的幸福。彭凯平教授指出,真正的幸福不仅是个体的心理感受,更是人们对这个世界美好与善意的渴望与拥抱。罗丹曾说,这个世界并不缺少美,而是缺少发现美的眼睛。然而,许多人日夜奔忙,既未发现世界的美丽,也未感受到幸福。为何有些人行动了、作为了,却没有从劳动的付出中发现世界的美丽、感受到本该从劳动中得到的幸福呢?这是因为这些人更多的是进行机械劳动或任务劳动,并未充分察觉伴随劳动本身应该有的显性或隐性的意义和价值。大学生应在意义行动中实现心理的积极成长,增强幸福人生充盈感。

首先,要让注意力与行动相结合。身心分离的现象并不少见,例如有些青年在进餐时一边说话,一边思考;有些人在跑步时却满脑子思绪;有些人一边做事,一边想着其他事情。长期身心分离容易导致不自觉"走神"的不良习惯,既影响行动的效率,也不利于心理发展和生理健康。因此,大学生应该学会专注,全神贯注地行动,将自己的身心融汇到行动中,聚焦注意力。具体方法如呼吸转移法,深吸几口气,感受气流进入鼻腔然后慢慢呼出,以此将分散的注意力拉回来;或者将注意力集中在身体的某个部位、某个动作或行动中四肢与物体接触的某个合适的位置上。这些方法可以在本书其他章节中了解到。

其次,要有选择地行动。行动具有方向性,正确的行动会产生正向的积极效应,错误的行动则会导致相反的结果。有意义的行动一定是经过选择的行动,大学生应该做到有所为有所不为。当前,大学生中存在一些沉迷于网络游戏、周游在网络世界中远离现实环境、对学习不上心不作为的情况,即使这只是局部现象,仍应引起我们的高度重视,从而为自己敲响警钟。积极行动不是盲目的行动,更不是与我国现代化发展大势相违背的行动,而是与实现中华民族伟大复兴的初心使命相契合的行动。因此,大学生应该把有限的时间和精力用在最应该做的事情上,把握好行动选择的基本原则。一是遵循计划优先的原则,提前编制好学习生活的计划,让计划成为行动的指南针。如果非特殊情况有别的事与计划冲突,应该坚持计划优先的原则,而不是随意打乱计划。二是遵循紧急优先原则,如果在计划执行过程中突然遇到紧急情况,事关自己和他人安全健康的大事,就要服从大局,按照学校、社区的要求首先做好防护工作,把安全健康放在第一位。三是成长优先原则,每个人唯一应该做的事情就是不断地提升自我,人人都能更好地发展,世界才会变得更美好。大学生应该时刻反思自己的所作所为是否有助于自己的成长,对于无助于自己健康成长的事情,应该坚决不做。

第三,挖掘行动背后的意义。正确的行动中都蕴含着一定的本真意义,只是现实中一部分行动者将自己的行动一味指向行动的外在目标——金钱、权力等名利上面,可是金钱物质、权力地位对于每个人都是有限的。如果内心渴求名利的欲望不断膨胀,最终有限的现实供给无法满足内心对名利的无限渴求,势必引起灵魂的空虚、心理行为的扭曲变形。因此,大学生在积极行动中健康成长,贵在挖掘行动自身及其背后蕴含的本真意义,以此充实内心、享受行动带来的快乐与幸福。如何挖掘意义?一是从普遍联系的视角去解读行动意义。有的任务有的事情看似与自身关系不大,可有可无,但是恰好是那些看似无足轻重的事情是考验一个人的试金石,为与不为很大程度上反映了一个人的内心状况与德性修养。为之,既彰显了自己平凡中的高尚情怀,从普遍联系的观点来看往后又必得回馈与"余香",尽管行动并不是为了自身能有回馈。二是从行动本身去挖掘意义。行动有助于手脑并用、让人身心得到协调充分的发展,大学生在行动中要手脑联合,充分发挥行动应有的功能,切忌消极行动、无心行动。三是从行动的社会效应去挖掘意义。行动是广义的劳动,在改造自身的同时也有着一定的社会效应,在发挥社会效应的过程中丰富着行动者作为人的本质内涵。因此,大学生不能埋头拉车,既要在"拉车"行动的过程中观赏自己的行动产生的社会风景,又要在拉车行动后分享自己的行动所带来的社会效果、体验行动的意义、觉察自己的价值,进而进一步热爱生活、热爱行动,感受生活的美好,劳动的光荣。

2.如何远离心理障碍

(1)以保持理性态度远离心理障碍

有的人一听说某人患了心理疾病,如焦虑症、抑郁症、强迫症、人格障碍等,就被吓倒了。这种现象一定程度上说明有的人对心理障碍、心理疾病没有正确、理性的态度,这对自己、他人排解心理问题,远离心理障碍,心理健康成长都不利。大学生要远离心理障碍,需要对心理障碍保持平和理性的积极态度。

1)心理障碍有自身的意义

对心理障碍保持积极的态度,很大程度上取决于对心理障碍的科学认识,明确心理障碍自身的意义。心理障碍有信号功能,告诉"患者"要倍加关注重视自己的心理行为状况、自己有可能已经行走到了心理疾病的"雷区";心理障碍有"召唤"功能,能唤起"患者"身边关系密切的人、心理服务人员等更多的关注与支持,积极主动地伸出温暖之手;心理障碍有"成长"功能,心理障碍是个体在心理成长旅途上遇到的沼泽险滩、高山峡谷,经过之后就是平原坦途,甚至是康庄大道。因此,包括大学生在内的任何人如果经历心理障碍,并不能说就是坏事,更不能说是无路可走的绝望来临,它喻示着成长,或它本身就是成长中的一个阶段。

2)心理障碍非心理障碍个体

有少数大学生一旦感到焦虑、抑郁、痛苦,就背上了沉重的心理负担,感觉自己的前程因此被毁,人生没有希望;有的青年发现身边有同学被查出有"心理障碍",或听说某同学到医院精神科作过诊断检查,就对之"另眼相看"……这些现象代表一种对待心理障碍的消极态度,反映出有的大学生对心理障碍没有正确的认识,把心理障碍等同于有心理障碍的这个人。如果持有这种观念,把心理障碍等同于心理障碍个体,就容易产生由对心理障碍的拒绝排斥演变到对心理障碍个体这个人的全盘否定。正因如此,有的青年发现自己被查出了心理障碍就彻底"绝望"、周围的同学也与之划清界限。其实,心理障碍与心理障碍个体之间并不能画等号,某人被查出有心理障碍,只能说这人在知情意行或人格某方面在发展过程中出现了问题,不代表这个人整个心理世界都出了问题,更不代表这个人整体出了问题。否则,就会在以偏概全的认知偏差里偏离健康成长的轨道。

3)心理障碍呼唤爱与关怀

"希望寄予青年""年轻充满朝气""力量源于团结",习近平总书记讲道。青年大学生在成长道路上若遭遇心理障碍,要用积极乐观的心态来面对。关心大学生心理的健康成长,帮助大学生消除心理阴霾、排解心理障碍,已经成为高等职业技术学校和其他高校人才培养工作中不可或缺的工作内容。许多高校已经与医院临床心理科或精神科之间建立了转介与治疗的绿色快速通道。帮助心理障碍青年走出心理沼泽地,也不仅仅是家长、学生自己的事情,还有学校、社区、医院等力量在内的社会大家庭这个坚强后盾在不断给予爱与关怀。当然,如果大学生身边有人在心理成长路上涉足险滩,要主动加入爱与关怀的行列中,力所能及地做些事情,彰显新时代大学生的责任担当。毕竟"点点星火,汇聚成炬"。

(2)提高心理免疫力,远离心理障碍

"免疫"一词源于拉丁文 immunis,最初被引入医学领域,指免除疾病即机体抗感染的能力。现代医学把"免疫"界定为机体识别"自己"和"非己"并排除"非己",保持机体内环境稳定的一种生理功能。随着身心医学的发展,免疫概念进入心理学视域,产生了心理免疫(力)概念。在抗击非典等疫情的过程中,为了减少并消除心理受到的冲击伤害,越来越多专家学者和临床心理学工作者开展了心理免疫力提升方面的研究和服务,为人们走出疫情带来的心理阴影、远离心理障碍和增强生理免疫力等方面发挥了应有的作用。

1)心理免疫力对心理障碍为什么有免疫功能[①]

要理解心理免疫力对心理问题、心理障碍产生免疫功能的原因或机理,首先需要明确"心理免疫力到底是什么"。心理免疫力是个体在后天社会实践活动中不断与内外环境刺激进行交互作用的基础上获得、并受先天生物性因素影响的、维持自身心理健康的应对能力。因此,心理免疫力本质上是一种针对影响个体心理健康的内外环境刺激的应对能力。这种应对能力不是单一因素或单一的个体心理特质在起作用,而是一个系统在对内外环境刺激起作用。寇冬泉等人研究发现,心理免疫力作为一个系统,是由免疫心理活动、免疫心理品质和免疫心理调控三个子系统有机组成的一个完整结构系统。其中,各子系统又有自己的结构元素:免疫心理活动子系统包含认知成分、情感成分、意志成分、应对成分四大元素;免疫心理品质子系统包含价值观、目标意识和应对智慧三大元素;免疫心理调控子系统包含即时调控和事后调控结构元素。

在面对内外环境中影响心理健康的刺激时,各个子系统需要调动自己的"队员",在分工与协作的行动中发挥作用,减轻、抑制内外环境刺激的不良影响,维持心理平衡,保卫心理健康,体现自身的免疫功能。比如,免疫心理活动子系统对心理免疫的功能发挥与贡献,是通过调动内部各结构元素对免疫心理的调控来实现的。认知负责对外界环境刺激的认知评估和元认知对认知本身的监控,来实现对免疫心理的调控;情感成分是通过适时适度表达和有效管理情绪情感来实现对免疫心理的调控;意志成分主要通过自制力来实现免疫心理调控、产生维护自身心理健康的应对;应对成分是个体对内外环境刺激的反应、

---

①寇冬泉,王映学.心理免疫力:涵义、结构及其影响因素[J].高教论坛,2008(5):218-220.

个体达到维护心理健康目的的手段,是前面三种成分功能发挥的具体展现和综合反应。

2)提升心理免疫力有必要培养并增强心理韧性

心理韧性强的人,心理免疫力也强。心理韧性是指人在面对困难、挫折、危机等消极情况时,能够保持心理稳定、正常生活并继续成长的心理能力(品质)。彭凯平教授提出,心理韧性有三个境界:复原力、抗逆力和创伤后成长。复原力是指从逆境、冲突、痛苦、失败和压力中恢复的能力,体现为坚韧和勇敢;抗逆力是指面对长远目标时的努力和耐力,是人一生最大的资本;创伤后成长是指逆境后的心理功能提升,通过意义感的发现、亲情感的确认以及幸福感的获得,为自己打一剂"心理疫苗",将逆境作为通向成长的途径和机遇[①]。

增强心理韧性,就要敢于行动实践,在参与中历练,绝对不是固守在空想或自我封闭之中。必须在适度自我开放、与外界交互作用的风雨洗礼中才能得到更好培养。因此,大学生要勇于实践,多经受风雨洗礼,在迎接学习生活及人生一个个挑战的过程中不断提升认知评价能力、对情绪情感的表达与管理能力、自制力、坚定性、综合应对能力等心理品质,进而不断增强复原力、抗逆力以及创伤后成长的能力,全面提高心理韧性品质。大学生培养了良好心理韧性,在困难挫折、危机事件面前能够保持良好心态和采取积极的应对举措,而不至于心理失衡而产生心理障碍(如创伤后应激障碍);即使特殊情况,自己遭遇心理危机或心理障碍,心理韧性强的人,其疗愈力会更强,能让自己以更快的速度疗愈,甚至在今后能得到更好成长,心理韧性也更好。

(3)通过心理咨询治疗,远离心理障碍

每个人都是心理健康的第一责任人。大学生应当好自己心理健康的第一责任人,这并不代表在人生旅途上就不生病,不管是身体的,还是心理的。当好第一责任人,至少有两大实惠:一方面可以少生病,另一方面生了病能够科学应对。心理障碍也属于"病"的范畴,我们要像对待生理疾病一样重视心理障碍,主动向专业工作者寻求帮助。

1)向学校心理咨询师求助

远离心理障碍或早日摆脱心理障碍,需要有一种主动求助的意识。大学生在学习生活过程中,有责任也有权利向学校心理咨询师寻求帮助。这至少有两

---

①曹雅丽.彭凯平:幸福人生闪耀着利他精神的光辉[J].中国纪检监察,2022(11):60-62.

个方面的好处:一方面,可以及时发现存在的心理问题,在与咨询师的共同努力下能够让心理问题得到及时排解或找到排解的方法,从而避免心理问题向心理障碍、心理疾病的方向发展;另一方面,在学校心理咨询师的"诊断"下,如果初步发现有心理障碍的症状或疑似心理疾病,会得到及时转介——转介到医院精神科或临床心理科接受专业诊断,有助于得到确诊,赢得治疗的有利时机,而不至于错过大好时机留下后患。因此,大学生要成为心理健康的真正主人,让自己远离心理障碍,就要明确主动求助的重要性。

2)向医院心理治疗师主动求助

医院精神科或临床心理科的医生是心理疾病的专业治疗人员,他们具有开药物处方和提供心理咨询的资质。相比之下,学校心理咨询机构的心理咨询师只有提供心理咨询的资质。从医学的角度来看,心理障碍或精神障碍个体在生理层面出现了病变,导致了心理行为等方面的障碍表现。因此,在治疗过程中,需要服用药物或采用其他治疗手段。笔者发现有些大学生朋友对到医院接受治疗存在顾虑,即使在老师和家长的劝导下到医院接受了检查,也不能"遵医嘱"在规定疗程内住院治疗,这不可避免地影响了疗愈与康复效果。出现这种情况的原因是多方面的,其中不排除有些年轻人考虑学习、费用等方面的因素。在健康安全、学业工作与金钱物质面前,能够协调好它们之间的关系是好事,但在面临鱼和熊掌不能兼得的情况时,一定要将健康安全放在第一位。拥有健康安全并不意味着一定会拥有一切,但没有健康安全一定会没有一切。因此,每一位大学生都有必要理解"请遵医嘱"的内涵。

四、成长训练

对心理障碍、变态心理及其二者关系的正确认识,是预防心理变态、远离心理障碍、实现心理健康成长的前提。大学生朋友在心理健康成长过程中,不能仅仅停留在"知"的层面,更要有"行"的层面,通过"成长训练"等具体行动,落实到实际行动上。

◎训练一 把准心理成长罗盘 预防心理慢变态

1.心理变态是一个渐进过程

心理可分成正常心理和异常心理(本书对异常心理和变态心理不作严格区分)。绝大多数大学生的心理处于正常状态,只有极少数大学生的心理偏离正常状态(常态)或处于异常状态(变态)。一个人"变坏"不是一朝一夕,心理变态

孤独并不在于身旁没有人,而在于一个人无法表达他认为极为重要的事情,或是持有某些无法为别人所接受的思想。
——荣格

也绝对不是瞬间突变,一定有一个朝着偏离常态方向慢慢积累的量变过程,只要及时"刹车"、改变方向,就不至于在偏离常态方向发生质变。

【清一清】变态心理行为倾向

变态心理行为或其倾向的查找和清理,可采用自由联想法、回溯追踪法、现实聚焦法等系列方法。自由联想法是指让自己处于安静的环境、放松的状态,充分发挥自己的想象力,把想到的所有人事物及有关他们的想法、看法、观念写出来;回溯追踪法是从现在开始由近及远地对过去展开反思和回顾,把典型的、潜隐的一些念头、想法、观念和有变态倾向的行为找出来、写出来;现实聚焦法是结合当下具体的事情,问自己有什么想法、又有什么行动或将怎样行动。每一种情况清理出的想法、观念可代表"心理",清理出的行动或反应方式代表"行为",将它们清理出来后,对它们的合理性进行分析,通过分析能发现其变态的状况。

(1)清理变态心理倾向

变态(倾向)的心理有:＿＿＿＿＿＿＿＿＿＿＿＿＿＿＿＿＿＿

＿＿＿＿＿＿＿＿＿＿＿＿＿＿＿＿＿＿＿＿＿＿＿＿＿＿＿＿＿

＿＿＿＿＿＿＿＿＿＿＿＿＿＿＿＿＿＿＿＿＿＿＿＿＿＿＿＿＿

(2)清理变态行为倾向

变态(倾向)的行为有:＿＿＿＿＿＿＿＿＿＿＿＿＿＿＿＿＿＿

＿＿＿＿＿＿＿＿＿＿＿＿＿＿＿＿＿＿＿＿＿＿＿＿＿＿＿＿＿

＿＿＿＿＿＿＿＿＿＿＿＿＿＿＿＿＿＿＿＿＿＿＿＿＿＿＿＿＿

2.把准心理成长罗盘

准确把握心理成长罗盘,是大学生实现心理健康、预防消极心理和异常心理的关键。如果无法抵挡外部不良因素的诱惑、价值观的偏斜以及与时代脱节,心理成长的方向必然会偏离正轨。作为新时代的大学生,应该时刻保持警惕,持续朝向正确的方向前进,准确掌握心理成长的罗盘,并以乐观、开放、利他、发展的积极心理因素替换消极、封闭、自私、静止的消极心理因素。

【调一调】心理成长方向

虽然大学生处于心理逐渐成熟的发展阶段,但仍然不能排除有偏离正确方向的可能性。暂时性偏离方向或有所迷失并不可怕,只要能够及时发现并予以调整,不会对大局造成影响。随时调节校准心理成长方向,确保它始终在健康的轨道上不断成熟,是大学生成为自己心理成长主人的重要表现。例如,如果你在竞选干部、找工作、谈恋爱或升本考试中失败了,你将如何调节自己的心理和行为?

（1）从积极方向调节心理

你的想法是：_____

_____

（2）从积极方向调节行为

你的行动是：_____

_____

◎训练二　心理障碍不可怕　正确面对远离它

1.当好自己的心理保健师

不同种类的心理障碍有不同的产生原因，总体来讲，这与生物遗传、环境社会、自我身心及其交互作用等因素关系密切。先天遗传、外界环境等因素对大学生来讲不可控或可控程度较低，但是，大学生作为环境中的主人、自己成长的主人，如何面对环境、如何面对自己的身心、如何与环境交互作用等方面完全可以通过努力掌控在自己手中。尽管有些人格障碍、抑郁症、精神病性障碍从病因角度讲可能跟先天遗传因素关联要紧密一些，但是不少心理障碍的病因主要源于后天。所以，大学生要当好自己的心理保健师，充分发挥自己作为心理健康成长主人的作用，对预防心理障碍、远离心理疾病是大有裨益的。

【检一检】做好心理"体检"

做好心理体检，可以及时发现是否存在心理问题、是否存在心理障碍倾向或心理危机的风险，从而起到及时预防或治疗、促进心理健康成长的作用。学校组织的新生体检就是一次全面的心理体检，大学生要密切配合、认真对待：一是要领会指导教师指导语和量表提示语的含义；二是要确保每道题答案的真实性、切忌不负责任地随意勾选填写；三是理性地负责地对待心理普测结果。此外，还要定期对自己进行心理检查，可以使用心情温度表、焦虑自评量表、抑郁自评量表或SCL-90症状自评量表（可分因子测查）。

（1）心情温度的测量

本周的心情温度分数是：_____

最近影响你心情的因素：_____

_____

（2）症状因子自评

使用前述症状自评量表，按照各因子包含的项目，一一进行对照并计分，算出各因子分数，就可以知道各因子的症状情况：阴性还是阳性或者阳性程度。例如，大家通过自我测评，可得出：

自我实现者的发展和持续成长依赖于自己的潜力及潜在的资源。——马斯洛

①强迫症状因子自评

因子分：_____

结论：_____

②人际关系敏感因子自评

因子分：_____

结论：_____

③偏执因子自评

因子分：_____

结论：_____

④精神病性因子自评

因子分：_____

结论：_____

2.当好他人的心灵使者

大学生不仅要做自己的心理保健者,还要担任同学、朋友或其他青年的朋辈心灵使者。无数事例和研究证明,帮助他人、传递爱心可以增强愉悦体验和幸福感。要做好朋辈心灵使者,首先要有助人的情怀,然后要有具体的行动,最后要讲究方法。

【照一照】心灵使者的应有担当

有缘相识成同学,携手前行向未来。每个同学都有自己独特的成长历程,由于历程的不同,可能会出现个性或心理水平方面的差异。因此,帮助他人扬长补短、关注其心理健康的成长,我们需要全面审视自己的助人情怀、具体行动和方式方法。

(1)助人情怀检视

请提供能反映自己有助人情怀的支撑内容：_____

_____

(2)具体行动检视

帮助朋辈走出心理困境或障碍的典型案例是：_____

_____

_____

(3)方式方法检视

结合心理助人具体案例对采用方法进行分析：_____

_____

_____

五、助人自助

（1）请认真阅读小敏（化名）和小高（化名）两位同学的对话材料，并提供帮助小敏的有效思路、方法与行动。

小高：小敏，你在这儿干什么呢？

小敏：我没干什么，刚才我听见有个人一直在说我的坏话。

小高：是哪个人呢？

小敏：就是那个（用手指很随意地指了一个方向）。

小高：他说你什么坏话呢？

小敏：他说我是个优秀的坏人，会计好同学、人长得好。

小高：就这些吗？

小敏：他还说了很多，说我自私，同学打游戏不管，不向公安局报告……

（2）请根据以下关于金中（化名）的案例材料提供的信息，在对金中的异常心理表现（心理障碍）进行判断的基础上，伸出援助之手。

某应用型高校新生金中，经常去学校图书馆看书学习。一次，他发现一位女同学也在那里学习，并认为对方对自己有好感。后来，他主动写信向女生表达自己的爱慕之心，但遭到了女生的拒绝，女生将信退给了他。然而，金中认为对方是在考验他，之后又多次写信给这位女生，对方均未理睬他，但金中认为对方已经默认这事。一天，男生看见女生穿了一条白色连衣裙，认为对方是在向自己表露一颗纯真的心，并觉得其他同学都很美慕他们。当周围有同学告诉金中——对方已经有了男朋友、女生根本不可能喜欢他，他却坚信那绝对不可能是真的，认为默默相爱是高尚而独特的方式，周围的人是理解不了的。

（3）以下是单木（化名）向他的好朋友倾诉的内容材料，假如单木也是你的同学，请你对他进行妥善帮助。

单木，男，22岁，某高等职业学校学生，因为一些"难言之隐"在成长道路上感到越来越痛苦。无奈之下，他鼓起勇气向好朋友倾诉："我有很多毛病，从小就喜欢钻牛角尖，尤其是最近这种情况越来越严重。我会花很多时间琢磨一些本来很荒谬的问题，尽管觉得没有必要的，但是一旦开始钻牛角尖就控制不住自己。这种情况给学习带来了严重的影响。比如，在期末考试前夕，我在备考复习过程中口渴了，拿起茶杯喝两口水，然后我开始钻牛角尖——这个东西为什么叫茶杯，不叫别的名字，叫它茶杯到底有什么根据。我想出了许多证明这个东西叫茶杯是正确的理由。但是，前面的问题解决了，后面的问题又来了——茶杯最早是从什么时候开始出现的，又是从什么时候开始叫茶杯的，给它取这个名字的人到底是谁……"

六、体验升华

请阅读"与抑郁症和解的大学生"案例材料后,结合自己的心理成长历程,围绕如何预防和面对心理疾病、如何用科学态度和方法应对处理问题以健康成长、如何珍惜当下不负韶华等问题展开深入思考。通过设身处地去体验和感悟,将案例材料升华为自己在正确轨道上踔厉奋发、健康成长的力量。

向阳(化名)曾经是某高等职业学校的女生,在幼年时期,她的父亲生病长年瘫痪在床,奶奶身患糖尿病等多种疾病,生活不能完全自理。她的母亲狠心出走,向阳随父亲生活,一家人的生活重担落在爷爷身上。政府发放的低保金是一家人的主要生活来源。向阳一边按照医生的叮嘱与病魔作斗争,一边在单位"工作"做点事情。虽然人在外面,但她经常与爷爷奶奶电话联系:常常是"报喜不报忧",不让家人担心。了解向阳的更多信息,请扫码阅读"与抑郁症和解的大学生"。

七、拓展训练

1.小组交流与探讨:本单元的学习对追求健康幸福人生有哪些帮助?

2.行动计划编制:结合自身实际情况,编制出预防心理变态、远离心理障碍的行动计划。

扫一扫

练习巩固

学习心得

成长模块二　心理健康与初心使命

扫一扫

数字资源集合2

毫无理想而又优柔寡断是一种可悲的心理。

——培根

大学生这一身份光环不仅是一种称号,更代表一种时代责任和美好希望。新时代大学生在中国式现代化发展的新征程上牢记初心、担当使命、砥砺前行既是响应时代召唤所在,也是书写自己人生新篇章之所在。大学生不忘初心、牢记使命,在大学时期不仅要全面学习、坚持学习、学会学习并培养积极健康的学习心理,而且还要做好职业生涯规划、把择业就业与人生事业有机结合、站在人生事业的高度来规划职业生涯。这也是心理健康成长需要处理好的两大课题。

单元一　职业生涯规划　做有事业心的追求者

学习目标

知识目标

1.对于职业、事业、职业生涯规划等概念的理解。

2.在生涯规划系统中,对能力、兴趣、时间、大学生活特点、发展目标等概念有清晰的认识。

3.明确职业生涯规划的基本思路以及职业观和事业心与心理健康成长之间的关系。

技能目标

1.掌握制定职业生涯规划的基本方法。

2.会管理时间、能朝着生涯规划发展方向安排好大学学习生活。

思政目标

1.具有与新时代高质量发展相契合的职业理想和事业情怀。

2.具有成为新时代所需要的高素质技术技能人才而不断学好专业、干好职业、追求事业的自觉意识、乐观态度和持续热情。

就业事关大学生的人生幸福,也是重要的民生问题。马克思在《青年在选择职业时的考虑》中强调指出,职业选择是"人比其他创造物远为优越的地方,但同时也是可能毁灭人的一生、破坏他的一切计划并使他陷于不幸的行为"。大学生要解决好就业问题,必须树立正确理性的择业观。

高等职业学校大学生在择业就业中遇到的困难和问题,不仅是大学生个人成长发展中的问题,也是社会问题。在知识化、信息化、智能化程度越来越高的时代潮流中,大学生就业竞争日趋激烈,这不仅对大学生的专业技术水平和综合能力素质提出了新要求,而且也给大学生如何系统谋划职业人生、科学理性择业提出了挑战。时下,部分大学毕业生局限于生存式的择业取向与模式,这与新时代对大学生的新期待与新呼唤不相协调,取而代之的应该是体现家国情怀、基于实现中国梦远景事业情怀的择业就业价值取向与模式。

一、案例启思

从职业院校学生到全国人大代表的杨登辉

杨登辉从一名职业院校学生,成长为世界技能大赛金牌得主、全国人大代表,得益于国家对职业教育和技能人才的高度重视,也离不开他心中那"技能报国"的初心使命。

一个人技能报国还不够,要让更多青年学子有这样的情怀。于是毕业时他毫不犹豫地选择回到母校当教师,这样能有更多机会把自己的技能传授给学生。工作中,他潜心技能教育,用实际行动感召学生树立深植技能报国之志。2022年,他的学生周楚杰在德国莱昂贝格举行的世界技能大赛数控铣项目比赛中以优异成绩获得金牌,完成了中国在这一项目上的"四连冠"。作为人大代表,杨登辉为了职业院校能为国家培养更多高质量技能人才,四处奔走调研,不断收集并认真听取职业院校师生、企业一线员工、关心职业教育的专家教授等各方面的意见与建议。当记者问及青年学生能否复制他的成功之路时,他表示"每个人的成长轨道不一样,但是土壤很重要。"他希望在不久的将来,人人都能崇尚技能、尊重劳动,并有一批高技能人才为中国制造尤其是中国的高端制造发展添砖加瓦,为中国早日成为新时代制造强国目标作出更大的贡献。

杨登辉走下领奖台后,用实际行动书写着他的技能报国梦,着力身份转换,以夺金的拼劲努力学习,以金牌的标准要求自己,用自己所学专业技能帮助更多青年学子技能成才。

* 如果你是杨登辉,毕业时会不会回母校当教师?

* 从杨登辉的事迹中,你发现他当初上职业院校仅仅是为了找个工资高的工

你若是珍爱自身的价值,就必须为世界创造价值。——约翰·沃尔夫冈·冯·歌德

作,自己生活得好一点吗?

二、自我诊断

该测试共有10道题目,每道题目5个选项,选项分值从左到右分别是5分、4分、3分、2分、1分,请同学们根据内心真实想法,在最符合的选项下画"√"。

序号	题 目	选 项				
1	做一件事情,当结果与你的估计相符合时,你就感到很满意;否则,即便别人说你成功了,你也会感到不满意。	非常符合	比较符合	不确定	不太符合	很不符合
2	通常,你所做的事,你要求达到的标准高于其他人。	非常符合	比较符合	不确定	不太符合	很不符合
3	对感兴趣的事,你都能尽力而为;对不感兴趣的事,干好干坏无所谓。	非常符合	比较符合	不确定	不太符合	很不符合
4	你认为,取得成就是人生最重要、最幸福的事情,即使吃点苦也值得。	非常符合	比较符合	不确定	不太符合	很不符合
5	每做一件事,你通常都是从工作方法入手。	非常符合	比较符合	不确定	不太符合	很不符合
6	你经常成功,很少失败。即使失败了,你也会在别的方面寻找弥补。	非常符合	比较符合	不确定	不太符合	很不符合
7	好胜心强,从不服输。	非常符合	比较符合	不确定	不太符合	很不符合
8	如果有几件事情,重要程度相同、难易程度不等,你会选择先做哪一件?	最难的	比较难的	中等难度的	比较容易的	最容易的
9	如果人们做某种事,预先有标准的话,你会选择什么样的标准?	最高标准的	较高标准的	标准适中的	较低标准的	最低标准的
10	你很想轰轰烈烈地做一番大事业。	非常符合	比较符合	不确定	不太符合	很不符合
	总 分					

【评分方法】

总分数为40~50分,你的事业心很强,成就动机很高,办事追求成功、完美,不喜欢半途而废。如果一件事没有办好或失败了,你会感到非常不满意。你经常生活在一种紧张、焦虑的氛围中。你也许应该为自己创造一种轻松愉快的气氛来调剂身心,使工作完成得更为出色。

总分数为25~39分,你有较强的事业心和工作能力,能妥善处理好自己的能力和任务完成之间的关系,失败了也能正确对待。你身心健康,但还需要不断提高自己的工作能力。

总分数为0~24分,你的事业心不强,不喜欢争强好胜,只求过一种安稳的生活。你对自己的工作标准提得过低,这样不利于你能力的充分发挥和提高。你应该在工作上严格要求自己,在奋斗中实现自己的价值。

【诊断结果】

三、知识滋养

(一)以职业生涯规划开启人生新征程

1.对职业的正确认识

大学生对职业人生进行有效的规划,需要对职业概念、职业分类、专业与职业的关系、经济社会行业企业的职业变化走向及其岗位需求特点等方面有正确的认识。

(1)职业内涵

《现代汉语词典》中对职业的解释:"个人在社会中所从事的作为主要生活来源的工作"。由此可以看出,职业与人的生活和生存密切相关,人之所以从事职业活动,主要是为了满足生存和生活的需求,通过劳动获取生活来源。同时,职业也是人走向社会、发展社会性的平台和纽带,职业的分类与演变是经济社会发展进步、生产力水平提高的必然结果和需要。经济社会要正常运转,需要各行各业(包括机关、学校、工厂、街道社区、农村等)都正常运转,这就需要各行各业各单位的职业活动有效有序地开展。也就是说,经济社会中的职业类别不是单一的,一定是多类别、多样态的。当然,这种类别的多样化不仅仅是自然演化的结果,更多是人类能动性的结果。

(2)职业的分类

职业的分类有利于对人才的分类管理,有利于人职匹配,按照职业岗位确定相应的工作责任,并根据岗位职责要求选人用人,也有利于建立合理的社会发展职业结构。

根据2015年版《中华人民共和国职业分类大典》,职业分类结构分为8个大类、75个中类、434个小类和1481个职业。与1999年版相比,维持了8个大类、增加了9个中类和21个小类,减少了547个职业(新增了347个职业,取消了

894个职业）。新增的职业包括"网络与信息安全管理员""快递员""文化经纪人""动车组制修师""风电机组制造工"等。8个大类分别是：

第一大类：党的机关、国家机关、群众团体和社会组织、企事业单位负责人，其中包括6个中类、15个小类、23个职业。

第二大类：专业技术人员，其中包括11个中类、120个小类、451个职业。该类别主要考虑职业的专业化、社会化和国际化水平。

第三大类：办事人员和有关人员，其中包括3个中类、9个小类、25个职业。该类别强调其公共管理、企事业管理等领域行政业务、行政事务属性。

第四大类：社会生产服务和生活服务人员，其中包括15个中类、93个小类、278个职业。该职业分类特别关注新兴服务业的社会职业发展，主要按照服务属性归并职业。

第五大类：农、林、牧、渔业生产及辅助人员，其中包括6个中类、24个小类、52个职业。

第六大类：生产制造及有关人员，其中包括32个中类、171个小类、650个职业。

第七大类：军人，其中包括1个中类、1个小类、1个细类。

第八大类：不便分类的其他从业人员，其中包括1个中类、1个小类、1个细类。

2.职业生涯规划

大学生追求美好未来，要有指南针的指引，职业生涯规划蓝图就相当于指南针，能指引大学生朋友朝着职业理想的方向去学习、生活、奋斗。要做好职业生涯规划功课、擘画职业生涯蓝图，首先，要明确职业生涯规划的意义价值所在，从择业观、职业理论、方法技术等方面去着手。

（1）正确认识职业生涯规划的重要性

1）职业生涯规划的概念

职业生涯规划是建立在"生涯"和"职业生涯"两个概念基础上的。生涯是统合了个人一生各种职业角色和生活角色而表现出个人独特的自我发展形态、贯穿其整个人生中各种事件与活动的演进方向和历程。

职业生涯是指一个人一生中从职业学习开始到职业劳动结束的职业工作历程，是其所有与工作相联系的行为与活动以及相关的态度、价值观、愿望等的连续性经历的过程，是其职业职位变迁、工作理想实现、追求自我实现、对人生价值起决定性作用的重要过程。不同专家学者站在不同视角对职业生涯的界定有所不同：有的把它界定为从工作到退休那段历程；有的将学生年代也纳入职业生涯的历程之中；有的认为退休后仍可发挥余热，做到"退而不休"，于是把退休后的人生阶段也纳入职业生涯之中。也有同志认为，人从来到人世间其所有行为活动与经历都将对其职业人生活动的开展和职业理想目标的实现有所影响，所以就将职业生涯等同于人生全程（生涯）。

职业生涯规划是指通过个人和组织相结合，在对个人职业生涯的主客观条件进行测定、分析、总结、评估，尤其是对自己的兴趣、爱好、能力、价值观、优缺点等方面进行综合分析的基础上，确定其最佳的职业奋斗目标，并为实现这一目标做出行之有效的安排。它可分为短期规划（2年以内），主要目的是对近期目标任务予以设计安排；中期规划，确立2~5年内要达到的职业生涯阶段目标，对其择业前学习准备、择业就业及其职业适应等方面事宜予以计划；长期规划，主要目的是设计比较长远（5年以上）的目标并对目标实现作出初步构想。

职业生涯是一个发展演变的过程，不可能永远处于一种状态。一般来说，职业生涯有5个相对稳定的阶段（舒伯）：成长期（4~14岁）——发展自我形象，了解工作的意义；探索期（15~24岁）——在探索中逐渐形成具体而具有个体特殊性的职业偏好；建立期（25~44岁）——职业趋于稳定并不断发展；维持期（45~65岁）——维持既有的职业成就和地位；衰退期（66岁以上）——个人的职业呈现减速、解脱、退休的趋势。

被称为"职业指导之父"的弗兰克·帕森斯（Frank Parsons）曾是一名火车工程师，也在高校教授过法律、数学、历史等课程。然而，他的兴趣在于帮助他人做出正确的职业选择。1908年，随着波士顿职业协会的成立，他开启了职业生涯规划的新篇章。他创办了波士顿就业指导委员会（波士顿地方就业局），这是世界上第一个职业咨询机构，以职业生涯导师的角色为失业年轻人提供职业指导，帮助他们做出正确的职业生涯规划。他的一篇关于就业辅导（职业咨询）机构如何用有效的就业指导程序为80位男性和女性求职者提供建议与协助的报告产生了良好的社会影响，极大地影响并推动了职业指导运动的发展。帕森斯的情况对于大家正确理解并做好职业生涯规划具有借鉴意义。

2）职业生涯规划的重要性

大学生在大学时期做好职业生涯规划非常重要，因为职业生涯规划工作需要将自己目前的身心状况、未来职业理想、人生抱负和社会发展需要与时代脉搏等主客观、现实与未来多方面因素整合起来进行系统思维加工与计划安排，这就有助于：

确立正确的职业人生方向。通过精心设计安排职业生涯规划，有助于我们在确立正确的职业人生方向后，朝着正确方向指引的轨道学习生活成长，更好地看到希望，不断缩短与职业理想目标之间的距离，从而更有信心地前进。

及时了解自己的位置。职业生涯规划需要充分考虑自己的实际情况，在规划的过程中需要深入审视并剖析自己的兴趣、价值观、学习状况、身心条件、现实处境等自身因素。这有助于及时发现自己的学习生活中的闪光点或职业优势特质以及自身的先天和后天不足，从而对自己有一个全面的认识和把握。这不仅让我们知道"从哪里来"，还让我们知道现在"在何处"，以便及时调整改进，朝着目标方向前进。

与时代列车同向同行。职业生涯规划不仅要考虑自身因素，还要考虑经济社会、行业企业的需求等社会客观条件。这就需要围绕所学专业，紧扣相应行业企业展开调查。在新时代、新征程中，中国式现代化列车上，观察、思考、把握其发展需要和未来走向，以此作为自身确立职业生涯目标的依据与"风向标"。这样自然就有助于在大学时期与时代列车同向同行，成为契合时代脉搏的追梦人。

(2)掌握职业生涯规划的措施方略

1)确立理性择业观

选择职业和确立职业目标是职业生涯规划中的重要内容，而职业选择和目标确立又受到一定的思想观念，即职业价值观或择业观的支配。因此，职业生涯规划必须包括理性择业观的树立，这是必修课。

择业观是人们选择职业的价值观念，即通常所说的职业价值观，它是个人价值观、人生观在职业选择、职业生活上的具体体现，具有评判标准、内在驱力、信念态度等基本特征。应用型高校大学生要确立理性的择业观，一方面要以社会主义核心价值观为统领，确立有助于自身健康成长、潜能开发和担当新时代新征程使命任务的健康理性的择业观；另一方面，他们需要深入剖析自己的职业价值观念系统，自觉抵制或摒弃以下不良择业观：

唯钱是论型择业观。持这种择业观的青年，把金钱物质作为择业的高值标准和唯一标准，对工作条件、发展前景、职场文化等因素全然不顾。无疑这种价值观失之偏颇，有的毕业生在这种错误观念支配下在职业生涯起步之初就"入错了行"或给自己未来职业人生埋下了"隐患"。

唯"铁饭碗"型择业观。"铁饭碗"作为计划经济年代的产物，是对机关、事业单位、国有企业等稳定性职业的一种形象说法。在那个年代,铁制的"饭碗"掉地上打不碎,意味着"铁饭碗"职业非常保险、稳定性高,没有失业风险。在计划经济年代,不仅大学生就连中专生毕业都包分配,一生正常情况下就是一辈子,退休了工资由财政供给、看病住院享受公费医疗,基本上国家全包了,其优越感很强。然而,这种制度并不利于激发和调动个人的主观能动性、创造性,缺少竞争激励机制。为了改变这种局面,更好地发挥人们的聪明才智,实现公平竞争,20世纪70年代末80年代初,我国进行了基本经济制度的改革,从计划经济体制向社会主义市场经济体制转轨,打破了"铁饭碗",实行按劳分配,高校毕业生的就业制度取消了"包分配",实行"双向"选择。尽管如此,现在仍有一些大学毕业生受到前辈"铁饭碗"观念的影响,在就业选择时仍将"成为公务员或进入事业单位"视为"铁饭碗",将其作为"最爱"或首选。

唯专业对口型择业观。有些大学毕业生朋友在择业时,机械地坚持要求职业岗位与所学专业百分之百"对口"。实际上,专业"对口"是相对的,没有绝对的"对口"。即使在就业时职业岗位与所学专业"完全对口",也不能保证今后不会发生变化,因为行业企业本身在不断发展,其生产岗位所承载的生产方式、技术技能水平也在不断升级换代。学校所学的专业及其内容不可能"一劳永逸"、永远满足职业岗位的需要。因此,专业"对口"是相对的,需要用科学的、发展的、学习的眼光来看待。并非学的机电专业就不能进入煤炭行业、建筑行业,就不能到学校当教师或担任领导职务。

2)以职业理论为指南

职业价值观内部结构理论。美国职业指导家舒伯(Super)将职业价值观的结构分为15个维度,包括:利他主义、美感、创造力、智力激发、成就感、独立性、声誉、管理权力、经济报酬、安全感、工作环境、监督关系、与同事的关系、生活方式、变异性。宁维卫对舒伯的"职业价值观量表"进行修订后对大学生进行施测,发现大学生职业价值观主要由五个因素构成:进取心、经济价值、声望、工作安全性、生活方式。凌文栓等人用自己研制的"Holland的职业兴趣量表"对大学生的职业价值观作实证研究,发现当今大学生职业价值观包括三个主要因素:声望地位因素、保健因素、发展因素。阴国恩等人进行问卷调查研究,认为大学生职业价值观包括充分发挥能力、收入、创造性、地位和名声、稳定性、将来的保障、自立成为领导者、同他人合作、冒险、帮助他人十个方面。王垒等人研究发现,当代大学生的工作价值观呈现四因子模型:经济报酬与工作环境、个人成长与发展、组织文化与管理方式、社会地位企业发展。尽管不同学者对职业价值观结构的划分情况有差异,但是归结起来都涵盖外在因素维度、内在因素维度、共存的或社会因素维度三大维度。

霍兰德职业兴趣理论。 美国心理学家、职业指导专家霍兰德指出,个体的职业兴趣类型主要分为六种:社会型(S)、企业型(E)、常规型(C)、现实型(R)、研究型(I)、艺术型(A)。霍兰德将六种职业兴趣类型依顺时针方向排列建构出职业兴趣六角形模型图。该模型图包含四大核心假设:一是大部分个体的职业兴趣都可以归为六大职业兴趣类型中的一种;二是不同的职业环境类型由不同类型的人组成;三是人与职业环境是双向选择,人选择职业环境倾于选择符合自身职业兴趣、能发挥能力、实现自身价值的职业环境,同时职业环境也会按一定标准选择人;四是个人(职业)行为是由个体与(职业)环境特征交互作用形成的结果。

人的职业兴趣类型在一定程度上反映了他们的人格类型。人的兴趣通常不是单一的,而是在多个兴趣中有一个占主导地位的兴趣,这反映了人的优势特质。通过兴趣测试,我们可以了解一个人的职业兴趣类型,从而为其职业选择和职业生涯发展道路提供预测,并为有针对性地培养其职业兴趣和职业能力提供理论支持。

3)掌握必备方法技术

职业生涯规划对大学生在大学时期的学习生活行动及其质量有直接影响,进而关乎其未来的前途命运。掌握正确的方法(技术)是进行科学职业生涯规划的前提。

SWOT分析法。 SWOT分析法又叫态势分析法,是一种相对客观准确地分析个人、集体、现实环境等方面情况的方法,旨在使个人明确自己的优势和劣势、评估个人感兴趣的职业方向所存在的机会和威胁,确立职业生涯目标,并对职业人生进行系统规划。SWOT分析法四个英文字母分别代表:S指代strength,是优势之意;W指代weakness,是劣势之意;O指代opportunity,是机会之意;T指代threat,是威胁之意。其中,优势和劣势主要用来分析个体的内部条件,而机会和威胁则主要用来分析个体所面临的外部条件,包括机遇、人际、政策形势、行业态势、风险阻碍、环境挑战等方面。使用SWOT分析法时,需要遵循以下四个基本步骤:

第一步,评估优势和劣势。在优势方面,需要对自己的知识基础、能力水平、发展潜力和个性特质、人格魅力、情感态度等智力因素和非智力因素进行评估,以确定自己的优势所在。可以问自己以下问题:"我具备哪些知识和技能?"

"我最擅长的事情是什么?""我最满意自己哪些品质?""有哪些个性条件让我有自信从事目标职业?"在劣势方面,需要分析评估相对于目标职业的要求而言,个人存在的不足。这包括分析自己在今后需要继续提升的知识、能力、素质和需要优化完善的情绪情感、意志品质、人格魅力或需要"回避"与正视的地方等暂时存在的不足。

第二步,分析职业机会和威胁。在不同行为的企业中,有其自身的发展机遇和需面对的挑战。大学生在职业生涯规划中分析职业机会和威胁,有利于做出正确的职业生涯决策。一是进行家庭环境分析,包括家庭经济状况、家庭成员的职业构成、家庭文化传承等,这些因素会带来职业机会和资源。二是做好学校环境分析,包括学校的办学指导思想、专业水准、校企合作情况、校友资源等方面。三是进行社会环境分析,包括当前的时代脉搏、社会形势与需求、经济环境、科技发展水平、国家就业政策等宏观因素。四是进行目标地域分析,包括目标地域的经济发展状况,目标城市的人文环境、市民生活节奏及工作压力等因素。五是做好目标行业环境分析,包括目标行业的发展现状和未来的发展走势,以及国家政策、科技发展给行业带来的机会等因素。六是目标企业环境分析,包括目标企业的性质、信誉、产品市场占有率、发展历史和发展前景、福利待遇、企业文化等因素。

第三步,列出五年内的职业目标。仔细对自己进行SWOT分析,列出毕业后五年内最想实现的4~5个职业目标。然后思考从事每种职业自己想要达到的高度,比如在职务、薪水、业务能力等方面所应达到的水准。

第四步,列出五年的职业行动计划。拟出一份实现第三步列出的每一个目标的行动计划,并详细说明实现每一个目标要完成的每一件事情,以及完成这些事情的时间安排。

信息加工循环适应法。生涯规划背后都有一定的理论所支撑。信息加工循环适应法是建立在信息加工理论、生涯建构理论基础上的,既强调生涯决策流程的科学性,又强调在不断叙述与叙事中对个人生命主题的发现和生涯适应力的发展。彼得森、桑普森、里尔登等人对这些理论进行拓展,建构了信息加工金字塔模型,该模型对生涯规划的步骤进行了明确的阐述:最下层是知识领域层,主要包括自我知识和职业知识两部分。自我知识包括了解兴趣、能力和价值观等,职业知识包括了解特定的职业、社会环境等方面内容。中间层次是决策技能领域,指能够整合自我知识和职业知识,做出适合自己的决定。最上层是执行加工领域,其重要技能是元认知技能,也就是对自己在做什么进行反思,检验并调整自己的决策。根据该模型,生涯规划的基本流程如下:一是明确个人生涯愿景,清楚自己真正的内在需求,而不是仅仅忙于提高效率、制订目标、完成任务。二是自我探索与评估,即对个人自身情况予以分析。三是结合眼前机遇和制约因素进行职业探索与评估。四是为自己确立发展目标。五是设定生涯发展路径。六是制订行动方案。七是对方案进行实施及其反馈评估基础上的方案调整与循环上升。

信息加工循环适应法是在信息加工金字塔模型框架下按照上述基本流程进行职业生涯规划。该流程最大的特点就是"循环"。当情况发生变化或者方案经过评估并不符合需求时,就要重新考虑自己的愿景,再次启动整个规划过程。在当前竞争日趋激烈的社会环境中,要设计出明确而稳定的生涯发展路径难度是很大的。因为在整个生涯规划过程中越来越容易受到机遇和社会大系统的影响。因此,高等职业学校的大学生朋友在进行生涯规划的过程中,重点不在于设计一条明确的发展路径,而是尽可能深入全面地探索、发展自己的核心生涯能力,尤其是生涯适应能力。

4)重视规划的效能发挥

高等职业学校大学生的职业生涯规划具有许多功能,最终是为了促使学生得到成长。高等职业学校引导学生做好职业生涯规划的过程,其实就是育人的过程,在这种过程中促进学生成长。高等职业学校在指导学生进行职业生涯规划过程中,尤其要帮助学生产生以下效能。

更好地认识自己。职业生涯规划的重要任务是要确立一个符合自己实际并符合自己憧憬的职业目标。职业目标的有效确立与设计的一个重要前提就是要正确认识自己,知道"我是谁",又要"去哪里"。因此,职业生涯规划的一个重要功能就是"认识自己"。高等职业学校的大学生在职业生涯规划过程中,有必要也有责任重视并充分实现这一功能的效用,更好地认识自己,建立自我和谐,产生"认识自己"的最大化效能。

更好地认识环境。高等职业学校的大学生是环境中的一员,也是时代中的一分子,需要对所处自然环境、社会环境有清晰的认识。具体而言,他们需要了解所处社会环境的文化特殊性、时代主流价值和发展趋势等方面,也需要了解所处自然环境的四季更替、气候变化、生态保护等方面。这些是职业生涯规划中不可或缺的内容和环节。做好职业生涯规划,有助于更好地认识环境,并让自己与所处环境之间保持和谐。

更好地认识时代。时代是环境中的重要组成部分,但是我们不能以静止的眼光来看待时代,而应该用动态的视角来认识它。这是因为时代与流动的时间紧密相连、相互依存。人的职业生涯受到一定的时代背景影响,并且也与时代的变化密切相关。高等职业学校的大学生需要对职业生涯进行科学的规划,这就需要他们把握时代的脉搏,了解自己所处时代的经济社会发展水平、国家政策形势、国际环境等方面的情况,并且把这些时代背景放在历史长河中来认识,这样才能更好地把握时代的大趋势。

更好地明确方向。职业生涯规划的重要任务是确立一个职业奋斗目标,并为其实现做出相应的安排。高等职业学校大学生进行职业生涯规划的最终目的是在正确的方向上学习、生活、成长、求职、择业,并高质量从事职业活动,体现职业人生价值。因此,在职业生涯规划中,确定职业奋斗目标的过程就是寻找正确人生方向的过程,以便在其指引下不偏离道路,让自己更加明确应该"到哪里",从而进一步扣好人生扣子。

更好地稳步前行。如果将职业生涯规划视为寻找指南针,那么找到了指南针就万事大吉了吗?还必须让指南针起到指引方向的作用。因此,高等职业学校大学生开展职业生涯规划工作的最终目的是为自己高质量学习、生活、成长和发展服务的。从这个意义上讲,职业生涯规划不能仅仅停留在绘制蓝图层面,而是要让自己在正确的蓝图上朝着正确的轨道学习、生活、成长,以便更好地稳步前行。

(二)以事业追求开启健康新境界

1.对事业的正确认识

(1)事业概念的含义

《现代汉语词典》对"事业"做出以下解释:"人所从事的,具有一定目标、规模和系统而对社会发展有影响的经常活动"。事业的主体不是一个单独的人,而是一个团队、集体、民族乃至整个人类;事业的目的不是向内为个人名利着想,而是向外为整个社会的发展着想;事业的实现不是一蹴而就,也常常不是一个人的职业生涯。那些年复一年,完成可能需要几代人甚至是若干代人长期共同努力奋斗的结果。

(2)事业与职业的关系

从事业的定义可以看出,它的指向是"向外",即它是对社会发展有促进作用的经常性活动,主要面向社会;而职业的指向是"向内",即它是为了获取主要生活来源而从事的工作,主要是为自己服务的,面向自身。因此,事业和职业之间又有着内在的联系。事业通常建立在职业的基础上,而职业能为事业服务,从而更具生命力。

(3)事业与心理健康的关系

高等职业学校的大学生追求事业的过程也是自身潜能不断开发的过程。而心理健康"不仅仅是没有心理疾病,而是身心潜能的充分开发。"因此,大学生追求事业的过程也是心理健康水平不断提升的过程。这两者是一脉相承的,而不是背道而驰。

2.如何追求事业人生

(1)培养一个情怀

培养事业情怀对高等职业学校的大学生至关重要,这可以使他们的人生内涵更丰富、更有意义;明确人生方向、使人生旅途更愉快;更好地安排大学时期的学习生活,更加珍惜大学时光,使学习生活更有动力。在中国式现代化新征程上,高等职业学校的大学生是中华民族伟大复兴事业的生力军。培养事业情怀就是要将自己融入这一光荣而伟大的事业,把个人利益与集体利益、社会需要和国家前途命运紧紧联系起来,使命在肩、初心不改。这样会让每一天的学习生活过得更有意义,内心深处每天都能感受到一种声音在呼唤自己,让自己做好当下每一件小事,因为它们都是有意义的、伟大的,其内在"潜力"不断转化为学习生活的动力。

(2)搭建两个平台

高等职业学校的大学生追求事业人生,贵在行动。在行动过程中,重在搭建两个平台:职业平台和事业平台。大学生朋友在毕业之际要能拥有一个职业平台,让自己在这个平台上适应职场、从依附家长转为自食其力、从学院式专业学习转为生产式独立工作。要拥有这个平台,至少要具备三个基础(支撑的立柱):一是知识基础,即是要具备扎实全面的文化基础知识和专业理论知识;二是技能基础,即是要具备娴熟的专业技能;三是素质基础,即是要具备良好的综合素质(职业核心素养)。这三大"基础"的建立就好比砌砖一样,一块一块地砌,它不是一蹴而就而是一个过程。所以,高等职业学校的大学生朋友在毕业之际要能顺利搭建起属于自己的职业平台,必须立足当下就着手知识、技能、素质的储备积淀与修习涵养。

建立职业平台对高等职业学校大学生来说是职业生涯的一大转折点,但是必须从职业平台向事业平台迈进,努力搭建一个事业平台。时下,存在这样一种现象,有些高等职业学校大学生认为"读书"的目的就是"拿文凭"、顺利毕业,然后找到一份高薪水的工作;然后,找到心仪的人生伴侣过上幸福小家庭的日子;再然后……部分大学生似乎就达到了人生的最高境界、找到了人生的圆满答案,也就没有其他"然后"了。其实,读大学、毕业有文凭、找工作自食其力、恋爱结婚过幸福小日子,这些都很正常也是应该的,但是关键问题是,作为一个大学生如果自己的人生仅仅如此,那还算不上"完满"、意义丰满的人生,因为这样的大学生更多考虑个人的利益,缺少对他人、对社会、国家利益着想、服务与贡献的意识,即缺少事业情怀。大学生是祖国的未来,民族的希望,在职业平台基础上有必要努力搭建一个事业平台,使之驱使并牵引自己不断向前。事业平台的搭建也需要三支脚(三个立柱):创新、坚韧和忘我。高等职业学校的大学生朋友进入职场后,如果老是步人后尘,走他人走过的老路,不敢想他人之未想、不敢做他人之未做,在工作岗位上要干出好成绩、在同行业中要有所建树与贡献、在有限的人生长河中要为中国梦实现多作贡献,就不太现实了。所以,创新是由职业平台通往事业平台的一张通行证。事业平台搭建需要具备的第二种品质或获取的第二张通行证就是坚韧,因为任何人在人生之旅、生涯之路都不可能一帆风顺,而成功又常常垂青于那些坚韧不拔、百折不回、勇往直前的人,那些在职业平台上干出成绩、为国家民族作出贡献、事业有成的人,常常是不畏困难、意志坚定、摔倒了又主动爬起来朝正确方向前进的人。事业平台搭建的第三种品质就是忘我,即淡化个人名利,把他人名利、集体利益放第一位。一个人如果自我中心,太看重自己的名和利,一方面会让自己耗费许多精力在里面,削弱对职业活动、事业追求的精力与智慧;另一方面,可能会"招惹"周围的同学、朋友、同事对自己的不满情绪,这种不满情绪会滋生矛盾甚至会演变成前进道路上的重重阻碍。搭建事业平台至少离不开这三种品质,这三种品质既要在毕业后的职业平台上去持续涵养,更要从现在开始培养,因为它们离不开渐进的长期的量的积累的过程。

(3)处理三大关系

高等职业学校大学生追求人生事业需要处理好三大关系:首先,是与职业之间的关系。事业通常源于职业,一个人所追求的事业往往建立在自己所学专业和从事职业的基础之上。在专业学习、职业活动中,不断发现新问题、解决新问题,不断探索并解决未知领域的问题,从而一步步向事业高度迈进。如果所追求的事业与所学专业、从事职业的领域范围或关联度不大,可能会阻碍事业的发展,或者增加追求事业的成本。事业追求是一个终身的系统工程,职业生涯路的每个阶段的学习、工作都始终为事业目标服务,这有助于实现事业目标。其次,要处理好事业与健康的关系。当我们的一些大学生朋友明白了事业追求的重要性后,不再像过去那样得过且过,仅仅把学习、工作看作是换取工资的方式与工具,思想会发生跃升。但是,如果为了找回过去的损失,没日没夜、废寝忘食地学习,可能会透支身体。没有健康的身体,将会严重影响事业的追求。因此,追求事业需要处理好与健康的关系,不能因为事业追求而牺牲健康与安全,这给大家提出了科学学习、科学工作、持续而有弹性地工作的挑战。最后,要处理好与行动的关系。高等职业学校大学生追求事业,不是喊口号,而是要具体的、脚踏实地的行动。这种行动应该就在当下、伴随人的一生,而不是像一些大学生所想象的"考上大学就达到目的了""找份好工作就圆满了"。职业是事业的基础,无论是职业活动还是追求事业,最终都要落脚在行动上。只有知行合一,才可能达到"理想的彼岸"。

四、成长训练

1.阅读材料《目标规划与人生》

美国哈佛大学对一群在智力、学历、环境等方面都相似的年轻人进行了一项关于目标对人生影响的调查。调查结果显示,27%的人没有目标,60%的人目标模糊,10%的人有清晰但短期的目标,而3%的人则有清晰且长远的目标。

25年后,哈佛大学再次对这群人进行了跟踪调查。调查结果显示:3%的人,他们在25年间朝着一个既定的方向不懈努力,现在几乎都成为社会各界的成功人士,其中包括行业领袖和社会精英;10%的人,他们的短期目标不断实现,成为各个行业和领域的专业人士,大都生活在社会的中上层;60%的人,他们安稳地生活与工作,但都没有取得特别突出的成绩,他们大多生活在社会的中下层;剩下27%的人,他们的生活没有目标,过得很不如意,并且常常在抱怨他人、抱怨社会、抱怨这个"不肯给他们机会"的世界。结合这个故事材料,请问你是怎么看待目标规划对人生的影响的?

_____

_____

_____

2.请使用SWOT生涯规划法对内部和外部条件进行分析,然后将分析得到的

结果予以呈现：

S:＿＿＿＿＿＿＿＿＿＿＿＿＿＿＿＿＿＿＿＿＿＿＿

＿＿＿＿＿＿＿＿＿＿＿＿＿＿＿＿＿＿＿＿＿＿＿＿＿＿

W:＿＿＿＿＿＿＿＿＿＿＿＿＿＿＿＿＿＿＿＿＿＿＿

＿＿＿＿＿＿＿＿＿＿＿＿＿＿＿＿＿＿＿＿＿＿＿＿＿＿

O:＿＿＿＿＿＿＿＿＿＿＿＿＿＿＿＿＿＿＿＿＿＿＿

＿＿＿＿＿＿＿＿＿＿＿＿＿＿＿＿＿＿＿＿＿＿＿＿＿＿

T:＿＿＿＿＿＿＿＿＿＿＿＿＿＿＿＿＿＿＿＿＿＿＿

＿＿＿＿＿＿＿＿＿＿＿＿＿＿＿＿＿＿＿＿＿＿＿＿＿＿

五、助人自助

小敏(化名)是某高等职业学校工程测量技术专业的学生,对"中医"有着浓厚的兴趣,心中装着未来的"中医梦"。然而,她经常因此而感到困扰,因为她的学习专业是工程测量技术。请你结合下面案例材料根据小敏的实际情况,伸出援手为其排忧解难。

小敏在2022年成功考入重庆某高等职业学校,专业是工程测量技术。然而,在高中毕业至入读高校这短暂的人生转折期,她偶然接触到了中医,主要通过网络平台等方式聆听了一些中医专家的讲座或授课内容,发现中医非常神奇和奥妙,因此对中医产生了浓厚的兴趣。虽然她在高校学习的工程测量技术专业与中医类专业关联不大,甚至是完全不同,但她仍然会在课余时间阅读一些中医方面的书籍。她对自己的本专业学习并不排斥,也没有表现出特别的兴趣。

在大一下学期临近期末之际,心理健康课程教师在校园内遇见了小敏。在友好的交流互动中,小敏向老师诉说了自己的情况,并表达了想通过"师傅带徒弟"的方式取得中医职业资格,进入医疗系统实现"中医梦"的人生打算。但同时也向老师倾诉了许多自己因"中医梦"与所学工程测量技术专业之间的反差等因素带来的烦恼与困惑。

六、体验升华

任正非的创业经历可谓传奇,他及其缔造的企业都以沉稳低调著称,历经沉浮坎坷,却最终凭借坚强的意志,站在了个人意志和时代的巅峰。请认真阅读"华为创始人的传奇创业故事"并思考,从他的经历中汲取启示。

七、拓展训练

职业生涯"幻游"（伴轻音乐）

1.幻游

【指导语】放松指导语：尽可能放松，使你自己能舒服地坐在椅子上。现在，闭上眼睛并完全放松，舒缓你的呼吸。看看身体还有哪些地方还紧张，请放松、放松、放松。现在，我希望你想象自己经由时空旅行来到未来的10年。10年后的世界，10年后的你是什么样子，你在做什么，你周围是些什么样的人。好，我们回到现在，回到学校及教室。好了，你回来了，开始看看这周遭的一切，欢迎你"旅游"归来。

2.描述"幻游"后的心境感受

【指导语】好了，你回来了。开始看看周围的一切，请你保持安静，用笔把你刚才的旅途、心境与感受写出来。_____

_____

3.通过描述，分享"十年后的我"所从事的工作场景

（1）十年后的我居住的场所在_____

（3）十年后的我居住的场所周围人群状况_____

（4）十年后的我从事的工作是_____

（5）十年后的我从事的工作具体内容是_____

（6）十年后的我从事工作的场所在_____

（7）十年后的我工作的场所周围环境状况_____

（8）十年后的我工作的场所周边人群状况_____

（9）十年后的我在职场中为企业所作贡献情况_____

学习心得

单元二　学习心理发展　做持续耕耘的学习者

🜲 知识目标

1.了解高等职业学校教育教学活动的基本特点及其与之相适应的学习心理机制与学习心理要求。

2.了解高等职业学校大学生学习心理状态、问题或障碍及其成因。

🜲 技能目标

1.掌握常见学习心理问题(障碍)的调适方法;能够对自身学习心理状况进行有效地剖析。

2.掌握良好的学习习惯养成、提升学习能力和潜能开发,以及保持积极学习心理状态的思维方法。

🜲 思政目标

1.为不负新时代、担当新使命,而不断增强持续学习的信心、决心和恒心。

2.增强成为高素质技术技能人才而全面学习的自觉意识。

高素质技术技能人才是新时代新征程上创建新伟业不可或缺的人才类型。今天,高等职业学校的大学生就是祖国明天需要的高素质技术技能人才。大学生朋友要不虚大学之行,不负青春韶华,必须抓住大学大好学习时光,努力学习,增长过硬本领。如何在大学三年(四年)有限的时间里,真正学有所获、学有所成,为未来职业人生夯实基础,是每一位大学生朋友都倍加关切的成长课题。莘莘学子一定程度上用实际行动找到了破解这一课题的"金钥匙"——学会学习。接下来,本单元将从学习心理深层内因入手,带领大家从认识大学学习特殊性、探寻大学学习方法、拨开学习心理迷雾、走出学习心理困境、增强自觉主动学习信心等方面,去掌握学会学习、报效祖国这一健康成长之人生利器。

一、案例启思

某高等职业学校男生小杰(化名),中学时学习基础好,学习成绩优异,是老师眼中的"学习尖子"。来到高校后,他发现学校管理方式与高中时期有较大差别,没有了高中时期的许多硬性规定与管束,有很多空余时间,自由度很大,没

学习并非局限于知识技能本身,更在于知识技能基础上的内心世界重塑。
——丁志强

有了以往的束缚,浑身似乎轻松了许多。小杰在高校"宽松"的管理氛围下,逐步放松了对自我的要求,每天花费大量时间玩手机、打游戏、上课睡觉……最终,成绩日渐下滑,导致大一上学期期末多门课程不及格。

某高等职业学校女生小娟(化名),虽然高考发挥失常,没能考上重点大学,但是进入高校后仍能坚持勤奋学习。她不仅努力学习专业课程,而且对英语等文化课程也不打"折扣"。每天早上,她按时起床,安排合适的时间朗读英语课文、背诵英语句群,朗诵诗词歌赋、传统经典。经过一年左右的不懈努力,她终于考过了英语四级,普通话水平也大幅提升。后来,在毕业之际,她还顺利通过了专升本考试,获得了到本科院校继续深造的机会。

*你从以上案例的前后比较中得到什么启发?

*回顾高中时的学习历程,你认为最值得弘扬、最需要摒弃的分别是什么?

*结合自身实际,当下你将如何开启大学时期新的学习之旅,以收获新的学习硕果?

二、自我评估

学习心理综合诊断量表[①]包含 53 个问题。请对每个问题回答"是"或者"否",并统计回答"是"的个数。如果你回答"是"的问题超过 45 个,说明你的学习质量很高;如果回答"是"的问题在 35~44 个之间,说明你的学习质量良好;如果回答"是"的问题在 25~34 个之间,说明你的学习质量一般;如果回答"是"的问题在 25 个以下,说明你的学习质量较差。

题号	题目	诊断问题	"是"	"否"
1	学习态度的自我诊断	(1)是否有强烈的求知欲和努力学习的愿望?		
		(2)是否有主动积极的进取精神?		
		(3)学习是否认真?		
		(4)是否自觉独立地完成各科的学习任务?		
2	知识水平的自我诊断	(5)能否理解基本概念、基本知识?		
		(6)是否善于将新知识和旧知识联系起来?		
		(7)所学的知识能否做到举一反三、触类旁通?		
		(8)能否正确运用概念并区分事物?		
		(9)所学知识能否结合实际灵活运用?		
		(10)自己的知识结构是否合理?		

———————————

① 杨云,白一鹭,潘纬织.高职学生积极心理健康教育:感情幸福 活出精彩[M].成都:电子科技大学出版社,2020:71-78.

续表

题号	题目		诊断问题	"是"	"否"
3	学习能力的自我诊断	思维能力	(11)是否有探究和讨论问题的爱好？		
			(12)是否善于抓住两个不同事物的异同点？		
			(13)思维是否严密准确？		
			(14)思维是否深刻？		
			(15)思维是否灵敏？		
		理解能力	(16)对于所学的概念、公式和定理，是否能做到不仅知其然，而且知其所以然？		
			(17)能否把握知识之间的内在联系？		
			(18)考试中的论述题(问答题)，你是照课本一字不漏地回答，还是用自己的语言回答？		
		解决问题的能力	(19)对自己解决问题的能力是否充满信心？		
			(20)你是否善于质疑并多发问？		
			(21)在解决问题时，你是否能准确、果断地抓住要点？		
			(22)你能否把注意力集中在所要解决的问题上，而较少关注那些与该问题无关的东西？		
			(23)解答问题的方法是采用以前的解答模式，还是使用创新的解答方法？		
			(24)解答问题的思路是否有条有理？		
			(25)能否发挥已有知识在解决问题上的作用？		
		自学能力	(26)是否善于安排和调整学习时间？		
			(27)是否具有良好的自学习惯？		
			(28)能否正确地使用工具书？		
4	学习兴趣的自我诊断		(29)你最喜欢什么学科？		
			(30)你最喜欢什么课外活动？		
			(31)你是否具有广博求知的愿望？		
			(32)求知的欲望是否强烈且持久？		
5	学习技能的自我诊断	阅读技能的自我诊断	(33)阅读时你是默读，还是朗读？		
			(34)朗读时你能否做到断句分明、节奏适中，并充满感情？		
			(35)你能否边阅读边思考？阅读完成后，能否准确地概括出段落大意或中心思想？		
		听课技能的自我诊断	(36)上课时你是否能专心听老师讲课？		
			(37)听课时你能否紧跟老师的思路？		
			(38)能否抓住老师讲课的要点？		
			(39)是否善于发现老师讲课的错误？		

续表

题号	题目		诊断问题	"是"	"否"
5	学习技能的自我诊断	笔记技巧的自我诊断	(40)能否记下讲课的梗概、重点、特别重要的内容、老师反复强调的内容、开场白、结束语和各章节之间的联系？		
			(41)能否记下系统的板书？		
			(42)能否记下老师分析问题和解决问题的思路？		
			(43)能否记下听课时的体会？		
			(44)是否记下了重要的图表和图解？		
			(45)是否记下了没有听懂的地方、疑难点或来不及思考的问题？		
			(46)是否能用自己的话来记笔记？		
			(47)笔记是否简明准确，一目了然？		
		实验技能的自我诊断	(48)在实验之前，是否有亲手去做、亲身去体验的愿望？		
			(49)是否制订了实验计划？		
			(50)是否能熟练地进行实验器械的操作？		
			(51)是否能准确记录、计算、整理实验结果？		
			(52)是否能准确解释和概括实验结果？		
			(53)能否独立地完成实验报告？		
【结论】					

附：对测评分数的解释

测评分数（回答"是"的个数）	测评结果	建　议
45~53	学习质量很高	很棒，给自己点赞，继续保持。
35~44	学习质量良好	不错，有提升空间，继续前进。
25~34	学习质量一般	不错，有必要反思，查找不足。
15~24	学习质量较差	不怕，只要勤反思，转变态度。
0~14	学习质量差	不怕，只要下决心，滴水穿石。

三、知识滋养

(一)理解学习是快乐学习的前提[①]

1.对学习概念的理解

学习这个概念使用频率很高,大家对它有熟悉的一面,但也有陌生的一面。到底何谓学习,对这个问题的科学回答原本并不简单。心理学界不同的专家学者致力于对学习概念本质内涵的研究,从不同视角对之下了特定定义,大致有三类:①学习是指刺激—反应之间联结的加强(行为主义视角);②学习是指认知结构的改变(认知学派视角);③学习是指自我概念的变化(人本主义视角)。就一般而言,学习是有机体适应环境的手段。这里的有机体不仅仅局限于人,还包括其他动物,如猴子、猫、狗、黑猩猩等。有机体为了生存,就要适应环境,就必须不断改变自己的行为,在改变行为的过程中不断积累经验,因经验积累引起的行为倾向变化的过程就是学习的过程。但是我们不能把有机体所有行为变化都看成是学习产生的结果,比如蜜蜂本能地采蜜的行为、生理成熟引起变化的行为不能看成是学习的结果。广义的学习既包括人的学习,也包括其他动物的学习;狭义的学习仅指有关人的学习。

在对前人研究结论系统分析的基础上,施良方对学习下了一个比较完整的定义:学习是指学习者因经验而引起的行为、能力和心理倾向的比较持久的变化,这些变化不是因成熟、疾病或药物引起的,而且也不一定表现出外显的行为。

2.掌握学习理论

学习理论是对学习规律和学习条件的系统阐述,主要研究人类和动物的行为特征和认知心理过程。学习理论是应用性学科,因为它常常把心理学的一般原理应用于学习领域;同时它又是基础理论学科,因为学习理论主要探索有机体的行为(含内部行为)变化情况,并试图解释和预测行为的变化,为课程与教学理论、教育工作的开展奠定基础,基于此,它又有基础理论的角色。

学习理论流派众多,系统分析发现,尽管它们的视角或侧重点不同,但实际上都是在探讨学习的一些基本问题,例如学习的性质、学习的过程、学习的动机和学习的迁移等。学习理论具有特定的功能。首先,它为人们科学研究学习问题提供相应知识、分析探讨方法途径方面的资源与指南。其次,它对有关学习

①施良方.学习论[M].2版.北京:人民教育出版社,2001:2-5,26-39,220-249.

法则的大量知识加以概括,使其系统化和条理化,以便人们容易掌握。最后,它说明学习是怎样发生的,以及为什么有的学习有效,有的学习无效。下面就其学习理论的有关流派或内容予以简要介绍。

(1)刺激—反应学习理论

一般来说,刺激—反应学习理论流派将环境视为刺激,将伴随而来的有机体行为视为反应,其关注的重点是环境在个体学习中的重要性。学习者学到些什么是由环境控制的,而不是由个体自身决定的。这种观点以行为主义心理学的基本假设为依据:学习者的行为是对环境刺激所作出的反应;所有行为都是习得的。尽管他们可能并不否认心的存在,但他们声称心是无法科学观察的对象,对科学研究来说是不值得探讨的。当然,行为主义心理学有其自身局限。

爱德华·桑代克是心理学史上第一个用动物进行学习研究的人。他用迷箱实验研究饥饿的猫的学习行为规律,并推及到人类,同时也以人类为被试进行了一系列的实验,认识到人类也有类似的学习规律。通过实验研究,他认为:猫的学习是习得的刺激与反应之间的直接的联结,一种没有意识参与的习惯;人类学习也是一种在几乎没有意识参与的情况下自动地形成刺激—反应联结的过程。当然,这种推演是失之偏颇的。尽管如此,从实验中总结形成的一些学习规律对人类学习还是有一定借鉴意义的。

试误学习律。桑代克认为,动物的基本学习方式是试误学习。人类的学习方式尽管要复杂得多,但可以将其分为四类:一是形成动物学习中所发生的那种联结;二是形成含有观念的联结,例如,一个2岁儿童听到"妈妈"一词时就会想到他的妈妈;三是分析或抽象,比如,学习音乐的学生试图区分各种音调,或对某一声音中的和音作出反应;四是选择性思维或推理。学习的过程就是一个在不断尝试中识别并修正错误行为、形成习惯化的相对稳定的"刺激—反应"联结的过程。

准备律。桑代克观察到,要确保猫的学习行为发生,猫必须处于饥饿状态。如果猫吃得很饱,它很可能不会产生任何学习逃出迷箱的行为,也就是说,学习的产生离不开某种动机原则。这就是他所说的准备律——学习者是否会对某种刺激作出反应,同他是否做好准备有关。这种准备可以在某种情境中习得,比如通过情境强化习得某种心理定势。桑代克认为人类的大部分操作都包括这类习得的准备;动机是一种在特定时刻存在于神经系统中的特定准备方式。

效果律。桑代克注意到,为了保证猫的学习发生,除了猫处于饥饿状态外,还必须有食物。当猫踩到箱内踏板,与踏板连着的线另一头是门闩,门闩就把门打开,猫就逃出迷箱,发现外面有食物,就能饱餐一顿,得到奖励,然后把它放回迷箱,踩踏板的行为和逃出迷箱的行为就会得到加强;如果逃出迷箱没有食物甚至是其他什么更严重的惩罚,踩踏板的行为就会减弱,也就不会试图跑出迷箱。所以,反应的结果对反应行为有着加强或减弱的影响效果,"满意或不舒适的程度越高,刺激—反应联结就越加强或减弱"(桑代克,1911)。这就是桑代克的效果律,它为享乐主义提供了新的解释:人们并不像心灵主义所说的那样是为了选择愉快,人们之所以作出以往曾引起过愉快感觉的反应,是因为以往的愉快加强了这些特定的刺激—反应联结。

练习律。桑代克认为,一个已形成的可变联结,若加以应用,这种联结的力量便会增强(即使用律);一个已形成的可变联结,若不使用,其联结的力量便会减弱(即失用律)。就是说,所谓练习律是指反应重复的次数越多,刺激—反应之间的联结便越牢固。但是,练习本身并不是一种很有效的方式,因为练习并不会无条件地增强刺激—反应联结的力量。例如,让大学生蒙住眼睛画一条3英寸长的线条,允许被试尝试上千次,但结果表明,被试者从第一次到最后一次的尝试,并无任何进步。之所以出现与练习律之间的这种反差,是因为重复练习让刺激—反应之间的联结越牢固是有条件的:重复练习是知道结果的练习;不知道结果的练习是无助于学习的。一般说来,只有当学习者发现重复练习能获得满意的效果时,练习才会有助于学习,没有强化的练习是没有意义的。从这里也可看出练习律与效果律的内在关联。

选择性反应律。桑代克发现,有机体在学习时往往会选择性地对外在刺激的某些要素作出反应,而忽略其他要素。例如,猫在迷箱里一开始就会把注意力集中在与门有关的部位上,而忽略迷箱的颜色。学习者之所以能够学习,是因为他们能够辨别刺激情境中各部分要素的特征。刺激情境中的某些要素能够有效激发有机体的反应。

多重反应律。学习者可能会对同一刺激情境作出多种多样的反应。当某一反应不能产生满意的效果时,学习者就会尝试其他反应,直到有一种反应最终导致满意的效果为止。桑代克认为,学习者的学习之所以成功,原因就在于此。

定势律。或者称为"态度"或者"顺应"的原则。桑代克在实验中发现,动物可能会以某种特定的态度对待某种外部情境,这取决于它的年龄、饥饿状态、精力状况等因素。例如,一只想打瞌睡的猫就不太在乎被关在迷箱里的,也不急于逃出迷箱。因此,他认为反应是学习者态度的产物。

同化律(类推原则)。当有机体面对新的刺激情境作出反应时,这种反应往往与他在以往类似情境中习得的反应相类似。例如,当猫在一只迷箱中习得适当的反应后,把它放入另一只有些类似的迷箱时,它会利用已习得的适当反应。实际上,这就是学习迁移的原理,一些行为主义者也称之为刺激泛化。桑代克由此提出"共同要素论":如果学习情境的基本要素基本相同或相似,就会产生类似的反应;迁移是否发生,取决于两种情境之间是否存在共同要素。

联想性转换律。桑代克认为,有机体已习得的对一组刺激的反应可以逐渐转换成对一组新的刺激的反应。具体做法是:先在刺激情境中加入一些新的刺激成分,然后逐渐减去原来的刺激成分,直到只需新的刺激,没有其他任何刺激时也能唤起这种反应为止。例如,在猫的面前拎一条鱼并说:"站起来",经过多次训练后,即使没有鱼,只要说"站起来"也可以引起猫站起来的反应。在这里,桑代克将条件作用视为联想性转换的一种形式。

以上学习规律主要是从动物实验中总结出来的。尽管将动物学习原理运用于人类学习是相当复杂的事情,但桑代克还是将这些原理作为人类学习的基础。事实上,它们对人类学习、大学生有效学习不同程度是有参考借鉴价值的。

(2)奥苏贝尔认知同化学习理论

戴维·保罗·奥苏贝尔是美国认知教育心理学家,他认为"一种真正实在的、科学的学习理论主要关注在学校里或类似的学习环境中所发生的各种复杂的、有意义的言语学习,并对影响这种学习的各种因素予以相当的重视"。在他最有影响的著作《教育心理学:一种认知观》第二版的扉页上,他写道:如果我不得不把教育心理学的所有内容简约成一条原理的话,我会说影响学习的最重要的因素是学生已知的内容,弄清这一点之后,进行相应的教学。这条原理是其整个理论体系的核心。他对意义学习的描述是其理论体系中的重要内容。在他看来,学生的学习,如果要有价值的话,应该尽可能地有意义。为此,他对接受学习与发现学习、机械学习与意义学习进行仔细区分。下面围绕意义学习就有关内容予以介绍。

1)意义学习的概念把握

在奥苏贝尔看来,无论是接受学习还是发现学习,都有可能是机械的,也都有可能是有意义的,这跟接受学习、发现学习开展的具体情况有关系,不能一概而论。如果是意义学习,需要满足两个先决条件:第一,学生表现出一种意义学习的心向,即表现出一种在新学习的内容与自己已有的知识之间建立联系的倾向。第二,学习内容对学生具有潜在意义,即能够与学生已有的知识结构联系起来。这两个"联系"不是字面上的联系,而应是实质性的联系。凡是符合上述两个条件的学习都是有意义。意义学习和机械学习不是绝对的,而是处在一个连续体的两极。作为学校课堂特殊学习环境,应主要采用意义接受学习,尤其是意义言语接受学习。

奥苏贝尔认为,当学生把教师教学内容与自己认知结构联系起来时,意义学习便发生了。因此,影响课堂意义接受学习的最重要因素是学生的认知结构,即是指学生现有知识的数量、清晰度和组织方式,它是由学生眼下能回想出的事实、概念、命题、理论等构成的。要促进新知识的学习,首先要增强认知结构中与新知识有关的观念。在学习内容的安排上要注意两个方面:一是要尽可能先传授(或学习)学科中具有最大包摄性、概括性、最有说服力的概念和原理,以方便学生能对学习内容加以组织和综合。二是要注意渐进性,要用最有效的方法来安排学习内容的顺序、建构学习内容的内在逻辑、对练习活动有效组织与安排。学生是否具有起固定作用的概念即固定点作用的概念(学生认知结构中能与新学习内容建立联系的有关概念),对学习是否有意义起重要作用。机械学习的主要原因之一即是在学生还没有具备起固定作用的概念之前,就要求他们学习新内容。由于学生认知结构中还没有可以同新知识建立联系的有关概念,因而使得新知识也失去了潜在意义。

2)意义学习的类型识别

意义本身并不是意义学习过程的产物。为了探寻意义学习的产生、演进与发展之过程,需要寻找"整个意义学习过程是怎样开始的"这样一个问题的答案。为此,奥苏贝尔考察了一套有层次组织的学习。不同层次组织的学习对应着相应的意义学习类型。

表征学习。它是意义学习的最底层。当你小时候最初在认识陌生的实物时,比如狗第一次出现在你眼前你注视着它时,你的家长就对你说:"这是一条狗。"在这之前,狗这个词对你来讲是没有意义的,但是这个时候你听到家长说的话,情况就不一样了。你认知结构中的两种内部刺激同时被激活了:一是狗的视角映象(视觉刺激);一是听到"狗"这个词引起的内部刺激(听觉刺激)。家长向你表明了"狗"这个词代表实际的狗,你也就对"狗"这个词赋予了意义,这种意义就是由实际的狗引发的认知内容(视觉映象)。之后,如果"狗"这个词与实物的狗多次配对后,即便只出现符号,也会引起对狗的视觉映象。最终,"狗"这个词引发的认知内容,与实际的狗引发的认知内容基本上是一致的。这样的学习方式就是表征学习。周围环境中不同的客体在你认知结构中都有相应表征指代的名称,作为符号的词与客体之间建立起实质性的联系。

概念学习。概念具有逻辑的、心理的意义。从逻辑上讲,概念是指在某一领域中因具有共同特征而被组织在一起的特定事物。比如,小轿车这个概念是指与大卡车、大巴车等交通工具不同的一类客体。不同的概念有不同的关键属性。所谓关键属性即是反映某类特定事物概念的共同特征。学生一旦掌握了某一概念的关键属性,即区分某一类别概念与其他类别概念的一组特征,就能确定其所见到的东西是否属于这一概念。概念学习掌握中的主要问题,就是要找出所面对的一类物体的关键属性。受经验和认知的局限,小朋友所发现的关键属性(自己赋予某一概念的心理意义),与作为概念的定义(逻辑意义)的关键属性之间可能会有相当大的差异,比如有的小朋友会认为"会飞的都是鸟"。对概念关键属性的寻找与获取,需要学习者有一定的实践经验,在经验中形成其表征映像,并借助归纳思维加工。奥苏贝尔把儿童通过归纳发现一类物体的关键属性的过程,称为概念形成。对概念的学习要把握其外延意义和内涵意义。外延意义——在概念名称的学习(表征学习)中,学习者学会用符号(比如"立方体")代表他已习得的概念,将"立方体"这个词的意义等同于已有的表示这个概念的意义的表征映象,这过程中习得概念的外延意义。内涵意义——指概念名称在学习者内部唤起的独特的、个人的、情感的和态度的反应,这类反应取决于学习者对这类物体的特定经验。对概念的学习,一般经历两个阶段:一是形成概念;二是学习概念的名称。概念繁多,学习者不可能一一去自行归纳其关键属性,大多数概念的意义是通过定义习得的,定义为学习者提供了概念的关键属性。

命题学习。命题通常以句子的形式表述,涉及两个或更多概念之间的关系,例如,"没有心理健康就没有健康"。当人们有意义地学习命题时,所学习的句子将与他们认知结构中已有的概念建立联系。奥苏贝尔认为,新学习的命题与学生已有命题之间的关系有三种类型:

一是下位关系。即新学习的内容从属于学生认知结构中已有的、包摄性较广的概念。下位关系有两种形式:一种是派生的下位,即新的学习内容仅仅是学生已有的、包摄面较广的命题的一个例证,或从已有命题中直接派生出来的。比如,学过物理的学生知道"力有大小、方向、作用点三要素",那么"压力也有大小、方向、作用点三要素"这一新命题就可以从属于已有的命题。在这种情况下,学生已有的、构成一般命题的意义的表征映象,只需稍作修改就能产生新命题的意义。另一种下位关系是相关的下位。当学习的新内容扩展、修正或限定学生已有的命题，并使其精确化时，表现出来的就是相关下位。比如，大家已知道"平行四边形"这一概念的意义，那么在学习菱形的时候，可通过限定性命题"菱形是四条边一样长的平行四边形"来对它进行界定，这样，通过对"平行四边形"的限定就产生了"菱形"这个新的概念。

二是上位关系。当学习一种包摄性较广，可以把一系列原有概念从属于其下的新命题时，新学习的内容便与学生认知结构中已有概念产生了一种上位关系。比如，学生在熟悉了"公交车""出租车""小轿车"等下位概念后，往往有助于更好学习"交通工具"的上位概念。

三是组合关系。当学生有意义地学习与认知结构中已有概念既不产生下位关系，又不产生上位关系的新命题时，就产生了组合意义。奥苏贝尔认为，自然科学、社会科学和人文科学中学习的许多新的概念，都可以作为组合学习的例子。例如，质量和能量、冷热与体积、遗传与变异、饮食与健康、需求与价格之间的关系，虽然概念之间表现上没有关联，既不是上位关系，也不是下位关系，但是它们之间仍然具有某些共同的关键特征。根据这些共同特征，新学习的内容与已有知识的关系是并列地组合在一起的，从而产生了一种新的关系，即组合关系。

发现学习。奥苏贝尔认为，发现学习是指学习内容不是以定论的方式呈现给学生的，而是要求学生在把最终结果并入认知结构之前，先要从事某些心理活动，如对学习内容进行重新排列、重新组织或转换。它可以在上述三种学习类型中发生，同时，它还涉及另外三种有层次的学习类型：运用、问题解决和创造。运用是指把已知命题直接转换到类似的新情境中去，类似于"练习"；"问题解决"是指学生无法把已知命题直接转换到新情境中去，必须通过一些策略使一系列转换前后有序。学生已有知识可能与问题解决办法有关，但需经过多次转换，而非直接运用或练习所能解决的；创造则是指能够把认知结构中各种彼此关系很遥远的观念用来解决新问题，且认知结构中哪些命题与该命题有关，事先是不知道的，各种转换的规则也是不明显的。

奥苏贝尔认为，在问题解决中，不应该有一种引导学生把已有知识用于问题解决的明确限定的程序。学生现有知识和所要学习的知识（要解决的问题）之间应有一定距离。对于"创造"来讲，一个重要标志是要能产生某种新的产品，这个产品对学生来说是新的，在人类认知意义上来说也是新的。能生产这两种产品的行为，都应该被视为创造性行为；但是，只能产生后一种新产品的人，才能被认为是具有创造性的人。创造性行为本身能够把各种要素组合在一起,形成新产品,这种综合水平应超过问题解决中所需要的水平。

奥苏贝尔通过对意义学习类型的分析认为,加涅等人所强调的由简单学习向复杂学习递进、"刺激—反应"联结学习,对机械学习无意义的材料或许是有用的,但对有意义的材料来说,情况并非如此,因为任何一种意义学习类型,都涉及心理内容复杂的同化过程,且有效的教学往往是从学习最一般的概念到逐渐分化出较具体的概念。

3)意义学习的心理机制

奥苏贝尔认为,同化是意义学习的心理机制。同化概念最初是由皮亚杰提出的,他用同化和顺应来说明儿童认知发展的内部机制:同化是指个体把客观纳入已有认知图式之中,这只能引起图式量的变化;顺应是指个体因环境作用而引起的原有图式的改变,以适应外界环境的过程。奥苏贝尔对同化这个概念赋予了特定的内涵。在他看来,同化理论属于认知学习理论的一个部分,重在探索学生内部的心理机制。认知心理学探讨的是儿童内部心理过程以及对知识本质的理解,下位学习、上位学习和组合学习,都是学生内部认知过程的典型事例,即都涉及对新知识的同化。

他认为,同化理论的核心在于:学生能否习得新信息,主要取决于他们认知结构中已有的有关概念;意义学习是通过新信息与学生认知结构中已有的有关概念的相互作用才得以发生的;由于这种相互作用,导致了新旧知识的意义的同化。学习过程中,同化的知识可能会被遗忘,如果要使新知识习得后能保持下去,就要有一个连续同化的过程,使新知识逐渐分化,从而使其意义越来越精确。也就是说,只有连续不断地把新知识作为后续的意义学习的固定点,才能使新习得的知识保持下来。因此,在意义学习后,同化过程并没有结束,只有通过知识不断地改组和重新结合,才能习得并保持知识。

奥苏贝尔对概念形成的过程与概念同化的过程进行了区分。概念形成主要在学龄前儿童中进行,需要的是对物体或事件的直接经验。他们通过发现学习的形式,从这些物体或事件中抽象出它们的关键属性,以此在大脑中形成相应的概念。学生在学校学习,通过概念同化习得新概念。新概念的关键属性一般都是由教师指出的,并非学生自己一一去发现。奥苏贝尔认为,尽管直接经验对学生学习某些概念是有帮助的,但是学生一般都可以利用早期习得的语言和概念来同化大多数新的概念。没有直接经验不可怕,重要的是在于把新知识与头脑中已有的有关知识联系起来,做好同化方面的工作。同化是以三种不同的方式来增强知识的保持的:①通过把已有的有关概念作为固定点,从而使它们成为认知结构中高度稳定的、比较精确的观念,同时又使新知识也可以分享这种稳定性,获得新的意义;②由于在贮存阶段,新知识与已有概念一直保持着实质性的联系,因而这些起固定作用的概念可以防止新知识受以往的知识、目前的经验和将来遇到的类似概念的干扰;③由于新知识贮存在与认知结构中的有关概念的相互关系中,这就使得提取信息成为一种较有条理的过程,较少带有任意的性质。同化理论有助于了解所学知识是如何组织在认知结构中的:一般来讲,新知识是贮存在与认知结构中相应的有关概念的相互关系之中;其中的一个概念(不管是新习得的还是已有的)势必是另一个概念的上位概念,且这个上位概念必然比另一个概念更稳定。

4)意义学习与成就动机

奥苏贝尔认为,不仅认知因素影响意义学习,动机、个性、群体、社会和教师的特征等因素也会对意义学习产生影响。他主要关注的是成就动机,即学生试图获得好成绩的倾向。在他看来,成就动机主要由以下三个方面的驱力组成:认知驱力、自我—增强驱力、附属驱力。

认知驱力。所谓认知驱力,是指学生渴望认知、理解和掌握知识,以及陈述和解决问题的倾向。它是一种求知的需要,内在于学习任务本身之中,是成就动机三个组成部分中最重要、最稳定的部分,也是意义学习中最重要的一种动机。它发端于学生好奇的倾向,以及探究、操作、理解和应对环境的心理倾向。这些心理倾向最初都是潜在的动机因素,本身既无内容又无方向,它们之所以会变为现实的动机因素,有以下两个方面原因:一方面是成功学习的结果,学生预期到未来的学习可能会得到满意的结果;另一方面是家庭和社会中有关人士影响的结果。生活在以功利、竞争为主流价值取向社会文化环境里的学生,随年龄的增长,这些追求功名利禄的外部动机对其学习的影响会越来越大,作为内部动机的认知驱力的活力将因此而受到削弱。因此,奥苏贝尔提出,如果学生要形成认知驱力这样一种在校学习的内部动机,必须重视认知和理解的价值,并以此为目的,而不应把实利、当前大家关注的问题以及学生适应生活的问题作为首要目标。认知驱力作为成就动机中的一部分,奥苏贝尔认为,它作为一种变量(动机变量),对认知学习和记忆过程的影响相较于认知变量的影响有所不同。动机变量一般不直接涉及认知学习的过程,而是以增强努力、注意和学习准备等为中介来间接影响认知过程的学习。

实验结果表明,对成就要求较高的学生,其学习更有毅力,学习也就更富有成效,并且在问题解决过程中比成就要求较低的学生更渴望得到解决办法。通常,学生的学习毅力越强,认知驱力也就越强。注意方面的研究显示,如果学生仅仅关注教师教学的内容本身,不论他们怎么注意,也不能提高学习成绩或者成绩提高也不明显。因此,要提高学生的认知驱力,还应使学习情境具有吸引力,让学习的内容处于一种有吸引力的情境之中。动机变量对知识的记忆保持也有作用,这种作用一般是以有选择地抑制再认和再现为中介来影响信息保持的。因此,动机变量只影响特定信息的提取。比如,对一些不愉快的或内疚感的记忆信息往往会被抑制住。

总之,动机是引发认知学习的原因,但更多的是认知学习的结果。要增强认知驱力,激发成就动机,对认知本身感兴趣是很重要的。为此,最好的办法是让新的学习内容与学生认知结构之间有适当的距离,这对引起认知驱力是最有效的。当然,如果最初没有学习动机或学习动机较弱,只要能够不断参与到有意义的学习中并得到满足,学习动机就会渐渐产生并增强。

自我—增强驱力。自我—增强驱力是成就动机的第二个组成部分,它反映了一个要求凭自己的才能和成就获得相应的社会地位的愿望。随学生年龄增长,这种需求日益加剧,这与社会文化的影响密不可分,因此,它是一种外部动机。自我—增强驱力既指向获得眼前的学业成绩和名次、奖励等,也指向未来的学术或职业生涯,而将来获得什么工作与职位,取决于或很大程度上取决于当下的学业成绩。因此,自我—增强驱力中一个很重要的成分就是焦虑——担心因学业失败而失去社会地位和自尊。

奥苏贝尔认为,自我—增强驱力对学业成就的促进已为大量研究结果所证实。因此,强调学习的内部动机并不否定外部动机的重要性。对自我增强、社会地位和凭成就获得褒奖的需要、对职业的抱负等方面,历来被认为是个性成熟的标志。因此,不仅要鼓励学生增强学习的内部动机,而且也有必要从个性成熟的角度培养学生的自我增强的动机。他还认为,担心学习失败以及与此相联系的惩罚——失去地位和自尊,这对于维持学业成就而长期努力来说,也是一种必需的动机。分数、学位、文凭能引起学生的学习动机,因为如果考试失败,成绩不理想,得不到学位、文凭或别的证书,这种担忧会给学生造成失败的威胁,这种威胁就转化为学习动机,让学生投入学习。

适度的焦虑能激发学习动机,但是过度焦虑,就"物极必反"。自我—增强动机也有可能使学生产生极大的焦虑,让他们厌恶学习,也有可能使学生形成不切实际的学业和职业抱负,最终因失败而使自尊心丧失;过分强调自我—增强动机,会让学生以功利、外部因素的获取为目的,忽视知识内容本身的意义及其对自身修养滋养的价值。一旦这些外在目的追求得到满足,这种动机就会消减。因此,那些主要以外部因素为学习动机的学生,很难有持续学习的愿望。

附属驱力。附属驱力是指学生为得到家长和教师的赞扬而学习的需要,随学生年龄的增长,这种动机的重要性降低。它是成就动机的最后一种成分。

附属驱力不是为了完成学习任务、自我增强或赢得社会地位的学业成绩,而是指向能博得教师、家长或别的同志褒奖的那类成绩。如果说这类成绩也能使学生获得一定地位,那么这种地位不是由他的成就水平决定,而是由别人的认可所决定。无疑,附属驱力是一种外部动机。有关研究结果表明,附属驱力强的学生,因对教师或家长具有高度附属感,在班上的成绩一般比较好;反之,成绩较差。

奥苏贝尔认为,认知驱力、自我—增强驱力、附属驱力这三种成分在成就动机中的比重是各不相同的,这取决于学生的年龄、性别、社会文化、社会阶层、种族和个性结构等多方面因素。学生在儿童早期,附属驱力最为突出,学习主要是为了得到家长的认可或赞许,这期间为学业成绩而努力学习,实质是满足家长期望的一条途径,借此继续得到所渴望的赞许和褒奖。因此,附属驱力是儿童期学生学习动机的重要来源,学生把学校的老师看作家长的代理人,以同样的方式看待教师的赞许。在儿童后期和青少年期,附属驱力强度减弱,并且开始从获得家长的赞许转向得到同伴的认可。总之,学生的认知学习是受内部动机和外部动机影响的。

3.读懂大学学习[①]

(1)为何要读大学

18世纪法国启蒙思想家伏尔泰曾说,人在早年只不过是一条毛虫,在地上爬来爬去,但是当他跨过年轮河后,就不能再成为软体动物靠爬行过日子,必须得站立起来,用双脚"走路"。人要站立为"人",就要读懂"人"字的内涵。一撇代表人生爬坡的过程,而一捺则代表他人(家长、师长、同学、朋友、同事以及不认识的陌生人)的支持和帮助。在人生路上要顺利爬坡前行,就必须要入群、适群,否则生存都成问题。"人"字的一撇一捺交汇点有一条看不见的虚线支撑着。这虚线表示:人要从动物成为人,必须要具备人的精神,包括对生活的希望、理想、奋斗的目标、做人的尊严感、自信心、自爱能力、自克节制能力、自我创造能力等。也就是说,要有独立站起来生活、走路、向上爬坡的内动力和精神支

---

①唐代兴,马恒东,赖先朴.学会学习:大学生学业导航[M].上海:复旦大学出版社,2007:1-16.

柱,也就是要创建自己人生的心灵家园。

人要站立为"人",必须得创建自己的心灵家园,使自己拥有人的心灵、人格、精神、力量与能力。人要创建自己的心灵家园,需要接受教育,通过受教育接受心灵洗礼、人格磨砺、智慧熏染、力量塑造、能力历练。其途径有两种:接受生活的大学教育和接受学校的大学教育。人人都有机会接受生活的大学教育,未必人人都能接受大学的大学教育。为什么众多学子纷纷努力寻求接受大学教育机会? 仅仅是因为喜欢或大学那耀眼的光环,不是。是因为大学不仅能够满足青年站立为"大人"的根本需要,而且它能为学子成为"大人"提供了捷径。我们站立为大人的根本需要有哪些呢? 一是必须要有思想。我们生活的目的是通过做事来使自己站立为人,但做事总是需要思想的指引。二是需要文化的滋养。因为一个人的思想总是源于见多识广、对美的追求、对高尚情感的需要,来源于天赋潜力的发挥、对智力的开发;而文化本身不仅是一种思想活动,一种对美和高尚情感的接受,而且还能成为潜力发现、智力开发的整体动力。三是必须具有摆脱细节去掌握原理、规律的能力。因为人不管是生存还是谋求发展都要靠做事,要把事情(大事或小事)做好,都需要原理的指导、规律的规范。这三个方面的根本需要,唯有大学能给我们系统提供。因此,青年圆大学梦,不是为了摆脱束缚、生活自由,而是为了具备站立为大人的心灵源泉、精神动力和原理力量。

(2)何谓大学

"大学"是拉丁文"Universitas"的汉译名,原意是"行会""社团""公会",后来被赋予"学术""教育"等含义,专门指11世纪末在西欧出现的一种专门的教育机构,这种机构由系和学院组成。路易斯·康曾在作品中讲述这样一个故事:一个人坐在树下,与另外几位谈论自己的想法,谈的人不知道自己是老师,听的人也不知道自己是学生;听的人听得出神,不禁惊讶万分,要是这个人能留下来多好啊! 于是他们就划出一块地方,将那个讲的人留了下来。于是,世界上就诞生了第一所大学。由此可以看出,大学诞生的根本动力在于交流的需要。我国"京师大学堂"创办于1898年,是中国近代第一所国立大学,其成立标志着中国近代国立高等教育的开端。至今中国的高等教育事业发展势头强劲,高等职业学校也已成为高等教育机构中的重要组成部分。从广义来讲,高等职业学校也是大学。

大学产生于交流,而交流需要讲和听,因此大学起源于讲和听。那么,讲什么呢? 讲大事情、大事物、大道理,也就是那些与个人生活无关,但却能够改变个人生活的那些事物、那些事情、那些道理。这里的"大",并不是指形体大、体积大,而是指一般性、共同性、普遍性、不变性。例如,一个苹果落地是一件非常平常的小事,许多人都见过,但却很少有人讲述它;牛顿却打破了对于苹果落地的沉默,讲述了他看到苹果落地时的想法。牛顿在自己花园的苹果树下,偶然看见苹果落地,感到非常惊诧,苹果为什么不飞上天却落到地面上呢? 如果苹果树长得非常高,苹果会同样下落吗? 牛顿否定自己的想法,认为苹果落地与高度无关;但是,如果苹果树长在月亮那么高的地方,会落回地面吗? 月亮不是很像一个大苹果吗? 如果在山顶把一发炮弹发射出去,炮弹将以曲线轨道落到地面,发射速度越大,炮弹落得越远,如果发射速度足够大,炮弹就会绕地球旋转,永远不落回地面……以足够大的速度绕地球旋转的炮弹多么像月亮,但炮弹为什么不飞离地球呢? 它们之间一定存在着某种相互作用力,正是这种作用力,使炮弹、月亮围绕地球旋转,使地球、水星、金星等围绕太阳旋转,这就是万有引力定律。万有引力定律就是苹果落地的大道理,因此苹果落地就变成了一个大事情、大事物。习近平总书记在北京大学师生座谈会上发表重要讲话时引用"所谓大学者,非谓有大楼之谓也,有大师之谓也",以此指出:教师承担着最庄严、最神圣的使命——教书育人,甘当人梯,甘当铺路石,以人格魅力引导学生心灵,以学术造诣开启学生的智慧之门。即是说,大学之所以"大",很大程度上是因为那里有讲"大道理、大事情、大事物"的大师,学生在那里能"听"大道理、大事情、大事物。

(3)大学学习

大学不是中学,读大学的"读法"自然跟读中学不同,大学学习在学习的内容和方式等方面都应高于中学学习,高等职业学校(应用型高校)大学生的学习也是如此。大学生和非大学生最主要的区别绝对不在于是否掌握了一门专业技能(尽管专业技能也重要)……一个经过独立思考而坚持错误观点的人比一个不假思索而接受正确观点的人更值得肯定……草木可以在校园年复一年地生长,而我们却注定要很快被另外一群人替代……尽管每次"网到鱼"的不过是一个"网眼",但要想"捕到鱼",就必须要编织一张网……

1)大学学习的内容发生变化

高等(应用型)职业学校的大学生,或其他类型的高校学生,在学习内容上都是围绕某一专业展开的,以智能制造专业为例,首先开设了一些基础课程,如《大学语文》《高等数学》《"思政"类课程》《计算机应用》《英语》《心理健康成长》等,然后开设一些与专业基础有关的课程,最后学习专业技能课程或综合性的专业课程。课程的开设体现了从(文化)基础课程向专业(基础、技能)课程转化和过渡的一个趋势。文化基础、专业基础课程在内容范围上比中学更宽广,在深度与难度上相对更大,这是解决专业技术问题、在专业领域有所建树、保持可持续发展后劲的需要。

2)大学学习的方式方法发生变化[①]

大学学习的各门课程内容的系统性更强、范围更广、难度更大、要求更高,因此呼唤大学生朋友们要有科学、有效的学习方法。对于中学时期陈旧落后的学习方法,需要进行革新。

首先要确立先进的学习理念。因为科学学习方法的中枢是正确而先进的思想观念、态度理念,即要有正确的学习理念。大学学习是主动而自由的学习,因为大学的教师更多的是引领而不是像中学教师倾向于事事躬亲,也就把更多时空留给学生自己。读大学是"读思想、读思维、读人",因为大学是讲"大道理"的地方,读大学重在形成先进思想、学会思维提高思维水平、学会知人识人懂人,尽管知识、技术技能本身也重要,但如果仅有知识、技术技能,视野就不开阔甚至可能误入歧途。有的青年考试成绩分数高,但一出校门就寸步难行甚至落入"陷阱"中,这值得深思。读大学要学会协作同行,一个人的力量有限,读大学要善于与同学、教师乃至所学专业领域行业企业职业界人士建立学习共同体(学习联盟),在协作式学习攻关中增强合作意识、培养探索精神、增进与协作伙伴之间的联结与情谊。读大学要学会利用学习资源,高校的资源很丰富,尤其要用好时间资源和图书馆的资源,高校给大学生自主安排的时间很多,有效安排时间学习就赢得更多的时间资源,同时还要有经常去图书馆获取知识财富的意识,因为图书馆是大学的心脏,当然在图书馆看书借书学习需要有个取舍的标准,即学会选择,把有限宝贵的时间好钢用在刀刃上,要多读好书,只读好书。

其次,是学习方法本身的革新。一是要尊重前面介绍的学习理论或有关学习规律;二是要紧密结合自身实际情况,在"大众化"基础上要有个性特色;三是养成良好思维方法,学会思维,重视思维能力培养,不管是理论知识,还是专业技术问题解决,既要知其然,更要知其所以然。比如,分析思维能力和归纳思维能力就是最重要最基础的思维能力,不管是学习生活上还是职业活动或管理工作中问题的解决,都离不开这两种思维能力的应用;四是要知行合一,在学习中做到由知向行转化,把文化与专业理论基础知识和专业技术用来解决行业企

---

①覃彪喜.读大学究竟读什么[M].广州:南方日报出版社,2006:1-19.

业生产系统或有关领域具体的问题;由行向知转化,把大量学习生活经历和专业领域生产行动实践经验进行总结与思维加工上升到理论高度,知行有机合一,切忌想入非非却不行动或草率盲动、学(行)而不思。

(二)涵养积极学习心理 持续耕耘健康成长

1.积极学习心理与健康成长的关系

学习心理是指人们在学习活动中的心理反应、特点及其活动规律。积极学习心理是一种良好的学习心理品质,它表现为对学习持积极乐观、自信勇敢、执着坚韧、探索创新、享受成长的一种态度。积极学习心理品质对健康成长有积极的促进作用。一方面,积极学习心理可以产生积极的学习动机,更好地调动大学生的学习热情,从而投入学习,促进智力发展并激发潜能,这些潜能只有通过学习才能转变为现实能力。知识、技术、技能蕴含着人类智慧的结晶,大学生通过学习新知识、新技术,感悟并启迪于前人智慧,从而促进自身潜能开发、智力发展,以此助力健康成长。另一方面,积极学习心理主导下的积极学习行动,有助于满足大学生的需求,并带来快乐和控制感。马斯洛把求知看成是人类类似本能的需要,大学生的学习是满足自身求知需要的道路,需要或需求的满足自然会给自身带来快乐;知识、技术技能包含自然界、人类社会、经济生产活动中的很多规律,大学生通过学习这些规律,来适应环境、社会、职场,有助于找到对生活、工作乃至人生的控制感和价值感,从而增进心理健康。心理健康有助于积极学习心理品质的养成,积极学习心理品质的养成又能更好调动智力因素(如注意力、记忆力、思维力等)和非智力因素(如动机、意志、兴趣等)来影响认知活动和行为定向或驱动引导、调节强化间接参与学习活动,影响学习效果。

2.积极学习心理的影响因素

消极学习心理不仅影响学习,也是产生学习心理问题、影响心理健康成长的一大源头。要培养积极学习心理品质,走出消极学习心理的困境,必须找出其影响因素。

(1)对自己所在学校的消极态度

新时代各行各业高质量发展需要各级各类人才,我国高校顺应经济社会发展新形势,在类型和层次上都得到了前所未有的发展。新时代,我国高等职业教育不管在规模、质量还是层次上都得到了很好的发展,给越来越多的青年提供了圆大学梦的机会。然而,当下部分高等职业学校(或应用型高校)的大学生却不珍惜这种大好学习机会,其中一个重要原因在于觉得自己所在的学校不是理想的、自己想要的学校,觉得高等职业学校(应用型高校)不是自己的"最爱",自己的"最爱"是"清华""北大"或别的本科大学,于是就在埋怨中得过且过。随着这种对待学校的消极态度,产生了消极的学习心理,无助于积极学习心理的形成。其产生的原因有以下几方面:一是受"学而优则仕"封建传统观念的影响,认为就读(应用型)高等职业学校今后毕业进入社会只能到行业企业从事具体的工作,不能像其他大学毕业生那样到机关当公务员或"坐办公室",于是就觉得不体面或认为未来没有好的发展前景。二是以静止的眼光看待(应用型)高等职业学校,没有明确(应用型)高等职业学校同别的高校更多的是类型上的差异,并没有本质性差异,不存在有高低贵贱之别,也不存在其他哪所大学就是"保险箱"——只要进去了,未来一切就都是保险的。三是没有真正明白未考上其他本科大学真正的原因是什么,似乎在抱怨中把责任归咎于当下所在的学校,在这种抱怨情绪中不免对当下所在的学校有一种否定排斥的情绪。

(2)对自己所学专业的消极态度

有部分大学生对学习不上心,没有积极的学习心理状态,一定程度上跟自己不喜欢所学的专业、对所学专业持消极态度有很大关系。出现这种情况有多方面因素:第一,自己当初在填志愿的时候对专业不了解,随意填或对专业认识有偏差;第二,纯粹按照家长或有关教师的建议或要求去填志愿;第三,随大流或片面追求所谓热门专业;第四,没有用心发掘所学专业的发展前景或蕴藏着的"兴趣点"。"兴趣是最好的老师",兴趣固然重要,但是兴趣有待培养。大学生对所选择专业的兴趣也有必要培养,这种兴趣也不是天生的,即便过去对它有些兴趣,如果不培养,已有的那些兴趣也会慢慢消失。反之,如果原来对比所学专业不是很了解,没有多大兴趣,只要不断深入了解,主动与之交朋友,依旧可以培养起浓厚的兴趣与情感。对于专业的"热门"问题,大家一定要有清醒认识。事实上,任何专业都不是绝对的热门或冷门,即使有很"热门"的专业,如果你学得很糟糕,它也会对你很"冷酷";即便很冷门的专业,如果你学得很好,达到炉火纯青的地步,你一样会有很好的用武之地、有人生出彩的机会。所以,专业不在"冷"与"热",而在于你学得怎么样。

(3)对自身的消极态度

每一个人都是宇宙中独一无二的,每一位青年大学生也是如此。但是,应用型高等职业学校大学生中,有些人自我否定、自惭形秽、自轻自贱,对自身持一种消极的态度,这种态度影响了积极学习心理品质的形成。究其原因不是唯一的,但一定程度上与以下情况分不开:一种情况是认为自己没有考上"理想"的大学就"没本事""没能耐""没前途""没出息",这其实是一种极端化的非理性归因;另一种情况是有的青年在成长道路上形成一种"悲观"特质,凡事喜欢看消极面,凡事喜欢用"完美"标准来度量,可是现实中不仅不可能事事完美,而且事事都不可能完美。大学生对自身要有积极的态度,就要培养乐观的学习生活态度,并学会积极归因。

(4)没有对未来美好人生与大学学习的关联性有正确的认识

有的大学生朋友对当前的学习不上心,没有积极的学习状态。他们并不是不想拥有美好的人生未来,相反,每一位大学生朋友心中都有着一个美好的人生未来的梦想,而且这种愿望和梦想非常强烈,甚至达到了"想入非非"的程度。憧憬美好的未来是一种好的现象,但是有的大学生朋友只"憧憬"而不"行动"。为什么会这样呢? 一个很重要的原因就是他们没有认真思考和审视当下的学习生活对于憧憬的美好未来到底意味着什么,没有将二者之间的紧密关联性或唇齿相依的关系真正搞清楚、弄明白。大学是通往美好人生的重要桥梁,但这并不是说进了大学就进了"保险箱",而是说大学为青年大学生提供了全面学习健康成长、为美好人生打好基础蓄积能量本领的平台。但是,良好的预期与最终的效果还需要靠青年大学生在这个平台上奋发向前,以积极的学习心理状态投入大学学习生活。

(5)对大学学习生活重心把握不准

大学学习生活是一个系统工程,包括丰富多彩的活动参与、自立自强的大学生活安排,以及课内课外、校内校外多形式、多途径、多内容、多目标的学习。如何安排好大学学习生活,是每一位大学生的必修课。然而,在大学生中存在以下现象:有的把"当干部"作为主业,有的把"谈恋爱"作为主业,有的把"搞关系"作为主业,有的把"挣钱"作为主业,有的把"打游戏"作为主业……要说,"当干部"可以培养能力、"搞关系"可以增进同学友谊、"挣钱"可以提前熟悉经营活动、"打游戏"可以破解商家吸引青少年的秘诀、"谈恋爱"可以帮助恋人成长,凡此等等,对大学生来说都是无可厚非的事情。只是我们的大学生朋友把这些作为主业,而把学习本身作为副业,那就不免有些重心偏移。大学生是追求"大道理"、谈论"大事物"、做好"大事情"的学生,学习无疑是主业,是头等大事。这个重心是永远都不能偏离的,其他的都要服从或服务于这个重心。只有这样,大学生朋友才可能全身心投入学习生活、才可能保持积极的学习心理状态,也才可能"希望就在眼前,明天会更美好"。

(6)学习成长的自主性不强

大学学习更多的是靠自觉,自己当好自己学习的主人,积极主动地学习。但是,有些青年来到(应用型)高等职业学校,缺乏学习的自主性,他们的学习更多地停留在课堂上或教师要求的层面上,在"法定"课堂以外更广阔的时间空间里无所事事,要么玩游戏,要么在空虚无聊中度过。这种情况表明,一些青年大学生从中学来到高校还没有转变学习角色,仍然停留在中学时在教师安排要求、监督守候环境下的被动学习,尚未很好地形成自主学习的意识与能力。面对高校"宽松"、民主的学习新环境,在相对较多的自习或自己支配的时空里,在身边没有中学时候那样教师监督的情况下,他们可能会感到茫然而不知所措,久而久之就觉得真的"自由"了,于是就放纵了自己。其实,高校适度"放手",是为了让青年大学生有更多自主学习、独立探索成长的契机,课余时间绝对不是用来挥霍的。

(7)抗干扰的免疫力不强

有的青年来到高校,最初"海誓山盟",表示要"不虚大学之行"。可是,后来就越来越偏离正确轨道,没有把主要精力和心思放在学习上。其中一个不容忽视的原因是:抗外界干扰的免疫力不强。(应用型)高等职业学校发展势头强劲,但相对年轻,有的青年大学生及其家长或社会人士对之不完全了解或有一种偏见也是难免的,受传统观念或偏见的影响,有的青年大学生积极学习的精神面貌不佳也是事实。这样一种情况有时还会在班级或一定范围内扩散或传染,让周围免疫力不强的同学受影响。每一个人的力量汇聚起来成为建设祖国的强大的力量,但是不同大学生的前途不能互换。青年大学生不管是在大学时期还是未来人生路上,都要对周围环境有一种抗干扰的免疫能力,不让不利因素腐蚀自己或阻碍自己学习成长。

(8)学习成长的内在动机弱

高等职业学校的大学生外在学习动机较强,而内在学习动机相对较弱。为了得到表扬奖励、能够顺利毕业甚至找份好工作而去学习产生的动机,主要是外部学习动机;为了提升自身综合素质、享受知识内容本身的意义、探索未知世界等而去学习产生的动机,主要是内部学习动机。外部学习动机容易消减,例如,有些年轻人为了考试而学习,一旦考试结束并过关,就不再学习这门课程了;有些为了今后顺利毕业并找到一份像样的职业而学习,一旦毕业并找到工作,"小日子"能过得基本可以了,就不再学习了。这些年轻人没有自觉主动学习、终身持续学习的动机,主要原因是他们的学习更多地受外部动机的驱使,只要自己的外在愿望、需要得到满足就达到目的了，也就不再学习了。当然，这些主要受外在动机驱使去学习的年轻人，其内在学习动机较弱，否则的话，其外在的需要得到满足，依旧会持续学习。受内在学习动机驱使去学习的年轻大学生，更多不是为了名利去学习，而是为了学习内容本身蕴含的意义、养料去学，为了中华优秀传统文化、人类社会发展演变智慧结晶去学，为了探寻宇宙世界无穷未知隐藏着的规律与真理而去学。大学生潜力巨大，要不断激发内在学习动机，以饱满的学习热情、积极的学习心理状态去探索无穷未知、推进技术创新、造福人类社会、彰显大爱情怀。当然，（应用型）高等职业学校有的大学生朋友文化基础相对薄弱，也是影响其积极学习心理状态不可忽视的一个因素。

3.当好学习心理障碍的预防和干预主人

高等职业学校的大学生朋友普遍思维活跃、动手能力强，是中国式现代化发展新征程上的生力军。在大学时期，要始终保持积极良好的学习状态和生活质量，必须对容易出现的学习心理障碍（学习心理问题，并非指达到医院临床指标要求的心理疾病）进行预防和干预，做到早识别、早预防、早干预，当好学习生活和心理健康成长的主人。

（1）非智力因素引起的学习心理障碍

非智力因素是相对智力因素来讲的，它是学习产生、保持与发展的重要心理条件。智力因素包括注意力、观察力、记忆力、思维力和想象力等方面，这些因素主要决定着学习过程中的心理结构。学习过程是以一定的智力发展水平为前提的心智活动过程。学习的成功取决于学习过程中智力因素和非智力因素的共同作用。作为新时代大学生，智力条件通常很好，但影响积极学习并导致产生学习心理障碍（问题）的更多的是非智力因素。广义的智力因素指智力因素以外的心理因素（不包括非心理因素，如体质），而狭义的非智力因素则指动机、兴趣、情感、意志和性格。

1）学习动机障碍

学习动机过弱。表现为学习无动力或动力不强，学习态度不端正，学习不认真，马虎了事，交差应付，得过且过。原因多方面，有家庭的、社会的，也有学校的，但主要原因还是在自身，因为自己才可能有支配自己学习的绝对权力。就其高等职业学校大学生自身来讲，学习目的不明确、自轻自贱、没有看清美好的形势与前景、对所在学校及所学专业存在"先入为主"的排斥心理或偏差认知、经不起周围环境局部不良因素诱惑影响、没有自己清醒认识基础上独立判断、没有新时代大学生应有的社会责任感等，都是导致学习动机过弱的原因。

学习动机过强。学习动机是推动积极学习的内在源泉，但学习动机不是越强越好。有关心理学专家学者实验研究发现，动机强度与学习效率并非在任何时候都是正相关关系，当动机强度超过一定限度时，其效率反而会下降；动机强度在零点和无穷大点时，学习效率为零，而学习效率最高时的动机强度为中等（中值）。学习动机过强是大学生相对较普遍的学习心理问题，表现为求胜心切、想急于超过别人、要求自己只能成功不能失败、过分重视奖惩和他人对自己的评价、不切实际地自我"加码"，学习强度过大、不能劳逸结合等。其致因是多方面的：第一，成就动机过强或不切实际，缺乏对自己身心现实条件、现有资源和发展"无限性"中可能性的客观认识与科学预测；第二，就是功利心太强，过分看重学习成绩所带来的外在奖励，一旦成绩考差了就彻底"抑郁"了，一旦没竞选上学生会或班上干部就可能"生病"了；第三，满足补偿心理需求，这部分学生可能家境不好、相貌平平、不善言辞与交际、爱好特长贫乏，成长的愿望与得到认可的"本能"让其不甘心默默无闻，于是就力图以学习成绩来补偿不足。

学习动机调节①。学习动机过强或过弱（或缺乏）既可以看作是学习心理障碍的具体形式，同时也是产生其他学习心理障碍如学习焦虑、学习倦怠等的因素，影响心理健康的成长。大学生朋友有责任根据自身实际情况对学习动机进行调节，以便使其保持在合适的程度。

一是要有明确的学习目的。大学生既要明确学习的个人意义，更要明确学习的社会意义。大学生有为自己"心仪"的职业、未来美好幸福生活等个人利益需要满足而学习的责任与权利，但更有责任为他人、社会、国家乃至人类发展、幸福和真理追求而学习，因为我们每个人，若离开他人、社会、国家以及人类历史长河积淀下来的文化养料，将寸步难行或不复存在。

二是培养自我效能感。美国心理学家班杜拉指出，自我效能感是指人们对自身能否利用自身所拥有的技能去完成某项工作行为的自信程度。其实它反映了一种效能期望，所谓效能期望，指的是人对自己能否进行某种行为的实施能力的推测或判断，即人对自己行为能力的推测，它意味着人是否确信自己能够成功地进行带来某一结果的行为。当人确信自己有能力进行某一活动时，他就会产生高度的"自我效能感"，并会去进行那一活动。要培养自我效能感，让

---

①刘元英.大学生学习心理研究及创新素质培养[D].哈尔滨:哈尔滨工程大学,2005:20-21.

自己有积极主动参与学习的信心和勇气,相信自己有能做事并做成事的能力或潜力。首先,对学习目标任务的完成要分步进行,让每天或每一阶段的目标任务是自己踮着脚跟能够得着的;其次,在学习过程中,每取得一点成绩或一个进步,心中都要自我肯定,体验进步的喜悦,并对自己说"我能行""事实证明我也有完成一定学习目标任务的能力""只要坚持一定能有实现更大学习目标、战胜更大学习困难的能力";再次,观察和自己能力相近者取得成功的行为,从而激发自信心、增强自我信念;最后,不断发现自己的闪光点、学习成长中的优势,多从积极的方面去审视自己、洞察自己。

三是发挥学习反馈的杠杆作用。反馈原理指出,有机体在接受刺激信息后,会产生效应活动,这种效应活动又可以作为新的信息返回传入,从而进一步调整和完善有机体的活动。反馈原理对人的学习活动也适用,大学生在学习过程中及时发现自己学习的结果,看见自己的成绩、进步以及知识技能在日常生活、社会实践、工农业生产中的作用及其学习目标日渐实现的情况,所得到的这些反馈信息就有助于激发学习动机,对积极学习心理与行为起到强化作用。

四是积极的自我表扬和自我奖励。能够得到外界的表扬奖励有助于学习动机的激发,但是持续的学习动机的保持更需要自我表扬和自我奖励。一方面,向家人、真诚的朋友合理表达自己在学习上的进步、分享自己的成绩,对方的反馈信息有助于增强学习动机;另一方面,自己要善于捕捉自己在学习上的每一个进步,即便是一个微小的进步,在内心深处都要对这些进步进行体验,觉察通过学习劳动带来的特殊果实。这种进步本身就是一种果实,是精神上最好的奖励,会让自己觉得充实。精神上的鼓励与表扬比物质上的奖励更能激发上进心和学习积极性[1]。

五是主动营造积极的学习氛围。良好的学习环境氛围有助于学习动机的增强,班集体是大学生朋友关系最为紧密的学习环境。大家从四面八方来到同一个班上,起初在学习态度、学习动机上存在差异是难免的,不可能整齐划一。如果班上有那么三五个同学不喜欢学习、学习动机上存在问题,大家不主动想办法帮助引导,任凭自由散漫,那么这小小的"蚁穴"就将溃"千里之堤",班风学风就将弄糟,本该有的积极的学习环境氛围就将荡然无存,影响更多同学的学习动机和积极性。因此,大学生不仅要关心自己,还要关心所在集体的学习氛围。

---

[1]梅传强.大学生心理健康教育[M].北京:中国法制出版社,2001:78-80.

六是要有正确的名利观、价值观。要有适度的学习动机,让自己以最良好的身心状态投入学习生活中,需要有正确的名利观、价值观。一个人有名利思想与需要很正常,它能让人产生学习动机或工作动机,但是如果名利观太强或不切实际甚至扭曲,无助于学习质量或效率的提升,反而会降低学习效能,甚至引发别的心理障碍或步入歧途。有的青年来到高校竞选学生会或班干部,最初信心百倍,后来失败,就彻底沉沦了,这种情况说明:首先,如果动机太强,一旦失败,就接受不了失败的结果而产生心理情绪问题;其次,动机太强,会影响参与的质量与效率,让自己不能高质量发挥;最后,过分看重参与的结果,而忽视了参与本身应有的作用。名利观背后不免隐藏着价值观,名利观太强的大学生朋友,价值观容易偏斜,或者本身就受到偏斜的价值观的影响。新时代大学生要追求个人价值,但是个人价值离不开社会价值,一滴水只有汇入江河大海才能更好体现自身应有的价值。因此,动机太强的大学生朋友尤其要认真审视自己的名利观、价值观,确保自己有正确的名利观、价值观。

2)学习注意力障碍

学习注意力障碍是指在学习过程中难以集中注意力,不能专心听课,时常"走神"、胡思乱想、心神不定,或东张西望、易受无关刺激的影响、不能专门做该做的功课,或长时间沉溺于某项活动或事情之中、不能把注意力转移到学习上来。注意力不能集中,实际上是无意注意增强、有意注意减弱的结果。大学生如果无意注意增强,就很容易被无关的事物所吸引,注意力难以集中在学习上;如果有意注意减弱,学习自觉性和意志力就会降低,就容易疲劳,不能保持较长时间的学习活动。

产生原因。高等职业学校大学生中学习注意力障碍产生的主要原因有以下几个方面:首先,学生对注意力本身在学习活动中的重要性认识模糊,没有集中注意力的主动性;其次,由中学来到高校,处于一种享受大学时光的"悠闲自在、自由放松"的学习生活中,把"考上大学"作为人生的终极目标,来到大学至少一时间没有了新的理想与目标,处于"理想间隙期";最后,即便有理想,但理想模糊,没有细化成具体明确的学习目标、学习计划,也就没有压力、紧迫感和方向感,影响自控力和注意力。

调适举措。可采用以下措施方法对学习注意力障碍进行调适:一是以明确的学习目标任务生发注意力。明确的学习目标任务不仅给人一种指向性,而且还给人一种希望就在眼前的心理满足感,自然有助于唤起学习动机,生发一种把注意力集中到学习活动上的自觉行为。二是以学习兴趣与爱好维持注意力,巴甫洛夫说"好奇是专注的第一要素",善于把自己的兴趣爱好与所学专业及其开设的各门课程有机结合,不断寻找拓展兴趣点,满足探索文化知识和专业技术领域未知世界的好奇心和追求"真理"的高级需要。三是以对学习意义的领悟巩固注意力。在对所学知识与技术的应用中去发掘、内化与升华学习的意义与价值,以此强化学习动机,巩固学习注意力。四是科学用脑,尊重注意规律。按照自己生物钟的安排去学习,确保注意力的身心条件。五是用心理学方法训练培养注意力。比如用深呼吸、正念、暗示、身体放松等方式培养注意力。

3)学习情绪情感障碍

情绪情感是影响学习的一个主要心理因素,是对客观事物和主观需要之间关系的反应,伴随认知产生的对人事的态度,是以个体愿望和需要为中介的一种心理活动。情感相对情绪具有更强的稳定性和意义感。学习情绪情感障碍指的是对所学的专业、课程及其学习活动内容不感兴趣、讨厌学习,一到学习场所就焦虑紧张或身心疲惫、头痛不适、思维不能正常运转等。

产生原因。第一,由理想跟现实的"反差"所致,对就读的学校或专业不是心目中的学校或专业,现实跟主观愿望需要存在反差,对学习产生排斥的心理情绪。第二,学习过程中与周围同学产生矛盾不能正确处理,导致人际关系紧张没有归属感而影响学习情绪。第三,不能很好适应教师的教学风格或不能正确接受教师的批评教育帮助而排斥教师引起师生关系紧张而改变对教师所教学科的学习态度。第四,因不具备学习新课程必备的文化基础或专业基础产生学习困难、影响学习进程,导致学习动机衰减、学习情绪情感丧失。第五,学习期望值太高、求胜心太强与现实结果之间的反差造成心理失落,自我怀疑自我否定,影响学习的进取心和积极的情绪情感。

调节方法。根据自身实际情况,可以采用相应的方法来调节学习情绪并培养学习情感。一是身体放松法。有些青年感到学习压力很大,处于高度紧张和焦虑的状态,可以通过身体放松训练来进行调节,因为心情紧张常常伴随着身体肌肉的紧张;反之,身体肌肉的放松也能起到缓解心情的作用。二是深呼吸放松法。深深地吸气,慢慢地呼气,注意力随着气流的流动,在一吸一呼之间,身体和心情会随之放松,因为在这个过程中,交感神经处于抑制状态,副交感神经处于兴奋状态。三是问题澄清法。寻找让自己不想学习、讨厌学习的真实原因及其背后的各种问题,在接纳的基础上逐步解决。四是主动求助法。向信得过的人倾诉或向专业人士寻求咨询帮助都是对自己负责任的体现,因为有些情况或问题可能超出了自己的能力范围。

4)学习意志障碍

意志是人自觉地根据目的去调节支配自身行为、克服困难,去实现预定目标的心理过程。大学生之间差别最小的是智力,差别最大的则是毅力。一个人的意志状况通过意志品质来反映和度量,意志品质一般包含四个维度:自觉性、果断性、坚韧性和自制性。意志品质高的人,通常会对学习持积极乐观的态度,对学习中的困难有信心有勇气克服,能主动积极参与学习、排除学习干扰、经得起困难挫折和诱惑的考验。然而,目前,(应用型)高等职业学校也有部分学生存在学习意志方面的障碍或问题,表现为学习意志薄弱、遇到学习困难就产生畏难情绪不能坚持或干脆放弃;不能保证学习时间、按时保质保量进行学习;容易受外界因素影响不能完成学习任务;知行背离,不能把自己的想法或计划落实到具体行动上;在课堂上不能控制自己,使注意力聚焦在教师的教学或该做的事情上。

产生原因。第一,跟成长经历有关,在过去的学习成长过程中没有培养起良好的意志品质,学习生活更多都是在家长、教师的鞭策或庇护下进行的;第二,受到新环境中局部不良因素影响,比如,身边有同学贪玩好耍或有不良嗜好,转移了学习注意力,慢慢偏移了学习重心,影响了意志力;第三,学习习惯不良所致,比如有的青年经常在做作业时听音乐;第四,因学习困难受挫或学习失败引起士气锐减、意志消沉……

调节举措。培养和锻炼良好的意志品质,是排除和调节学习意志障碍的重要途径,其方法多种多样。心理学实验证明,人的意志行动可以通过条件学习来塑造。大学生根据自身意志特点,通过系统训练,完全可以增强意志品质,以积极意志取代消极意志,调节并排除学习意志障碍,以良好的意志品质投入学习生活。第一,认知调节法。调整认知,提高认识,明确意志品质在学习中的重要性。第二,信念激励法。将学习与新时代目标任务和中国梦有机结合起来,坚定理想信念,确立正确的价值观、人生观,不断激发学习热情,磨砺学习意志,深谙"宝剑锋从磨砺出,梅花香自苦寒来"之真谛。第三,受挫锤炼法。接受挫折训练,在"最近发展区"内精心设置"挫折"目标任务,让目标任务的实现必须要到山穷水尽之时、"弹尽粮绝"之际,在千锤百炼之后收获"柳暗花明"的成功喜悦,以此锤炼意志品质。第四,实践锻炼法。在社会公益服务、专业技术服务实践系列活动中彰显新时代大学生的风采,体现人生价值,增强成就感,涵养意志品质。

5)学习性格障碍

性格是指一个人对现实的稳定态度及其与之相应的习惯化的行为方式,是个性心理特征中的核心部分。根据知、情、意三者中何者占优势,可将性格分为理智型、情绪型和意志型三种类型。根据人的心理活动倾向于内部还是外部,可将其划分为内倾型和外倾型。根据个体独立性程度,可将性格分为独立型和顺从型。根据人的社会生活方式和价值观,可将性格划分为理论型、经济型、审美型、社会型、权力型、宗教型等类型。一个人对待学习的态度及其习惯化的行为方式反映其学习性格的状况,学习性格影响一个人的学习心理、学习活动及其成效。高等职业学校的大学生应该高度重视学习性格障碍(问题),并做好预防和调节工作。

表现形式。悲观型学习性格,对学习持悲观态度,总是认为学习是苦差事,不会有好的学习效果。拖沓型学习性格则不能按时参加学习活动,或者对学习任务拖拖拉拉、不能按时完成。功利型学习性格则是为了成绩分数、奖学金、声誉、同学认可、"好工作"等名利去学习,忽视或轻视内在精神养料的吸收补充与综合素质的涵养健全。退缩型学习性格则在学习过程中不能大胆参与展示、与同学老师互动协作,时常在自我封闭中学习,遇到学习困难就打"退堂鼓"。而"理想"型学习性格则过分高估自己的主客观学习条件,不切实际地超负荷学习运行,比如,有的青年大学生同时要准备职业资格证考试、套读本科或专升本考试培训,还有班上、学生会的干部工作和正常的学习任务,力图在有限时间把许多事情都做好做成功,到头来不堪重负就"出问题"了。

产生原因。性格主要是后天养成的,大学生在学习过程中表现出来的不良学习性格或学习性格障碍,其产生原因是多方面的。第一,跟家庭环境分不开。家长对人对事对学习的态度及其对子女学习引导的方式都无疑会影响孩子的学习性格。第二,跟过去所受教育不开。中小学时候学校及其教师对学生教育的理念、态度与方式无疑将影响其学习性格,比如,中学时候有的教师喜欢批评学生,这样的学生来到高校就可能表现出悲观的学习性格。第三,与同伴同学的影响分不开。同伴同学对待学习的态度与方式对学习性格的影响力相对较大,比如,若经常与功利心强、学习上喜欢投机取巧的同学往来,就容易产生退缩型的学习性格。

矫正措施。我们每一位大学生朋友都有责任对自身学习性格进行审视并矫正或健全。一是价值叩问法。通过对自己的价值观系统进行叩问审视与调整,确立起健康理性的价值观和人生观,以便用社会主义核心价值观统领积极良好的学习性格,去除学习性格中的消极元素。二是分析矫正法。对学习性格系统进行剖析,在承认其学习性格中优势元素的同时,客观地梳理出其中的消极元素,并对其危害予以深刻认识。三是自我教育法。没有自我教育就没有进步,也没有良好性格的养成。通过有针对性的自我教育改变认知、调整态度、优化行为方式,并不断巩固与坚持,学习性格中的积极特征就会越来越多。四是观察学习法。榜样的力量也是巨大的,通过接近具有正能量、有积极性格优势的青年,以之为榜样,通过观察学习让自己对待学习及其有关方面的态度和行为方式得到革新和优化,从而健全学习性格。五是行为塑造法。认知、态度、行为方式都属于性格结构系统,认知和态度影响行为方式,行为方式也可能对认知和态度有反作用。通过学习行为塑造可以改变对学习的认知和态度,进而达到学习性格矫正与健全的目的。比如,有拖沓不良学习习惯与性格的同学,可以根据强化理论精心设计一些矫正塑造的程式方法,不断训练,强化巩固,就会形成自动化的新的学习行为习惯,彻底取代以往拖沓的不良学习习惯。

(2)学习基础不足引起的学习心理障碍

文化基础、专业基础和专业技能等课程的学习产生及其目标任务的顺利完成,需要具备一定的知识技能、学习方法、学习能力、学习习惯等基础条件。有些大学生之所以会产生学习心理障碍问题,跟这些基础条件的缺乏是分不开的。

1)知识技能基础不足会引起学习心理障碍

高等职业学校的生源范围广泛,有的来自中等职业技术学校(简称"中职",包括:"中专""职高""技校"),有的来自普通高中学校(简称"普高"),有的是通过参加"单招"或"春招"考试来的,有的是通过普通高校招生考试来的,有的是通过"扩招"来的。不拘一格选人才,有其优越性。但是,不可否认的是,从中职考入高校的学生中,有一部分文化基础相对薄弱,而从普高考入高校的学生中,专业知识与技术基础相对薄弱。前者在学习"高等数学""大学英语"等文化课程中感到"吃力",后者在学习专业课程过程中感到困难。当这些学习上的困难得不到解决或感受到挫败、自我否定的时候,就会产生学习焦虑、抑郁、厌倦等学习心理障碍(问题)。

对于这种情况,采用认知疗法、行为疗法等方法技术及时排解是应该的,但是"解铃还须系铃人",学习必备的"知识技能基础不具备"这一问题还得解决。知识技能基础缺乏,一个重要的方面就是要找准"定位",通过分析查找明确支持新学习进行的知识技能基础联结点到底在哪里,然后有针对地补齐补足;再有,打消心理顾虑,不要怕丢面子,要勇于丢面子,这样才有勇气去强基础、补短板。否则,学习困难或许始终是个困难是个心结,因为修高楼如果没有修基础没有修"低楼层",高楼层永远也不可能修起来。

2)学习能力的准备不足会引起学习心理障碍

智商高且学习愿望强烈,但如果学习能力准备不足,也会影响学习的进行和效果,从而导致学习心理障碍的产生。所谓学习能力,是指成功完成学习活动的重要心理条件。大学生的潜在能力很大,但现实能力准备不足也容易导致学习心理障碍。例如,有些青年在现代化信息技术、文献资料获取、协作、分析归纳思维能力等方面准备不足,无法跟上教师的教学进度,无法完成学习任务,从而产生自我否定、焦虑、紧张等学习心理问题。

要克服这方面的学习心理障碍,最为重要的就是训练。知识或许可以在短期内"死记硬背",但能力必须与活动紧密结合。学习能力的训练和培养必须回归到学习活动中去。如果分析归纳等思维能力方面是短板,在学习活动中就需要有意识地加强这方面的培养和训练。例如,每上一次课,就要及时进行归纳总结,问自己这次课老师讲了哪几个方面的内容,突出了什么中心主题、结论是什么、收获又是什么,进行由局部向整体聚合的归纳思维活动;每当在学习新内容时,要对前面所学内容进行回顾,回顾的过程就是"放电影"的过程,把以往学的内容一幕幕在大脑中放出来,即围绕前面所学主题一部分一部分地逐渐展开,好比"庖丁解牛"一样,由整体到局部展开分析思维活动。长期这样训练,分析归纳思维能力就能得到提升。分析归纳思维能力不仅在学习中需要,未来职业活动的成功开展也离不开它。

3)学习习惯不良会引起学习心理障碍

"习惯决定性格,性格决定命运。"有的青年大学生因学习习惯不良产生学习心理障碍(问题),比如,引起人际关系冲突、丧失学习动机、烦恼自责、焦虑恐慌等。高等职业学校大学生中存在以下不良学习习惯表现:不带学习用具、上课喜欢坐靠后的座位、不预习不复习、不喜欢做书面作业、不喜欢合作学习、不喜欢独立思考学习问题等。这些不良学习习惯不仅不利于学习任务的完成,也存在与教师合理要求不相吻合的地方,影响师生关系或同学关系,还影响学习效果和积极学习心理状态的保持。

"江山易改,秉性难移",是因为性格或习惯一旦养成,就有一种相对稳定或自动化的特性。尽管如此，它也并非"坚如磐石"，仍有可塑性。对不良学习习惯的矫正可分三步走：第一步，"照镜子"，照出自己学习上及其有关方面存在的不良习惯，做到清晰而全面；第二步，立即行动，迟一天行动不良学习习惯就加固一天，所以要及时"刹车"立即行动起来；第三步，坚持坚持再坚持，不良学习习惯的纠正、良好学习习惯的养成，有一个长期反复的过程，否则它会反弹。

4)学习方法不当会引起学习心理障碍

最好的知识是有关方法的知识，最大的本事是学会学习。面对高校学习的特殊性，有的青年大学生没有合适的学习方法，导致学习受挫，产生学习心理障碍(问题)。第一，停留在中学时候"死记硬背"的老办法上。第二，联系实际学习不够，不利于学习内容的消化掌握。第三，没有根据学习课程或内容的不同调整学习方法。第四，没有尊重学习规律和自身实际采用科学合理的学习方法。学习方法多种多样，人不同、学习课程与内容不同，采用的学习方法也会有差异，但是一些基本的学习方法对提升学习质量、排解学习心理障碍也是有益的。

手脑并用法——手脑并用学习，形成手脑联盟，知行合一，能多通道捕捉、加工学习内容信息，行动和思维相互促进，注意力更集中，学习质量、效率更高。阅读体验法——阅读不仅能锻炼心肺功能，还能集中注意力，让我们享受读书声带来的兴奋与愉悦，同时也能培养开口讲话、发言的信心与能力。理实结合法——任何理论知识都离不开实践，任何专业技术都建立在一定的理论基础上，不管是专业课程还是文化课程的学习，都有必要结合实际学理论，结合理论学习技术。互助学习法——每一位青年大学生都是"一部书"，或许还是一部"长篇巨著"，因此有必要相互走近、关心、帮助对方，在帮助对方的过程中了解对方并得到对方的"回馈"，尽管帮助他人的出发点不是为了得到回报，但是常常会得到"回馈"，加之帮助他人的过程本身就是能力提升、品格升华的一个学习过程。问题学习法——聚焦问题展开学习，学习的针对性、方向性更强，学习动机更能触发、维持，更有助于整合学习内容、完成学习目标任务。专业服务法——总体来讲，(应用型)高等职业学校大学生的学习活动是围绕某一专业人才培养目标来设计展开的，最终要用所学专业技能本领为新时代新伟业作出贡献，在大学时期力所能及地用所学专业知识、专业技术为相应行业企业、乡村社区服务，能激发学习热情，体现专业学习价值，同时也能帮助自己发现新的学习领域。

（3）综合因素引起的学习心理障碍

事实上，学习心理障碍有时并非由单一因素引起，而是可能由多种因素交错叠加共同作用。例如，学习焦虑障碍、学习注意力障碍、抑郁、失眠等问题，往往不是单一因素引起，可能是由于学习基础差、学习方法不足、学习习惯不好、学习能力不足、对专业不感兴趣、自控力弱、经受不起外界诱惑等因素共同作用的结果。当然，也会存在个体差异，不同学生的学习心理障碍（问题）应具体情况具体分析，不能一概而论。高等职业学校的大学生具有极强的可塑性，有必要结合自己所在学校、所学专业、班级同学、自己身心条件与学习基础等多方面因素，综合分析、查找"症结"、坦然接受、科学应对，在预防干预中培养积极的学习心理品质。

四、成长训练

大学生要成为会学习的人，不仅要懂得学习理论知识、明白自身学习心理现状，而且更要将它们在具体的学习活动中落深、落实、落细，用科学学习理论武装学习头脑，始终保持积极学习状态，相信"为者常成，行者常至"。

◎训练一　创建自己的学习"永动机"

1.扫清学习障碍

在学习道路上，任何人都会遇到一定的障碍或困难。有学习障碍甚至失败并不可怕，关键是要敢于面对并努力清除这些障碍。学习障碍的范围较广，包括学习基础较差、学习方法落后、学习能力不足、学习环境不适应、缺乏学习兴趣、学习动机较弱、学习意志力薄弱、学习目的不明确等多方面。学习心理障碍也属于学习障碍的一种，例如缺乏学习兴趣、学习动机较弱、学习意志力薄弱或由这些因素引起的学习焦虑、学习倦怠等。对于应用型高等职业学校的大学生，要成为会学习的人，首先要找出自己存的学习障碍，并逐一清除。只有这样，才能更好地进行学习，取得更好的成果。

【扫一扫】与学习障碍说再见

在安静的环境中，请静下心来，设计一个表格清单（可参照如下表格），制作成卡片，仔细思考并搜索，将自己学习上存在的障碍或困难一个一个地写出来，并分析主要原因，然后拿出具体的清理办法。对于典型的学习障碍，有必要制订具体的清扫计划。为了清扫得更彻底，在首次清扫之后，有必要与周围的人交流分享清扫的心得，以便相互启发，完善清扫工作。

序号	学习障碍	产生原因	清扫的办法

2.明确学习的意义

在新时代,高等职业学校大学生迎来了大好的学习机会和发展机遇,前途可谓光明。为了抓住这些机会,不负青春,大学生朋友们需要明确学习意义。学习意义不明确是产生学习障碍的重要原因。不明确学习意义并非主观上不明确,更多可能是方法理念上存在问题,例如仅仅就学习本身来谈论学习。对于学习意义的明确与建构,不能仅从学习本身出发,而要跳出学习来看待学习,将大学时期的学习与自己整个一生的成长发展、对美好人生的追求、人生价值的实现紧密结合起来进行思考和洞见。时常问自己"要成为什么样的人""当前自己是什么样的人""怎样才能成为那样的人"这些问题,能让自己清醒地认识到"学习成长"是至关重要的制胜法宝,这样一来,自然会发现当前学习的意义何在。实际上,大学生朋友们都非常聪明伶俐,潜力无限。有些人在前进道路上产生学习障碍,就是因为没有真正明确自己的人生价值、人生意义,不清楚自己要书写什么样的人生篇章。如果一个人不清楚自己的人生意义与价值何在,不仅学习会偏离轨道、感觉无意义,就连生活、工作或其他事情也会失去意义。因此,大学生朋友们有必要重新审视自己的人生理想、人生价值、人生意义。

【问一问】明确学习意义

从幼儿园开始,大家通过学习逐步来到了高校。在过去的学习道路上,大家曾涉过无数险滩、攀过无数高峰。然而,有些大学生朋友在行走的过程中觉得学习生活无聊、枯燥且多余,似乎遇到了许多障碍,举步维艰。在这些时刻,不能面对学习障碍而"发呆""抱怨",或者听之任之。正确的做法是回溯反思、自我审视、并重新建构学习意义。请完成以下表格以重新建构学习意义。

学习阶段	当时的学习意义	学习意义评价	对大学学习意义的重新建构		
			关联维度	与学习的关系	重建学习意义
幼儿时期			择业就业		
小学时期			爱情择偶		
初中时期			孝老育子		
高中时期			贡献社会		
大学至今			幸福人生		

3.开足学习马力

考上大学并不是人生的终极目标,而是人生新的起点。在新的人生起点,要顺利开启新征程,必须创建自己的学习永动机。这不仅要求查找存在的学习障碍、明确学习意义,还必须在此基础上开足学习马力,勤学、恒学、乐学。同时,要用学习过程中的内在体验和学习结果的馈赠来强化学习动机,生发学习动力。

【激一激】生发持续的学习动力

激发并保持学习动力,开足学习马力,首先要查找影响良好学习动机的原因,然后从认知改变、兴趣培养、意志锻炼、学习分享等方面进行激发和保持。有内在动机激发和外在动机激发两大路径,持续学习动机的保持需要将学习的外在动机向内在动机转化。如果仅仅把学习建立在高分数、奖学金、"好工作"、高工资等外在渴求上面,学习动力难以维持,学习的"永动机"也难以建造。请完成下表并结合它展开动机激发(保持)训练。

没有适宜学习动机的原因	激发保持合适学习动机的办法	"动机激发"训练分享
1._____	1._____	_____
2._____	2._____	_____
3._____	3._____	_____
4._____	4._____	_____
5._____	5._____	_____
6._____	6._____	_____

◎训练二　努力成为学会学习的人

1.学会全面学习

在新时代的新征程中,面对知识化、信息化、智能化带来的各种挑战,大学生唯有掌握学会学习这一"秘密武器",才能以不变应万变。国际21世纪教育委员会在《学习——内在的财富》报告中指出,终身学习是21世纪每个人的通行证,它要通过学会求知、学会做事、学会共处、学会做人"四个学会"来实现。

教育最主要的目的不是教你挣得面包,而是使每一口面包更香甜。——安吉尔

154

高等职业学校的大学生要成为学会学习的人,首先要转变学习理念,确立全面学习的思想观念,走出重专业技术轻文化知识、重知识积累轻思想素质的歧途。

【转一转】变革学习视野——确立全面学习理念

读大学不仅仅是阅读有限的"课本",更不是仅仅局限于阅读有限的专业技能"课本",而是在学习内容、学习空间、学习时间、学习方法、学习目标等方面都有一个全新的认识和变革。在知识内容上,它体现了"求知"(专业理论知识、文化基础知识、法规思政、身心健康)的全面性;在综合能力上,它体现了"做事"(自我保护能力、生活自理能力、专业技能本领、社会实践能力)的全面性;在环境适应上,它体现了"共处"(会调整、会沟通、会分享、会理解)的全面性;在人品修养上,它体现了"做人"(有家国情怀、有责任担当、有尊老爱幼、有明理诚信)的全面性。全面学习理念的培养和确立是学会学习的重要内容,需要在学习的内容、空间、时间、方法、目标等方面进行全面的剖析和思考。

全面学习理念确立维度	自我剖析查找盲区	自我革命转变学习理念
学习内容范围		
学习空间路径		
学习方式方法		
学习时间时长		
学习目的目标		

2.学会时间管理

时间是人生的一把衡量器,是宝贵的学习资源。大学生要不负韶华,很重要的一条就是要有效利用大学黄金般的时光,科学管理好时间,把好钢用在刀刃上。

【用一用】使用指南针——通过计划管理时间

学习生活计划是时间管理的指南针,编制学习生活计划并用其指引安排好每天的学习生活是管理时间的一种方式。在编制学习生活计划时,需要综合考虑学校专业培养方案及教学工作安排、课程特点、自身学习特点和生物钟等因素,并留出适当的弹性空间。例如,计划中应该包括充足的睡眠休息时间,不能让学习挤占休息时间。通常每天应保证大约8小时(晚上11点到次日早上7点)的睡眠时间,因为睡眠有消除身体疲劳、提高免疫力、恢复正常生理机能、适时补充营养能量、维持机体内环境稳定等方面功能,为高质量学习准备良好身心条件不可或缺的一种生命活动。请大家结合自己的情况,完成以下表格,以早上起床时间为时间段起点,对连续24小时进行时间段划分安排,编制成卡片随身携带。

时间段	计划学习生活事项	执行完成情况	执行问题成因	巩固或改进

【聚一聚】聚沙成塔——不浪费每一分钟

时间对于每个人来说都是公平的,每分钟都是60秒,但是不同的人在这60秒内所创造的价值可能完全不同。时间是一只永远飞翔的鸟(英国剧作家,罗伯逊),绝不会停下来等待懒惰的人。我们唯一要做的就是与之"同向同频",充分利用每一分每一秒,而不是将其用于无益甚至是有害的事情。为此,可以进行时间有效利用价值检视,通过检视来了解自己时间利用的质量,从而确保时间不被浪费。在检视和整改时,可以结合前述"计划卡"进行。

星期	不该做的事	分析致因	"刹车"整改举措	浪费时间
一				
二				
三				
四				
五				
六				
日				
周总结				

说明:不该做的事指没按计划卡执行、无益且有害、安排不当等方面的事情;无所事事消磨的时间计入对应的浪费时长。

3.学会习惯养成

会学习的人,很大程度上是有良好学习习惯的人。"习惯是不假思索就做出的行为?"[1]"习惯是指不需要意志努力就会自动完成的行为方式?"[2],它有自动

---

①佐佐木典士.如何养成好习惯[M].金磊,译.北京:中国友谊出版公司,2019:49.
②施良方.学习论[M].2版.北京:人民教育出版社,2001:28.

化的行为倾向或力量，让人重复以前的行为。成人早上起床上厕所、洗脸、刷牙、系鞋带感到很轻松，绝不会为挤牙膏挤多挤少、刷牙时先刷左边还是右边这些事情烦恼，因为这些行为对成人来讲已经成了"习惯"，基本上不受意识支配、不需作出多大意志努力就能自动化完成，也就很轻松。对于小朋友来讲，早上起床及其刷牙、系鞋带等系列行为就需要他们在意识支配下，并且要作出意志努力才能完成。不过，日复一日、年复一年，小朋友也就不会为这些事情烦恼了，因为他们在长时期的意识支配、意志努力下不断重复这些生活行为，也形成了习惯。习惯有好有坏，好习惯让人在轻松愉悦中学习生活，坏习惯将让人在远离安全健康的轨道越走越远，良好学习习惯是大学生学会学习、健康成长全面发展不可或缺的前提。

【纠一纠】彻底纠正不良的学习习惯

良好的学习习惯的养成需要先戒掉不良学习习惯或影响学习的不良习惯。不良习惯可能会让人暂时感觉舒服，但这种暂时的"舒服"会不断降低人的免疫力，侵蚀着人的身体和心灵世界。例如，有些年轻人痴迷于网络游戏，这种"痴迷"行为就是一种习惯，每次在游戏时都会感到很开心，但这种"开心"对整个人生来说是短暂的，因为沉迷游戏不仅浪费了学习时间，还会侵蚀年轻人的身心，最终导致更多的精神空虚、人生迷茫……

不良习惯行为	起始时间	严重程度	产生原因	不良影响	纠正举措

【练一练】反复练习成习惯

亚里士多德曾经说过，我们每一个人都是由自己一再重复的行为所铸造，因而优秀不是一种行为，而是一种习惯。"优秀"一旦成为一种习惯，就有自发性、自觉性、自动性。高等（应用型）职业学校的大学生要让自己变得优秀，要清楚习惯养成的"21天法则"：一个好习惯的养成需要通过21天的正确重复使用，因为大脑构筑一条新的神经通道需要21天时间，人的行为暗示经21天以上的重复，会形成习惯，而90天以上的重复，会形成稳定的习惯。习惯的形成大致分三个阶段：

第一阶段:1~7天,这个阶段需要不时提醒自己注意改变,并刻意要求自己。因为一旦不留意,坏情绪、毛病就会浮出水面,让干扰占据优势而让你回到从前的状态。在提醒、要求自己的同时,可能会感到很不自然、很不舒服,不过,这种"不自然、不舒服"是新习惯养成过程中的正常现象。第二阶段:7~21天,经过7天的刻意要求,你应该已经感到比较自然、舒服了,但仍不可大意,一不留神,坏情绪、毛病还会出现,让你回到从前。所以,仍要刻意提醒自己、要求自己。第三阶段:21~90天,这一阶段是习惯的稳定期,它会使新习惯成为你生命的一部分。在这个阶段,你可以不必刻意要求自己,因为它已经像你抬手看表一样的自然了。

习惯会影响人的潜意识,习惯养成即成"自然",体现一种自动化的力量,让你在轻松自在中去做事。良好习惯的养成需要不断重复练习,重复坚持越久就越牢固。请结合下表就学习习惯养成训练情况进行交流分享。

序号	训练内容	训练情况及成因	训练体会	巩固举措
1	课堂上主动发1次言			
2	写一则心理日记(不限字数)			
3	与同学、教师主动交流学习1次			
4	了解1位成功人士的成长经历			
5	提1个跟所学专业有关的问题			
6	能张嘴说1句英语口语			
7	晚上对当天的学习生活总结1次			
8	预习复习1次			
...				
n				

五、助人自助

请认真阅读以下的案例材料,并结合小慧的实际,帮助她渡过难关,回归集体,快乐地学习生活。

小慧(化名),女,毕业于普通高中,被某高等职业学校录取。由于这不是她理想中的大学,她在犹豫不决之际经过激烈的思想斗争,最终决定前往高等职业学校报到入学。

尽管小慧觉得自己高考失败了,来到高等职业学校之后,她的雄心壮志仍然不减。她参加了班上的班干部竞选,原本以为自己能稳操胜券,但最终未能成功。对此,小慧内心感到很难受,觉得自己无法面对班上的同学,因为她的内心暴露无遗,想要"出人头地",但最终却是一场空。从此,她开始远离班上的同学,独来独往;她下定决心要好好学习,并用成绩来说话。然而,在"潜心"学习的过程中,默默无闻的小慧并没有感到内心充实。面对室友们的谈天说地、网上冲浪或"躺平内卷",她心中有一种莫名的感觉。大一上期很快结束了,各科成绩中等左右,对此,小慧有些失落,但并未完全气馁,她像往常一样开启了大一下期的学习生活。

小慧内心感到孤独寂寞,有时会通过玩游戏、网上交友聊天来填补自己的内心世界。后来,一位来自异地的网友走进了她的内心,她觉得这位网友很理解她,也很喜欢她。网上认识一个月后,她与这位男网友线下见了面。从此,她步入了"爱河",很多时间都花在"谈情说爱"上,似乎离不开这位男网友。在她心目中,这位男网友既是她的依赖也是她的依靠。很快,时间就转到了大一下学期期末。刚放暑假回到家里,她做的第一件事情就是查期末成绩。既在意料中又在意料外的事情发生了:她发现有三门课程没及格。让小慧更没想到的是,原来她心目中的所谓人生"依靠"是个"瘾君子",不仅吸毒,还有过婚史。小慧在郁郁寡欢中熬过了暑假,步履沉重地来到学校开始了大二上期新的学习生活。小慧感到前途渺茫、前路漫漫。

六、体验升华

成业(化名)曾经是高等职业学校一名大学生,现在是某高校研究生。他用实际行动书写了独特的学习成长篇章。请阅读其有关学习成长方面的材料,将其与自身实际结合起来深入思考,并问自己得出哪些有助于更好学习成长的感悟。

七、拓展训练

1.小组交流探讨:高等职业学校大学生学习动机问题的现状、成因及其解决办法。

2.行动计划的编制:编制一份提高学习意志力的行动计划,并对其可行性、有效性进行评估。

扫一扫

练习巩固

学习心得

成长关照篇：学会自我照顾

你应庆幸自己是世上独一无二的，应该把自己的禀赋发挥出来。经验、环境和遗传造就了你的形象，无论是好是坏，你都得耕耘自己的园地；无论是好是坏，你都得弹奏生命中的琴弦。

新时代的大学生如果能够全面、正确地看待自己，处理好自我内心的矛盾，激发自身潜能，那么他的人生将拥有绝对的优势，他也会毫无疑问地成为生活中的赢家。对自我的探索是每个人一生的必修课，要想做得更好，必须及早开始。

知人者智，自知者明。胜人者有力，自胜者强。——老子

成长模块三　心理健康与积极自我

扫一扫

数字资源集合3

没有心理健康，就没有真正的人生幸福。心理健康是人生美好、建功立业的基础。新时代大学生在所学专业技术领域探索未知攻坚克难、成长为高素质应用型（技术技能）人才的过程就是一个不断开发身心潜能、挖掘自身优势特质、以积极因素取代消极因素、培养积极自我的过程。"心理健康与积极自我"成长模块，将带领大家认识自我、悦纳自我，了解如何面对自卑、自负心理，培养自信心，如何努力实现自控、自立和自我规划，如何尝试自我超越，希望能给同学们在自我成长之路上提供一些有益的启发和帮助。

生命的长短用时间计算，人生的价值用贡献计算。——裴多菲

单元一　自我意识培养　做自尊自信的大学生

学 习 目 标

知识目标

1. 理解自我意识的概念。
2. 了解高职生自我意识的发展特点。

技能目标

1. 学会用变化和发展的眼光看待自我。
2. 掌握健全自我意识、正确认识自我的基本方法。

思政目标

1. 会用辩证的方法看待成功和失败。
2. 发掘自身的优点，树立真实可靠的自信。

"认识你自己。"这句镌刻在古希腊德尔斐城神庙里唯一的碑铭，犹如千年不熄的火炬，表达了人类与生俱来的内在要求和至高无上的思考命题。尼采也曾说，聪明的人只要能认识自己，便什么也不会失去。为什么认识自我对一个人有如此重大的意义呢？自我意识是人类特有的反映形式，在个体发展中有十分重要的作用。首先，自我意识是认识外界客观事物的条件。一个人如果还不知道自己，也无法把自己与周围相区别时，他就不可能认识外界客观事物。其次，自我意识是人的自觉性、自控力的前提，对自我教育有推动作用。人只有意识到自己是谁，应该做什么的时候，才会自觉自律地去行动。一个人意识到自己的长处和不足，就有助于他发扬优点，克服缺点，取得自我教育积极的效果。第三，自我意识是改造自身主观因素的途径，它使人能不断地自我监督、自我修养、自我完善。可见，自我意识影响着人的道德判断和个性的形成，尤其对个性倾向性的形成更为重要。

一、案例启思

爱因斯坦小时候和其他小朋友一样贪玩，他的母亲为此十分担忧，可是他对母亲的话又不太在意。直到后来，他父亲讲的一个故事改变了他。故事的基本情节是这样的：爱因斯坦的父亲和邻居家的杰克大叔要一同完成清扫工厂大烟囱的任务，清扫任务的完成很艰巨。首先二人要踩着烟囱里面的钢筋踏梯才能上得去，他们在沿踏梯上行过程中，杰克大叔在他父亲前面，二人小心翼翼抓着扶手一步一步地往上爬。从踏梯顶部开始下行的时候，杰克大叔仍然走在前面，他父亲跟在后面。最终二人安全地从烟囱中出来了。出来后，爱因斯坦父亲发现杰克大叔后背、脸上到处都沾满了烟灰，黑黑的，而他父亲身上却很少有烟灰，干干净净的。不过，最初，爱因斯坦父亲却以为自己肯定也和杰克大叔一样黑乎乎的；而杰克大叔又以为自己像他父亲一样身上干干净净的，从烟囱出来也就仅仅简单地洗洗手就朝街上放心走去了，结果路人还误认为杰克大叔是"疯子"。

* 本案例对你有什么启示？

* 大学生要"知己"如何正确对待"以人为镜"的问题？

二、自我评估

下面自我和谐量表sccs，一共有35个条目内容，是一些个人对自己看法的陈述。填答时，请您看清每句话的意思，然后圈选一个数字（1代表该句话完全不符合您的情况、2代表比较不符合您的情况、3代表不确定、4代表比较符合您的情况、5代表完全符合您的情况）以代表该句话与您现在对自己的看法相符合的程度。每个人对自己的看法都有其独特性，因此答案是没有对错的，您只要如实回答就行了。

条目内容	完全不符合	比较不符合	不确定	比较符合	完全符合
1.我周围的人往往觉得我对自己的看法有些矛盾。	1	2	3	4	5
2.有时我会对自己在某方面的表现不满意。	1	2	3	4	5
3.每当遇到困难时,我总是首先分析造成困难的原因。	1	2	3	4	5
4.我很难恰当表述我对别人的情感反应。	1	2	3	4	5
5.我对很多事情都有自己的观点,但我并不要求别人与我一样。	1	2	3	4	5
6.我一旦形成对事物的看法,就不会再改变。	1	2	3	4	5
7.我经常对自己的行为不满。	1	2	3	4	5
8.尽管有些事情使得我必须做一些不愿意做的事,但我基本上是按自己意愿办事的。	1	2	3	4	5
9.一件事要么好,要么不好,没有什么可含糊的。	1	2	3	4	5
10.如果我在某件事上不太顺利,我就往往会怀疑自己的能力。	1	2	3	4	5
11.我至少有几个知心朋友。	1	2	3	4	5
12.我觉得我所做的很多事情都是不该做的。	1	2	3	4	5
13.不论别人怎么说,我的观点绝不改变。	1	2	3	4	5
14.别人常常会误解我对他们的好意。	1	2	3	4	5
15.很多情况下,我不得不对自己的能力表示怀疑。	1	2	3	4	5
16.我的一些朋友与我完全不同,但这并不影响我们的关系。	1	2	3	4	5
17.与朋友交往过多容易暴露自己的隐私。	1	2	3	4	5
18.我很了解自己对周围人的情感。	1	2	3	4	5
19.我觉得自己目前的处境与我的要求相距太远。	1	2	3	4	5
20.我很少去想自己所做的事是否应该。	1	2	3	4	5
21.我所遇到的很多问题都无法自己解决。	1	2	3	4	5
22.我很清楚自己是什么样的人。	1	2	3	4	5
23.我很能自如地表达我所要表达的意思。	1	2	3	4	5
24.如果有足够的证据,我也可以改变自己的观点。	1	2	3	4	5
25.我很少考虑自己是一个什么样的人。	1	2	3	4	5
26.把心里话告诉别人,不仅得不到帮助,还可能招致麻烦。	1	2	3	4	5
27.在遇到问题时,我总觉得别人都离我很远。	1	2	3	4	5
28.我觉得很难发挥出自己应有的水平。	1	2	3	4	5
29.我很担心自己的所作所为会引起别人的误解。	1	2	3	4	5
30.如果我发现自己某些方面表现不佳,我总是希望尽快弥补。	1	2	3	4	5
31.每个人都在忙自己的事,很难与他们沟通。	1	2	3	4	5
32.我认为,能力再强的人也可能遇上难题。	1	2	3	4	5

续表

条目内容	完全 不符合	比较 不符合	不 确定	比较 符合	完全 符合
33.我经常感到自己是孤独无援的。	1	2	3	4	5
34.一旦遇到麻烦,无论怎样做都无济于事。	1	2	3	4	5
35.我总能清楚地了解自己的感受。	1	2	3	4	5

计分方法及结果解释:各分量表的得分为其所包含的项目分直接相加。三个分量表包含的项目及题号如下表所示:

	包含题目	大学生常模	自测分数
自我与经验 的不和谐	1、4、7、10、12、14、15、17、19、21、23、27、28、29、31、33共16项	46.13±10.01	
自我的灵活性	2、3、5、8、11、16、18、22、24、30、32、35共12项。	45.44±7.44	
自我的刻板性	6、9、13、20、25、26、34共7项。	18.12±5.09	

"自我与经验的不和谐"反映的是自我与经验之间的关系,包含对能力和情感的自我评价,自我一致性、无助感等。它所产生的症状更多地反映了对经验的不合理期望;"自我的灵活性"与敌对与恐怖的相关显著,可以预示自我概念的刻板和僵化。"自我的刻板性"不仅同质性信度较低,而且与偏执有显著相关,但使用仍然在探索中。此外还可以计算总分,方法是将"自我的灵活性"反向计分,再与其他两个分量表得分相加。得分越高,自我和谐程度越高。大学生中,低于74分为低分组,75~102分为中间组,103分以上为高分组。(本量表源自张黎逸《放飞心灵——大学生心理健康教育》)

评估结论是:＿＿＿＿＿＿＿＿＿＿＿＿＿＿＿＿＿＿＿＿＿＿＿

＿＿＿＿＿＿＿＿＿＿＿＿＿＿＿＿＿＿＿＿＿＿＿＿＿＿＿＿＿＿＿＿

三、知识滋养[①]

(一)对自我意识的理解

1.自我意识的概念

(1)意识

意识有狭义和广义之分。从广义层面来讲,意识是指大脑对客观世界的反映,是赋予现实的心理现象的总体、个人直接经验的主观现象,表现为知、情、意

---

①丁志强.大学生心理健康成长导航[M].成都:西南交通大学出版社,2017:225-226.

三者的统一。从狭义层面理解,意识是指人们对外界和自身的觉察与关注程度。现代心理学中对意识的论述则主要指狭义的意识概念。

（2）自我

从自我内容的角度讲,自我包括生理自我、社会自我和心理自我三种成分。生理自我是指个体对自己身体、生理方面状况的意识,比如个体的性别、容貌、体能素质、年龄、高矮胖瘦等生理方面情况。社会自我指个体在人们心目中的地位分量、人际关系状况、角色身份等方面的意识。心理自我指个体对自己的心理活动过程、个性心理特征（能力、气质、性格）和个性倾向性（需要、动机、兴趣爱好、理想信念、价值观等）的意识。

（3）自我意识

自我意识是以"自我"作为对象的意识,是意识的核心部分。它指人对自己以及自己和周围环境关系的一种全面觉察,是人的意识发展的高级阶段。自我意识是个体在社会化过程中逐渐形成发展起来的多维度、多层次的复杂心理现象。

2.自我意识的结构

从自我意识的结构视角看,自我意识由自我认识、自我体验和自我控制三种心理成分构成。

（1）自我认识

自我认识是指个体对自己各种身心状况的认识。自我认识要回答的问题是:"我是一个什么样的人"和"我为什么是这样一个人"。自我认识中包含自我观察（将自己的心理活动作为观察对象）、自我分析（对观察到的情况进行分析以形成对自己的态度）和自我评价（对自身情况的整体评判）。

（2）自我体验

自我体验反映的是自我意识在情感上的表现,是指一个人在自我认识基础上产生的对自己的情感体验。自我体验要回答的问题是"我是否满意自己""我是否能接受自己""我是否在某方面看不起自己",主要表现为自尊感和自信感。自尊感,也称为自尊心。当社会评价满足个人自尊需要时,就产生自尊感,它会促使自己更加奋发向上,追求并实现更高的社会期望。自信感（自信心）是对自己的能力是否适合所承担的任务而产生的自我体验,与自我评价紧密相关。自我评价过低会产生自卑感,自我评价过高会导致自高自大,对个性的发展都极为不利。

（3）自我控制

自我控制是指克服外界诱惑因素的影响，围绕自己"想成为什么样的人"这一方向去主动支配与调控自己的心理行为，通过意志行动坚持去做有助于自己身心健康成长和综合素质提升的事情，不断远离消极影响因素或不良习惯或一些与理想目标实现背道而驰的事情。自立、自强、自主、自制、自律、自我监督等属于自我控制的范畴，它要解决的问题有"我怎样调控自己""如何使自己成为想成为的那种人"等问题。自我控制是自我意识的意志成分，主要表现为个人对自己的行为与态度的调控。

（二）健全自我意识的方略

1.明确自我意识健全的标志

自我意识健全的人能正确评价自我和发展自我，有自知之明，既知道自己的优势又知道自己劣势；其自我认识、自我体验与自我控制协调一致；他们是积极自我肯定、独立并与外界保持协调一致的人；他们拥有理想自我和现实自我统一的人格；他们有积极的目标意识和内省意识、积极进取和永无止境。

2.明确自我意识发展特点[①]

高等职业学校的大学生自我意识发展日趋成熟，对自我身心的全面觉察变得越来越客观理性，但是不同程度地存在以下特点。

（1）自我意识冲突

大学生从青春期开始，自我意识不断觉醒并逐渐成熟。自我意识从原来的"统一体"分裂为两个部分："主体我"（理想自我）和"客观我"（现实自我）。自我意识的分化不可避免地带来发展中的自我冲突。

①理想自我与现实自我的冲突。高等职业学校的大学生对未来充满美好的向往与信心，成就自我彰显人生价值的欲望相对强烈，但是由于社会阅历不丰富、生活轨迹较为单一，对自我、人生和世界的认识深度和广度不够，更多停留在直线思维和理想化层面，因此理想自我与现实自我之间不可避免地出现差距与冲突。

②独立与依附的冲突。高等职业学校的大学生独立意识不断增强，不仅希望自己独立成长，也希望自己在经济、生活安排等方面独立自主，不再依赖成年

---

①马国亮,赵建平,谢晓娜.新编大学生心理健康教程:开启心灵之旅[M].北京:中国原子能出版社,2020:48-55.

人生活,不再受成年人"操控",更多希望"我的人生我做主"。但是,在现实面前,独立的意向与意识又不能转化为现实,对家长或有关成年人的依附也在所难免,对独立的向往与现实依附的冲突难免、自我意识中的独立意向与依附心理之间的冲突不可能完全避免。当然,这种冲突中的依附也不排除自我意识中的意志成分相对薄弱。

（2）自我意识的两极性

高等职业学校的大学生存在不同程度的自我意识两极性。一种情况是自负,把自己看得过高,高估自己,真实的自我没有心目中的"自我"完美;另一种情况是低估自己,过低地自我评价,心目中的"自我"低于真实的"自我"。这两种极端都不是好现象,前者容易导致过分自负,后者容易导致过分自卑。都不利于自我意识的健全发展,甚至会因此而产生一些心理问题。

（3）自我意识的整合

高等职业学校的大学生经历了自我意识的分化、冲突、两极化等过程的发展,然后朝着整合统一的方向去发展,以实现自我同一性,实现理想自我与现实自我、主体我与客观我、自我认识与自我体验以及自我监督与控制的和谐统一。自我意识的矛盾与冲突中,大学生在不断探索自我,寻找相应的解决办法,在调整改造、更好发展中不断审视自我、完善自我,健全自我意识,朝着理想目标前进。与此同时,自我同一性得到建立,自我意识得到健全发展,人格得到塑造改良。

3.健全自我完善自我的三个阶段

（1）自我挑战

"明知山有虎,偏向虎山行"体现了一种积极进取的无畏精神,也是一种自我挑战的精神。这种自我挑战就是敢于向自己的缺点、困难进击,在缺点、困难乃至艰险面前不退缩、不恐惧、不懈怠,而是信心百倍、豪情满怀地向前进。通过这种方式,我们可以让自己成为自己真正的主人,在克服自己的缺点、弱点的过程中让自己变得更优秀,享受成功的体验与喜悦。

（2）自我激励

挑战自我并不是一帆风顺的,在这过程中会遇到许多困难和挫折,因此为了成功挑战自我,我们就要加强自我激励,自己给自己力量。即使自己取得了一丁点成绩与进步,也要心中对自己说"我能行""只要坚持定会变得更优秀"。在自我激励的过程中,个体能不断产生"内驱力",开启挑战自我更艰巨的行动,也才能更好地顺势而为、择时而行、择事而动,克服畏首畏尾、裹足不前的境况。总之,自我激励是对个体在任何情况下都严于律己和激励自己、以不屈不挠的意志追逐自己理想自我健全完善的过程。

（3）自我管理

在这个世界上,父母不能呵护我们一生,朋友不能守护我们一生,我们唯一可以依靠的就是我们自己:一个不断成长的自己。我们要当好自己的依靠,成为自己真正的主人,就要加强自我管理、自我约束。要管理好自己作为新时代大学生的良好形象、给人青春活力、昂扬向上的良好印象;管理好自己的心理情绪,尽可能保持良好情绪状态,不因个人好恶而喜怒无常;管理好自己的时间,时间是最宝贵、最公平的资源,通过有效管理让时间更好地发光发热;管理好自己的人际关系;管理好自己的有限的生活资源。

4.健全自我意识的措施方略

（1）自我评价的方法要多样化

自我评价的方法需要多样化。既要进行"自评",还需要"他评",也就是听取他人对自己的评价,这样能让自己更清晰地认识自己。既要进行历史性评价,也要进行历史性评价。历史性评价能让自己在回顾以往成长经历中更清楚地了解现在自己,感受到自己当下的来之不易,从而更加珍惜当下。发展性评价让自己用发展的眼光来认识自己、评价自己,让自己明白尽管现在自己是一名大学生甚至是专科生,但是这不代表今后就没有作为,只要不断拼搏、积极进取,自己会变得越来越优秀,完全有机会有条件成为经济社会高质量发展所欢迎的人才。在这一多元评价的过程中,有助于我们更全面客观地认识自己,更好地接纳自己,更有信心和勇气让自己得以完善、成就美好的未来。

（2）自我评价的工作要持续

我们每一位大学生朋友都处于不断发展变化之中。今天的"我"不是昨天的"我",昨天的"我"不是今天的"我","我"永远处于变化之中。既然如此,我们对自己评价的工作就要持续推进,不能止步。如果今天大脑中的"我"仍是昨天自己对自己进行评价之后得到的"我",那么,今天大脑中的"我"就跟今天客观存在的真实的"我"不一致……这样就会让自己远离真实的自己而迷失自我和方向。因此,要健全自我意识,需要持续不断推进自我评价工作。

（3）自我评价的心态要正确

自我评价是为了发现自己的优点与潜力,同时也发现暂时存在的不足。发现优点是为了继续发扬,发现缺点是为了改进和更好地完善自我,健全自我。但是,有些青年大学生每当他人指出其缺点时,心里就不高兴;每当发现自己缺点的时候也不能接受。这些情况都不利于自我意识的健全发展。实际上,我们每个人既要看见自己的优点,也不回避自己的缺点;既不回避自己的缺点,也不否认自己的优点。高等职业学校有的大学生聚焦在自己的不足和缺点上面,看不见自己的优点;有个别的大学生呢,只要取得了一点点的成绩,就沾沾自喜、自高自大,看不见自己的缺点。大学生朋友要健全自我意识,在认识自我、评价自我的过程中要有一种良好的心态,不以物喜,不以己悲。悦纳自我、心态良好,是改进不足、完善自我的先决条件。

四、成长训练

◎ 训练一　20个"我是谁"

目的:强化自我认识,促进自我悦纳。

任务:写出20个"我是怎样的人"词语,要求尽量选择一些能反映个人风格的词语。

提示:将陈述的20项内容作以下归类:

A.身体状况(年龄、身高、体形、是否健康等)

B.情绪状况(较为稳定的情绪,如乐观开朗、烦恼沮丧等)

C.才智状况(聪明、灵活、迟钝、能干等)

D.社会关系(与他人的关系、较稳定的态度与原则等,如乐于助人、爱交朋友的、坦诚的、孤独的等)

E.其他

评估:

1.在你列出的每个词的后面加上正号(+)或者负号(−)。正号表示你对自己有肯定满意的态度,负号则相反。看看正号和负号各有多少,表明你对自己的陈述是积极的还是消极的。

2.如果你的正号数量大于负号数量,说明你的自我接纳状况良好。相反,你的自信程度较低。

3.看看各部分词语的多少,说明你的关注度和了解情况不一样。

4.需要寻找原因,比如是否过低评价自己,是什么原因导致的,有没有改善的可能。

行动:

我们每个人都有不同程度的自卑感,因为我们都发现自己所处的地位是我们希望加以改进的。——A.阿德勒

1.我是＿＿＿＿＿＿＿；　　　　2.我是＿＿＿＿＿＿＿；

3.我是＿＿＿＿＿＿＿；　　　　4.我是＿＿＿＿＿＿＿；

5.我是＿＿＿＿＿＿＿；　　　　6.我是＿＿＿＿＿＿＿；

7.我是＿＿＿＿＿＿＿；　　　　8.我是＿＿＿＿＿＿＿；

9.我是＿＿＿＿＿＿＿；　　　　10.我是＿＿＿＿＿＿＿；

11.我是＿＿＿＿＿＿＿；　　　12.我是＿＿＿＿＿＿＿；

13.我是＿＿＿＿＿＿＿；　　　14.我是＿＿＿＿＿＿＿；

15.我是＿＿＿＿＿＿＿；　　　16.我是＿＿＿＿＿＿＿；

17.我是＿＿＿＿＿＿＿；　　　18.我是＿＿＿＿＿＿＿；

19.我是＿＿＿＿＿＿＿；　　　20.我是＿＿＿＿＿＿＿。

◎训练二　自我欣赏训练

通过自我欣赏和聆听他人的自我欣赏,发现自身与他人的优点,增强自信和对人的信任。每位同学按下表写出未完成的语句。

1.我最欣赏自己的外表是＿＿＿＿＿＿＿＿＿＿＿＿＿＿＿＿＿＿＿＿＿＿

2.我最欣赏自己对朋友的态度是＿＿＿＿＿＿＿＿＿＿＿＿＿＿＿＿＿＿＿＿

3.我最欣赏自己对学习的态度是＿＿＿＿＿＿＿＿＿＿＿＿＿＿＿＿＿＿＿＿

4.我最欣赏自己的一次成功是＿＿＿＿＿＿＿＿＿＿＿＿＿＿＿＿＿＿＿＿＿

5.我最欣赏自己的性格是＿＿＿＿＿＿＿＿＿＿＿＿＿＿＿＿＿＿＿＿＿＿＿

6.我最欣赏自己对家人的态度是＿＿＿＿＿＿＿＿＿＿＿＿＿＿＿＿＿＿＿＿

7.我最欣赏自己做事的态度是＿＿＿＿＿＿＿＿＿＿＿＿＿＿＿＿＿＿＿＿＿

8.我最欣赏自己的能力是＿＿＿＿＿＿＿＿＿＿＿＿＿＿＿＿＿＿＿＿＿＿＿

9.我最欣赏自己的意志品质是＿＿＿＿＿＿＿＿＿＿＿＿＿＿＿＿＿＿＿＿＿

五、助人自助

请阅读以下关于"狗鱼综合征"的实验材料。然后回顾你所认识的同学或亲朋好友中是否有"狗鱼综合征"的现象,并找到具体案例,然后设法帮助他们摆脱"狗鱼综合征",以增强他们克服困难的信心、勇气和自我效能感,促进其心理健康和全面发展。

要获得积极的情绪体验,就要识别自己的非理性思维,确定通过自身努力可以实现的适当目标。在现实生活中,我们既要心动也要行动,发展自己的意志力和耐力,增强自我控制的主动性、自觉性和对挫折的承受力,不断朝着奋斗目标前进。很多年前,有人进行了一项影响深远的科学实验。在这项实验中,科学家们将一条巨大的北美狗鱼放入水箱中,并让它捕食小鱼。摄像机连续数日记录狗鱼的活动。

过了一段时间,科学家们改变了条件,在大狗鱼和小鱼之间安放了一道玻璃挡板。狗鱼每次想吃小鱼的时候,都会受到玻璃挡板的阻挡。不断的失败、撞上玻璃带来的疼痛、未能吃到小鱼的无奈,让狗鱼放弃了捕食挡板一边的小鱼的尝试。当科学家们确定狗鱼非常饥饿的时候,他们取走了玻璃挡板,让小鱼在水箱中随处游动。饥肠辘辘、体型大得多的狗鱼完全可以将它们当成美餐。

但是,让大家感到惊奇的是,狗鱼并没有做出任何捕食小鱼的举动。狗鱼在水箱中游动,水箱中到处是美食,而且它已经处于饥饿难耐的状态。它竟然不吃这些小鱼。有了那么多次痛苦和失败的捕食经历后,狗鱼显然已经相信:它不应再做任何努力了。狗鱼死掉了,在到处是食物的水箱中饿死了!

六、体验升华

请阅读"亨利效应"材料和"一位女歌唱家成名的启示"材料,结合自身的实际,进行内省体验,感悟升华。

(1)自我意识对心理健康具有影响,是反映心理健康的重要指标。成熟的自我意识和健康的自我形象是良好心理素质的重要标志。人的自我认识、自我评价以及自我调控能力如何,直接影响到其社会适应、身心健康以及发展成才。

(2)在现实生活中,每个人都有他人所不知道的问题和弱点,即使最自信的人也有感到不安全的方面。不要将自己的短处与他人的长处比较,也不要给自己贴上消极的标签,例如"我笨""我无能"。记住,你是独一无二的,欣赏这种独特之处,学会欣赏这种差别。

七、拓展训练

1.小组交流探讨:健康的自我意识对个体健康成长有何重要意义?

2.小组分享:健全自我意识对社会发展有何促进作用?

学习心得

单元二　自我人格健全　做幸福生活的进取者

知识目标

1.能够阐述人格的特征。

2.能够了解自己的人格特征优劣势并接受其存在。

技能目标

1.能客观认识并分析自己的人格类型及特点。

2.能扬长避短,完善人格。

思政目标

1.学会接纳自己人格方面的不足,悦纳自我。

2.充分发掘自身潜能,增强人格健全发展的自觉意识与信心决心。

自然万物各有其特质,高昂如青山,清澈如溪水,广博如蓝天,深邃如海洋,灿烂如春花,澄明如秋月……正因为如此,自然界景象万千,美不胜收。作为天地之灵物——人,亦如自然一般,虽然有着相同或相近的生物结构与属性,却由于先天因素或后天经历的不同,亦各有自己的精神风貌:或活泼或沉稳,或聪明或愚钝,或简单或丰富,或热情或冷漠,或真诚或虚伪。于是每个人也伫立成一道道与众不同的风景线,这乃是人格的特质使然。

青少年在成长发展的过程中,由于自我意识的发展,这一时期的青少年特别喜欢彰显个性,特立独行、个性张扬往往是这一阶段青少年典型的特点。这一时期也正是人格"统合"的关键期,发展得顺利,一个崭新的、稳定的、独特的"积极自我"就诞生了;如果受阻,则可能导致人格混乱、功能受损、适应不良,从而引发种种心理不健康问题。

一、案例启思[①]

有四个人一起去看戏,眼看马上要迟到了,大家急匆匆地奔得满头大汗。谁知一到剧场,门刚刚关上。第一个人见到这样的情景,跳进门口,被服务员拉

人们生而平等,但又生来性格各有千秋。
——弗洛姆

---

①刘大川.大学生心理健康教程[M].2版.北京:人民卫生出版社,2019:17.

住。只见他情绪激动,大动作加上大嗓门,与服务员争了起来。第二个人看到这种场面,心想:这样去争没有好处。便悄悄从边门溜了进去。第三个人见了,冷冷地说:"何必多费周折呢?不要急嘛,在休息室里坐下来看会儿书,等第一场结束后再进去也不迟。"于是一个人坐下来,慢悠悠地拿出书来看了。第四个人在一旁迟疑了半晌,摇摇头,叹了一口气:"唉,我这个人做事总是倒霉,连看戏也会碰到这种情况。"于是,愁眉不展,拖拉着疲乏的身子,慢吞吞地回家了。

　*在同一情境中,不同的人在行为上存在巨大反差,这是为什么呢?

　*大学生应该如何审视自我,明确自己的人格特质?

二、自我评估[①]

　　下面是简版大五人格测试的一组题,这些题对人格特质的描述,有的可能符合你的情况,有的可能不符合你的情况。请你根据你的赞同和反对程度,结合下表对各种描述赞同或反对程度对应记分标准在每道题相应空格中记上分数,最后算出五种人格特质维度得分。

非常反对	比较反对	有一点反对	既不赞同也不反对	有一点赞同	比较赞同	非常赞同
1分	2分	3分	4分	5分	6分	7分

题目	得分	题目	得分	维度	得分
1.外向,热情。		6.保守、文静。		尽责性	
2.爱挑剔,好争论。		7.具有同情心,热心。		宜人性	
3.可信赖,自律。		8.散漫,粗心。		神经质	
4.焦虑,容易心烦意乱。		9.平静,情绪稳定。		开放性	
5.对新体验持开放的态度,多元化。		10.传统,缺乏创造力。		外倾性	

【自评结果】

_____

_____

附:

1.五种人格特质维度的记分办法

(1)"尽责性"得分=[第3题得分+(8-第8题得分)]÷2

(2)"宜人性"得分=[第7题得分+(8-第2题得分)]÷2

(3)"神经质"得分=[第4题得分+(8-第9题得分)]÷2

①夏翠翠.高职大学生心理健康教育[M].北京:人民邮电出版社,2020:53-55.

(4)"开放性"得分=[第5题得分+(8-第10题得分)]÷2

(5)"外倾性"得分=[第1题得分+(8-第6题得分)]÷2

每个维度得分在6分以上属于高分,3分以下属于低分,其中在西方的样本中,开放性维度中超过6.6分才算高分,而低于4.4分属于低分。

2.大五人格特质解释表

维度	高分者人格特质表现	低分者人格特质表现
尽责性	认真、勤奋、井井有条、守时	马虎、懒惰、杂乱无章、不守时
宜人性	信任、宽容、心软、脾气好	多疑、刻薄、无情、易怒
神经质	自寻烦恼、神经质、害羞、感情用事	冷静、不温不火、自在、情感淡漠
开放性	富于想象、创造力强、标新立异、有好奇心	刻板、创造性低、遵守习俗、缺乏好奇心
外倾性	喜欢参加集体活动、健谈、主动、热情	不合群、安静、被动、沉默

三、知识滋养

(一)人格概述

人格"personality"是指个体在行为上的内部倾向,表现为个体适应环境时在能力、情绪、需要、动机、兴趣、态度、价值观、气质、性格和体质等方面的整合,是具有动力一致性和连续性的自我,是在社会化过程中形成的具有特色的身心组织。人格是一个人的思想、情感及行为的独特统合模式,这个模式包含了这个人区别于他人的稳定而统一的心理品质。尽管给复杂的人格下定义很困难,不同专家学者有不同的定义视角,但以下定义抓住了人格的本质成分:人格是个体内部的心理特质和机制的集合,具有组织性和相对持久性,它们影响到个体对心灵内部、物理和社会环境的适应以及与它们的相互作用[①]。

1.人格的特征

(1)独特性

一个人的人格是在遗传、环境、教育等先天和后天因素的交互作用下形成的。不同的遗传、生存环境及教育环境,形成了各自独特的心理特点,人与人没有完全一样的人格特点。"人心不同,各如其面",正说明了人格是千差万别、千姿百态的。这就是人格的独特性。另一方面,生活在同一社会群体中的人也有一些相同的人格特征,例如中华民族是一个勤劳的民族,这里的"勤劳"品质,就是共同的人格特征。人格特征的独特性和共同性的关系就是共性和个性的关

①兰迪·拉森,戴维·巴斯.人格障碍与调适[M].郭永玉,刘娅,译.北京:人民邮电出版社,2013:11-25.

系,个性中包含着共性,共性又通过个性表现出来。

（2）整体性

人格的整体性是指,人格虽包含多种成分和特质,如能力、气质、性格、需要、动机、价值观、行为习惯等,但在真实的人身上,它们并非孤立存在,而是密切联系,综合成一个有机组织。人的行为不但只是某个特定部分运作的结果,而且总是与其他部分紧密联系、协调一致地进行活动。人的各种行为表现出来的特征是一个整体,体现了他独特的精神风貌。人格的整体性是心理健康的重要指标。当一个人的人格结构在各方面彼此和谐一致时,他的人格就是健康的;否则,会出现适应的困难,甚至出现"人格分裂"。

（3）稳定性

人格的稳定性是指个体的人格特征在一定程度上保持不变的特性。由各种心理特征构成的人格结构是比较稳定的,它对人的行为的影响是一贯的,是不受时间和地点限制的。所谓"江山易改,秉性难移"说的就是人格具有稳定性。在行为中偶然发生的、一时性的心理特征,不能称为人格。例如,性格内向的人因为喝了些酒比较兴奋,一时话多了点,并不表明这个人具有活泼好动的性格特点。人格的稳定性并不是说它就不会发生变化,实际上随着社会生活条件的变化和一个人的发育成熟,他的人格特点也会发生或多或少的变化。

（4）社会性

外界环境的刺激是通过人格的中介才产生影响的,也就是说,人格对个人的行为具有调节的功能。因此,一个人的行为总会打上他人格的烙印。人格决定一个人的生活方式,甚至决定一个人的命运,因而是人生成败的根源之一。例如,同样面对挫折,性格坚强的人不会灰心,怯懦的人则会一蹶不振。面对事情时,有人首先从大局出发,顾及社会和集体的利益;有人则首先考虑自己的得失,甚至为了自己的利益不惜损害社会和集体的利益。

人格是在一定的社会环境中形成的,因而,一个人的人格必然会反映出他生活在其中的社会文化的特点,以及他受到的教育的影响。这说明人格的社会制约性。但是,人的心理,包括他的人格,是大脑的机能,人格的形成必然要以神经系统的成熟为基础。所以,人格是人的自然性和社会性的统一。

2.人格的结构

人格是一个复杂的结构系统,包含着各种成分。其中主要的是人格的倾向性和人格的心理特征两个方面。前者是指人格的动力,后者则是指个体之间的差异。

需要和动机是人格的动力,它表现了人格的倾向,是人格中最活跃的因素,是人格积极性的源泉。人格的倾向决定着人对现实的态度,决定着人对认识对象的倾向和选择。人格的心理特征包括人的能力、气质和性格。能力是顺利有效地完成某种活动所必须具备的心理条件的心理特征。气质是表现在心理活动的强度、速度和灵活性等动力特点方面的心理特征。性格则是表现在人对客观事物的态度,和与这种态度相适应的行为方式上的人格特征。人格心理特征是人的多种心理特点的独特的结合,构成了一个人心理面貌的独特性,说明了心理面貌的个体差异。

3.气质和性格

（1）气质

气质表现在心理活动的强度、速度和灵活性等动力特点方面,是心理特征的一种。关于气质最早的学说可以追溯到2500年前的古希腊医生希波克拉底,他提出了"体液学说",认为人体内有四种液体,即血液、黏液、黄胆汁、黑胆汁。他根据哪种体液占优势,把人的气质分为多血质、黏液质、胆汁质、抑郁质四种气质类型。苏联生理学家、心理学家巴甫洛夫在高级神经活动理论的基础上,提出了气质学说,对希波克拉底"体液学说"背景下的气质类型给出了新的解释。

典型的高级神经活动类型,即活泼的、安静的、不可抑制的和弱的,分别与希波克拉底的多血质、黏液质、胆汁质和抑郁质四种气质类型相对应。巴甫洛夫说过,气质是每个人最一般的特征,是他的神经系统最基本的特征。而这种特征在每个人的所有行为上都打上了深深的烙印。四种气质类型就是四种典型的高级神经活动类型的行为表现。不同的气质类型对应着不同的行为特点。

上述表格中的内容在一定程度上重现了人类高级神经活动过程的特性以及高级神经活动类型与气质类型之间的关系(表3.1)。胆汁质型的人通常是人们所说的急性子,他们通常以极大的热情从事工作,但有时缺乏耐心;他们的思维具有一定的灵活性,但对问题的理解具有粗心大意、不求甚解的倾向;他们果断勇敢,注意稳定而集中但难于转移;他们的行动利落而又敏捷,说话速度快且声音洪亮。文学作品中的典型代表人物是张飞。这种气质类型的优点是热情坦率,精力旺盛,勇敢大胆,敏捷好动;缺点是急躁冒失,易于冲动,自制力差。

案例启思中的第一个人就是典型的胆汁质型。

表3.1　神经活动过程的基本特征

气质类型	高级神经活动类型	神经活动过程的基本特征(强度、平衡性、灵活性)
胆汁质	兴奋型	强、不平衡,其特点是神经活动的兴奋过程强于抑制过程,极易兴奋而难以抑制为其特点;表现为直率热情、精力旺盛、表里如一,但脾气比较急、好冲动。主要代表人物有张飞、李逵等。
多血质	活泼型	强、平衡、灵活,其特点是神经活动的兴奋过程和抑制过程都比较强,以反应敏捷、活泼好动为特点;表现为活泼好动、反应迅速、热爱交际,但稳定性比较差、缺少耐性。主要代表人物有王熙凤等。
黏液质	安静型	强、平衡而不灵活,其特点是神经活动的兴奋过程和抑制过程都比较强,但不容易相互替代或转换,以安静、沉着、有节制和反应迟缓为特点;表现为安静稳重踏实,但是可塑性差、有些死板。科学家中属于这种类型的相对较多。
抑郁质	抑制型	兴奋过程和抑制过程都比较弱,以胆小畏缩、消极防御和反应缓慢为特点;表现为行为孤僻、多愁善感、不善交际。主要代表人物有林黛玉等。

多血质的人,主要特征是情感和行为动作发生得很快,变化得也快,但较为温和。这类人易于产生情感,但体验不深,善于结交朋友,容易适应新的环境;语言富有表达力和感染力,姿态活泼,表情生动。机智灵敏,思维灵活,但常表现出对问题不求甚解;注意和兴趣易于转移,不稳定;在意志力方面缺乏忍耐性,毅力不强。在文学作品中,这种气质的典型代表人物是孙悟空。其优点是灵活机敏,精神振奋,善于交际,适应性强;缺点是粗心大意,情绪多变,注意力不稳定。案例启思中的第二个人就是典型的多血质型。

黏液质的人,主要特征是反应性低,情感和行为动作进行得迟缓、稳定,缺乏灵活性。这类人情绪不易发生,也不易外露,很少产生激情,遇到不愉快的事也不动声色;注意稳定、持久,但难于转移;思维灵活性较差,但比较细致,喜欢沉思;在意志力方面具有耐性,对自己的行为有较大的自制力。在文学作品中,这种气质类型的典型代表人物是林冲。其优点是坚定沉着,耐心谨慎,心境平和,自制力强;缺点是动作缓慢,按部就班,冷淡少言。案例启思中的第三个人就是典型的黏液质型。

抑郁质的人,主要特征是反应慢而不灵活,情绪体验深刻而不外露,孤僻沉静,想象力丰富,善于察觉别人不易发现的细节,多愁善感,柔弱,胆小。抑郁质在文学作品中的典型人物是林黛玉。其优点是谦虚温和,观察细致,感情细腻,想象丰富;缺点是刻板孤僻,自卑多疑,胆怯,容易疲倦。案例启思中的第四个人就是典型的抑郁质型。

以上讲述的是四种典型的气质类型。在现实生活中,属于典型气质类型的人较少,大多数人都偏于中间型或混合型,即他们较多地具有某一类型的特点,同时又具有其他气质类型的一些特点。

气质因为它表现在心理活动的强度、速度、灵活性、倾向性等方面的动力特征,它使人的全部心理活动以及行为表现都染上鲜明独特的个人色彩。气质作为心理活动的动力特征无好坏之分,每一种气质都有积极和消极两个方面。例如,胆汁质的人可成为积极、热情的人,也可发展成为任性、粗暴、易发脾气的人;多血质的人情感丰富,工作能力强,易适应新的环境,但注意力不够集中,兴趣容易转移,无恒心等。不同的气质适合不同性质的工作。一般来说,胆汁质的人适合担任需要一股冲劲而速度快的任务,如运动中的短跑、举重等项目;多血质的人适合担任灵活性大,变化快的工作,如宣传干部、体操运动员等;黏液质的人适合需要耐心、认真的工作,如银行职员等;抑郁质的人适合担当需要观察仔细、情感体验深的工作,他们可能在音乐或诗歌领域中作出贡献。气质不能决定一个人活动的社会价值和成就的高低。气质具有天赋性,是个体与生俱来的、稳定的心理特征,俗话说,"江山易改,秉性难移","秉性"就是气质。当然这并不是说气质是绝对不会改变的,在环境和教育的影响下,随着自身修养的增强,特别是随着性格的成熟,气质也会有一定程度的改变。因此,大学生应该了解自己气质的类型,发挥自己气质中的长处,避免或改变其中的消极方面,才能更好地给自己定位,找准人生的发展方向。

(2)性格

性格是指个人对现实的稳定的态度和习惯化了的行为方式,是个体之间的人格差异的核心。性格的心理特征往往表现在态度、理智、情绪和意志等方面。性格的态度特征是指个体对现实生活各个方面的态度,包括对他人、集体、社会、学习、工作、劳动和对自己的态度。例如,勤劳或懒惰、有责任心或粗心大意、认真或马虎、自信和自卑等。性格的理智特征是指个体在认知活动中表现出来的心理特征,如在感知方面,有的人倾向于观察对象的细节,属于分析型,有的人倾向于观察对象的整体和轮廓,属于综合型;在记忆方面,有善于形象记忆与善于抽象记忆之分等。性格的情绪特征是指个体在情绪表现方面的心理特征,如有的人情绪强烈,波动性大,持续时间长,对工作学习的影响大,主导情绪以负性情绪为主;而有的人则情绪平稳,心平气和,以积极情绪为主。性格的意志特征是指个体在调节自己的心理活动时表现出的心理特征,如自觉性、坚定性、果断性、自制力等方面的意志品质。

性格与气质的不同：气质更多地受到先天遗传的影响，没有好坏之分，可塑性很小；而性格则受到社会历史文化的影响，有明显的社会道德评价意义，直接反映了一个人的道德品质，具有较大的可塑性。大学生应该了解自己的性格特点及类型，发现自己的优点和弱点，扬长避短，这将有助于他们更好地了解自己，最大限度地发挥自己的潜能，找准自己人生的位置，促进自我人生的更好发展。

人的性格类型有许多不同的划分标准，主要有以下几种：①从心理机能上划分，性格可分为理智型、情感型和意志型；②从心理活动倾向性上划分，性格可分为内倾型和外倾型；③从个体独立性上划分，性格分为独立型、顺从型、反抗型；④斯普兰格根据人们不同的价值观，把人的性格分为理论型、经济型、权力型、社会型、审美型和宗教型等。

心理学家进行了大量的研究，证明性格特点与疾病之间有着紧密的联系。心理学家根据是否容易患某种疾病，将性格类型分为 A 型性格、B 型性格和 C型性格。

A 型性格的特点包括：性格急躁，没有耐心；争强好胜，求胜心切，追求成就，有很强的事业心；动作敏捷；时间观念强；情绪容易波动；对人有戒心；缺少运动。

B 型性格的特点包括：性情随和，不喜欢与人争斗；生活方式悠闲自在，不争名利，对成败得失看得较淡，不太在意成就的大小，对工作生活较容易满足；工作生活从容不迫，有条有理；时间观念不强。

C 型性格是一种容易患癌症的性格，C 型性格的人患癌症的比例较高。C型性格的特点包括：多愁善感，情绪压抑，性格内向，常常克制自己的情绪。

（二）大学生的人格特征与健全发展

1. 大学生的人格特征

一个人的人格是从小到大逐渐形成的。青少年期是个体从幼儿走向成熟的过渡时期，也是人格发展的关键期。青少年时期的人格表现出三个明显的特点：第一，伴随着生理的逐渐成熟，他们产生了"独立感"和"成人感"，迫切要求独立自主，渴望摆脱成人的控制，喜欢自我表现和发表自己的看法；第二，他们开始关注"自我"，关心自己与他人的内心世界，逐步学会从行动的动机、道德品质和人格特征等方面来评价自己和他人的行为；第三，他们开始了解、接纳和逐渐掌握更多的行为规范、价值标准、社会角色，并对自己的未来角色进行定位和认同,喜欢独立探索和思考一些问题,学习与谋生有关的本领,发展和培养独立性、创造性及自我同一性,其人生观、价值观在这一关键时期得以形成。

大学生正处于人格形成的关键期。高等职业学校大学生的人格总体向好,不断朝着成熟、稳定、健全的方向发展与转化,为未来人生的健康成长全面发展与幸福美好不断培养和塑造健全的人格基础。然而,也存在因先天因素或后天环境的影响,在人格发展中出现一定偏离,演变成人格障碍,影响自己的健康幸福或给他人以及社会带来危害的不良现象。

2.大学生的人格发展

(1)理性看待大学生的人格发展

大学生中存在不良人格甚至是人格障碍的现象。人格障碍是指人格特征显著偏离正常的特有行为模式,会导致对环境的适应不良,影响其社会功能,甚至与社会发生冲突,给自己或社会造成不良影响或危害。人格障碍常开始于幼年,青年期定型,持续至成年期或者终生。人格障碍的类型比较复杂,一般来讲,有以下类型:有以行为怪僻、奇异为特点的类型,包括偏执型、分裂型人格障碍;有以情感强烈、不稳定为特点的类型,包括癔病型、自恋型、反社会型、攻击型人格障碍;有以紧张、退缩为特点的类型,包括回避型和依赖型人格障碍等。

尽管大学生人格发展中不同程度存在这些现象,但是大学生人格发展的可塑性仍然很强。这种可塑性意味着他们的复原力很强,复盘的可能性很大,完全有条件通过努力让自己对当下的不良人格进行改造与塑造,让其回归到健康的轨道上来。同时,人格的发展并非在大学时期就定型,尽管人格发展有关键期,但是在关键期以外人格仍然能发展,只是发展变化的速度相对慢一些或困难些而已,其实人格的发展是终身的。所以,大学生朋友,当下不管人格状况如何,都不要自暴自弃,只要坚定信心,凭借顽强的毅力,日复一日做好量的积累工作,人格就会变得越来越健全,身心就会变得越来越健康。

(2)大学生如何健全人格

人格不仅影响一个人的生活状况、婚姻家庭,还影响一个人的人际交往、学习工作、事业发展乃至前途命运。例如,坚强、乐观、宽容、自信、独立、进取等优良的人格,让人在顺境或逆境中都能坦然积极地面对,并且不懈努力,取得成功。相反,狭隘、自私、悲观、懒惰、贪婪、偏执等不良人格,常常会让人走弯路,甚至在关键时刻毁掉本应拥有的美好人生,造成人生悲剧的结局。

良好的人格是获得事业成功的必要条件。古今中外的许多成功者都是既有较高能力又有较好人格的人。大学生若想在今后的人生道路上取得成功,应该积极主动地培养良好人格特质。

对待他人、集体和社会的态度方面:热爱集体、富于同情心、诚实正直的性格受到人们的赞扬。具备这些性格的人能使大多数人获益,因此他们的事业成功率较高。相反,对集体漠不关心,对他人冷酷无情、自私自利、虚伪狡诈的性格是不受欢迎的。具备这些性格的人,人际关系很差,朋友很少,往往会成为"孤家寡人",甚至落得众叛亲离的下场。

对劳动、工作、学习的态度方面:勤劳勇敢、认真负责、锐意进取、具备创新精神的人,在能力相同的情况下,将取得较显著的成绩。相反,懒惰、粗心、墨守成规、不求上进的人将一事无成。

对自己的态度方面:谦逊、自信、开朗大方,并具有自我批判精神的人容易取得别人的信任,进步较快。相反,骄傲自满、自卑、固执、心胸狭隘、羞怯的人难以取得别人的信任,同时自己也难以进步。

对行为目标的明确程度方面:目的明确、具有独立性的人容易取得进步。相反,盲目依从于他人的人,成功十分艰难。

在自控能力方面:自制力强、有恒心、富有主动精神的人容易成为事业成功者。相反,缺乏自制力、感情用事、做事虎头蛇尾、缺乏主动性的人常常一事无成。

在紧急或困难情况下:镇定、果断、勇敢、顽强、具有献身精神的人往往能够把握机遇,取得事业成功。相反,惊慌、优柔寡断、软弱、贪生怕死的人将坐失良机。

在情绪方面:富于热情、情绪稳定、乐观的人往往是事业的成功者。相反,冷漠、忽冷忽热、做事三分钟热度、多愁善感者往往是失败者。

在理智方面:具有主动性、计划性,观察敏锐,思路开阔的人往往是事业的成功者。相反,缺乏这些特点的人很难取得成功。

四、成长训练

◎训练一 积极人格特质挑战

积极人格特质是积极心理学得以建立的基础,因为积极心理学是以人类的自我管理、自我导向和有适应性的整体为前提理论假设的。积极心理学家认为,积极人格特质主要是通过对个体各种现实能力和潜在能力加以激发和强化,当激发和强化使某种现实能力或潜在能力变成一种习惯性的工作方式时,

一个人必须剔除自己身上的顽固的私心,使自己的人格得到自由表现的权利。——屠格涅夫

积极人格特质也就形成了。积极人格有助于个体采取更有效的应对策略，积极的人格特征中存在着两个独立维度：一是正性的利己主义，是指接受自我、具有个人生活目标或能感觉到生活的意义、感觉独立、感觉到成功或者能够把握环境因素及其挑战；二是与他人的积极关系，指的是当自己需要的时候能够获得他人的支持，在别人需要的时候愿意并且有能力提供帮助，看重与他人的关系并对于已达到的与他人的关系表示满意。积极的人格特征有助于个体采取更为有效的应对策略，从而更好地面对生活中的各种压力。

1.首先每个小组成员需要写下自己的积极人格特质，然后其他小组成员分别补充自己的看法。

积极人格特质有：_____

_____

2.集中分享：推选2个小组代表进行总结分享。

小组分享内容：_____

_____

3.小组讨论：应用型高等（职业）学校的大学生应该如何发扬自己的积极人格特质？

发扬积极人格特质的举措：_____

_____

◎训练二

依赖型人格是一种人格类型，其特点包括对他人依赖性强、自主精神较弱、独立意识缺乏、情绪控制能力较差、偏向感性、参与决策能力较弱、社会参与程度较低、有一定程度的选择障碍等。下面这组题可以检验你是否具有依赖型人格（倾向），请你对每道题做出"是"或"否"的选择，最后得出评估结论，明确改进方向。[①]

1.没有别人过度的建议和保证便不能对自己的日常事务作出决定。

2.需要且允许别人为自己代做重要决定，例如选择什么样的学校读书、将来找什么工作。

3.由于害怕被别人遗弃，即使明知别人是错的，也表示赞同。

4.在制订计划或做一件事情时拿不定主意。

5.为了讨别人的喜欢（并非有权势的人），主动做一些不愉快的或降低自己身份的事情。

---

①陈英敏.中外心理健康教育经典案例评析100篇[M].济南:山东人民出版社,2010:266-267.

6.在独处时感到不自在或产生无助感,或者极力设法避免独处。

7.当某种密切的人际关系中断时,感到受了蹂躏或者产生无助感。

8.经常担心害怕被别人遗弃。

9.很容易由于别人的批评或不同意见而感到受到伤害。

【得分与解释】

每题选"是"得1分,选"否"不得分。得分在0~4的不属于依赖型人格,分数在5分及其以上的则要注意了,可能有依赖型人格倾向! 如果不加以预防和改正,很有可能在今后发展为依赖型人格障碍。(参见"中国百科网")

(1)评估结论: _____

(2)改进方向: _____

五、助人自助

(1)英国作家萨克雷说过,播下一种行为,收获一种习惯;播下一种习惯,收获一种性格;播下一种性格,收获一种命运。性格的作用毫不亚于智商、知识与技能。良好性格是大学生未来美好人生不可或缺的元素,今天大家必须要注意对自身良好性格的培养塑造。请你从习惯与性格的视角帮助案例中的学生寻找比尔·盖茨等成为富豪的原因。

在1998年5月,世界巨富沃伦·巴菲特和比尔·盖茨前往华盛顿大学发表演讲。有学生问道:"你们是怎么做到如此富有的?"巴菲特回答说:"这个问题非常简单,原因并不在于智商。为什么聪明人会做一些阻碍自己发挥全部潜能的事情呢? 原因在于习惯和性格。"盖茨表示赞同。

(2)精细的观察力、缜密的思维能力会影响性格系统中理智方面的特征;责任心强的学生,学习努力,可反哺思维能力的发展。这说明性格与能力是相互影响,有着内在关联。正所谓"天赋很重要,机遇不可少,若要事业成,还要性格好"。请你结合下面案例,帮助身边同学从"三个层次"入手理清人生发展思路。

一位老教授昔日培养的三个得意门生都事业有成,其中一个在官场上春风得意,一个在商场上捷报频传,另一个则埋头做学问,如今也苦尽甘来,成了学术明星。于是有人问老教授:你认为三人中哪个会更有出息? 老教授说:现在还看不出来。因为人生的较量有三个层次:最低层次——技巧的较量;中间层次——智慧的较量;最高层次——人格的较量。

六、体验升华

在我们的潜意识中,靠近日常生活意识的表层的地方,有一种"过剩能量储存箱"。在需要使用的时候,就可以派上用场。如果能够发现潜能并找到潜力激发点,一个人必将取得一番意想不到的巨大成就。请你阅读材料"每个人都是一座金矿",体验内化、感悟升华。

七、拓展训练

1.你身上有哪些人格发展缺陷,具体表现是什么,这些缺陷对你产生过什么影响? 在改变自己的人格方面,你有哪些阻力?

2.你认为现代社会需要哪些良好的人格品质?

3.为什么在相同的环境和社会条件下,有些人成功,而有些人却一事无成? 为什么有些人总是犯同样的错误?

4.我们的命运究竟由什么决定? 是运气还是个人努力? 是他人还是个人因素? 是个人天资聪明还是性格或别的什么东西?

学习心得

_____

_____

_____

_____

_____

_____

_____

_____

_____

_____

_____

_____

成长模块四　心理健康与情绪修养

扫一扫

数字资源集合4

情，人之阴气有欲者也。——《说文解字》

人非草木，孰能无情？在生活中，我们每个人都会对客观事物产生不同的心理体验。我们的情绪犹如变化无常的天气，时而阳光灿烂，时而阴云密布。我们有时感到愉快和喜悦，有时感到悲伤和忧愁，有时会气愤和郁闷，有时会羡慕和钦佩。高职大学生正处于青春期，情绪波动较大，情感体验复杂而丰富，经常会面临各种各样的情绪困扰。正确认识自己的情绪，合理表达情绪，主动调控情绪，保持积极的、良好的情绪状态，将会对学习、生活和身健康等产生积极的影响。

单元一　情绪及其表达　合理需要情绪妥当

学习目标

知识目标

1.理解情绪的定义、类型、功能以及表达方法。

2.理解高职大学生情绪的特点及其常见的情绪困扰。

技能目标

1.学会理解高职大学生情绪表现与需要之间的关系，接纳消极情绪。

2.能使用适当的情绪表达方法，合理表达自己的情绪。

思政目标

1.形成理性的情绪观念。

2.体会情绪表达的影响，学会以适当的方式表达情绪。

情绪是人类行为的重要驱动力，它会影响个人的认知水平、行为决策、人格的形成及人际关系的处理。情绪障碍会导致各类心理问题，从而影响个人的心理健康水平。美国心理学家霍尔曾用"疾风怒涛"这个词来形容青年人的情绪和情感特点。处于自我意识塑造关键期的高职大学生,其重要的表现便是情绪体验丰富,感受性强,情绪不稳定。因此,学会关注自己的情绪,理解自己的情绪以及合理地表达情绪,将有助于高职大学生的身心健康及和谐发展。

一、案例启思

以下是某高职学校一名大二男生的案例材料。他在多门课程不及格后,情绪难以调整,甚至殴打他人,因此受到学校的纪律处理。他向老师陈述了自己的心理状态、并讲述了一些自己的故事。

痛苦的男生

男生从小在姥姥家长大,后来回到父母身边,他觉得母亲对待弟弟妹妹疼爱有加,而对于他却处处严厉要求。在高三的时候,他喜欢上了一个女生,然而最后发现是单相思。进入大学后,他在大一的时候认识了大二的师姐,可是当师姐即将毕业的时候却向他提出了分手,男生不能接受,甚至写下了血书,表示不想活了,还产生了一些过激的行为,给女生造成了不好的影响。男生花费许多精力在这些事情上,使得他的情绪和情感长时间不能平静,无心学习,最终导致多门课程挂科。他感到极度痛苦,终于鼓起勇气主动向老师讲述了自己的故事。

*你认为这位男生的痛苦情绪与哪些因素有关,其主要原因是什么?

*中学时这位男生相对更为优秀,进入大学后,照理说知识水平更高、思想更为成熟,应该能够开心地学习生活。但他为什么没有好心情,陷入矛盾、痛苦的挣扎似乎无法自拔呢?

*如果你经历与他同样的事情,你准备怎样超越自己,让自己不成为情绪与情感的奴隶呢?

二、自我评估

当你感到情绪激动时,你会倾向于表达还是压抑?请拿起笔完成以下测评,以评估你的情绪表达方式。

以下是关于情绪表达方面的表现,请结合自身情况,在每道题最符合您实际情况的选项上打"√"。

	题 项	从不	几乎不	偶尔	经常	几乎总是	总是
1	我认为我自己是一个善于表达情绪的人。	0	1	2	3	4	5
2	人们认为我不是一个情绪化的人。	0	1	2	3	4	5

续表

	题 项	从不	几乎不	偶尔	经常	几乎总是	总是
3	我隐藏自己的感情。	0	1	2	3	4	5
4	我常被别人认为是冷漠的。	0	1	2	3	4	5
5	人们可以看出我的情绪状况。	0	1	2	3	4	5
6	我在别人面前表现情绪。	0	1	2	3	4	5
7	我不喜欢让别人知道我的情绪如何。	0	1	2	3	4	5
8	我能在别人面前哭。	0	1	2	3	4	5
9	即使我非常激动,我也不让别人看出我的情绪。	0	1	2	3	4	5
10	别人不容易看出我的情绪怎样。	0	1	2	3	4	5
11	我不是一个善于表达情绪的人。	0	1	2	3	4	5
12	即使我正经历着强烈的情绪,我也不会把它们表现出来。	0	1	2	3	4	5
13	我掩饰不住自己的情绪。	0	1	2	3	4	5
14	别人认为我是一个很情绪化的人。	0	1	2	3	4	5
15	我不对别人表达自己的情绪。	0	1	2	3	4	5
16	我的真实情绪与别人所认为的不同。	0	1	2	3	4	5
17	我抑制自己的情绪。	0	1	2	3	4	5

【测验结果及建议】

本量表包含17个项目,采用5点计分法。其中第2、3、4、7、8、9、10、11、15、16、17题为反向计分,其余为正向计分。将所有项目得分相加得到项目总分。得分越高表示越趋向于情绪表达,得分越低表示越趋向于情绪抑制。

【评估结论】

_____

_____

三、知识滋养

(一)情绪是人行为的动力

1.情绪及其实质

《现代汉语词典》中对于情绪的定义是的:"人从事某种活动时产生的兴奋心理状态。"情绪是指人对客观事物的态度体验及相应的行为反应,也就是指人对客观事物是否符合人的需要与愿望、观点而产生的心理体验,它反映的是客观事物与人的主观需要之间的关系。情绪包含了三个基本成分:

①情绪的生理反应。在不同的情绪状态下,人的心率、血压、呼吸以及内分泌等都会有相应的变化。例如,人在愤怒状态下,会表现得面红耳赤。

②情绪的主观感受。情绪的主观感受是个体对情绪的自我感受,是在愉快度、紧张度、激动度、确信度四个维度上产生的心理感受。这种内省的心理感受不是对客观事物本身反映,而是带有主观色彩的反映。

③情绪的外部表现。情绪的外部表现即面部表情、言语表情、体态表情等,在情绪活动中具有独特作用,是情绪本身不可分割的发生机制。例如,个体在高兴时便"眉开眼笑"。

2.情绪的分类

人类情绪是复杂的,可以根据个人需求的差异将情绪分为两个类别:

(1)基本情绪

在我国古代,有七情说,包括喜、怒、哀、惧、爱、恶、欲。美国心理学家普拉特契克(Plutchik)提出了8种基本情绪,包括悲痛、恐惧、惊奇、接受、狂喜、狂怒、警惕和憎恨。这些与个人生理需求相关的感受被称为基本情绪,是人天生具备的。例如,婴儿用哭来向成人表达自己的需求,因为饿了而未被发现,便产生了愤怒,于是用哭来传递;因为照顾者离开身边而感到害怕,也用哭来表达。

(2)社会情绪

随着个人的成长,需求越来越多元化,因此情绪状态较多时候不是单一呈现的,更多的是一种复合状态,表现为一种较为复杂而又稳定的社会态度体验,这便是社会情绪。社会情绪是一种"百感交集"的状况,例如,与同学发生争执后,会体验到内疚感、自责感;经过团队努力而获得比赛名次时,会产生满足感、自豪感和荣誉感等。

3.情绪的功能

情绪是人类行为的动机,能影响个体的生存和发展。

(1)适应功能

从人类进化来看,出于生存的本能,在遇到危险时会产生害怕的情绪。不论是"奋力反抗"还是"落荒而逃",都是出于自我保护的需要。生活中积极的情绪感受有利于亲密及合作关系的建立,获取更多生存资源。人们通过观察他人的情绪,以便调整自己的言行,以此来适应社会环境。

(2)动机功能

情绪能够激发和维持我们的行为,例如,为了追求某件事带来的积极情绪,你会努力去完成任务,也会为了避免消极情绪感受而终止做某件事。在学习中,兴趣和好奇心等强烈的学业情绪能够激发学习行为,正所谓"知之者不如好之者,好之者不如乐之者"。在道德领域,积极情绪能激发个体更多的亲社会行为,而消极情绪更容易触发攻击行为。例如,近年来发生的伤害学生的一些恶性事件中,施暴者常常笼罩着相对强烈的自卑、痛苦、冲动等消极情绪。消极情绪唤起了不理性的报复或反社会行为,最终导致他们走上了违法犯罪的道路。

（3）组织调节功能

情绪能够组织和调节人的行为,对注意、记忆和决策等心理过程产生重要影响。当处在极端情绪状态下时,注意力会难以集中,理智会下降,因此切勿在此情况下做重要决策。例如,一些诈骗犯会编造家人生命受威胁的信息诱导受害者进行转账汇款,当被激起担忧、紧张的情绪后,受害人就会失去判断力,很容易上当受骗。又比如,在参加重要的考试时,可能会紧张、焦虑,导致出现大脑一片空白的情况。

（4）社会功能

情绪互动是人际关系中的重要环节。积极的情绪体验能增进相互理解,促进亲密关系。例如,友人在畅谈人生理想后开怀大笑,情绪高涨,会更加巩固友情;即使有时在相互分享了痛苦的经历后感到万般煎熬,但惺惺相惜的情绪感受也会促进关系的增进。相反,冷漠、愤怒、嫉妒的情绪感受会成为人们人际交往中的障碍。

（5）健康功能

情绪对健康的影响是被大众所熟知的。积极的情绪有助于身心健康,而消极的情绪则可能诱发身心疾病。有许多疾病已被证明与人的情绪失调有关,例如长期心情压抑可能会增加患癌症的风险,而愤怒的人更容易患心脑血管疾病等。相反,愉快的情绪能使个体的免疫系统和体内化学物质处于平衡状态,从而增强对疾病的抵抗力。

（二）纵观大学生情绪万花筒

1.大学生的情绪发展特点

大学阶段是人生的第二个"心理断乳期",是一个非常关注自我、注重个性表达、情绪体验丰富、情绪波动大的时期。随着社会地位、知识素养的提高以及所处特定年龄阶段的影响,大学生的情绪带有鲜明的特点,具体表现在以下几个方面。

（1）丰富性与复杂性

从生理发展的角度来看，大学生正处于多梦的年龄阶段，几乎人类所具有的各种情绪都可在大学生身上体现出来，并且各类情绪的强度不一。从自我意识的发展来看，大学生表现出较多的自我体验，自我尊重的需要强烈，易产生自卑、自负等情绪体验。从社交方面来看，大学生的交际范围日益扩大，与同学、朋友及师长之间的交往更细腻、更复杂，有的大学生还开始体验一种更突出的情感——爱情，而恋爱活动往往又伴随着深刻的情绪体验，这种特殊的体验对大学生有十分重要的影响。在情绪体验的内容上，大学生的情绪呈现出相当丰富多彩的特征，以惧怕的情绪来说，大学生所怕的事物主要与社会的、文化的、想象的、抽象复杂的事物和情境有关，诸如怕考试、怕陌生人、怕惩罚、怕寂寞等。

（2）冲动性与爆发性

心理学家霍尔认为，青年期处于"蒙昧时代"向"文明时代"演化的过渡期，其特点是动摇的、起伏的，他把这一时期称为"狂风暴雨时期"。由于知识水平和认知能力的提高，大学生能够对自己的情绪能够有所控制。但由于他们兴趣广泛，对外界事物较为敏感，加之年轻气盛和具有从众心理，因此在许多情况下，其情绪易被激发，犹如狂风暴雨不计后果，带有很大的冲动性。他们往往对符合自己信念、观点和理想的事件或行为迅速产生热烈的情绪；对于不符合自己信念、观点和理想的事件或行为，则迅速出现否定情绪。个别的甚至会出现盲目的狂热，而一旦遇到挫折或失败又会灰心丧气。虽然情绪来得快，但平息得也快。

大学生情绪的冲动性常常与爆发性相连。大学生的自制力较弱，一旦出现某种外部强烈的刺激，情绪便会突然爆发，借助于冲动的力量驱使，以至于在语言、神态及动作等方面失去理智的控制，忘却了其他任何事物的存在，极易产生破坏性的行为和后果。

（3）波动性和两极性

大学时期是人生面临多种选择的阶段，学习、交友、恋爱等人生大事基本在这一阶段完成。社会、家庭、学校和生活事件都会对大学生的情绪产生影响。尽管大学生的认识水平有了一定的提高，对自己的情绪也有了一定的控制能力，情绪趋于稳定，但与成年人相比，大学生相对更加敏感，情绪带有明显的波动性。一句善意的话语、一个感人的故事、一支动听的歌曲、一首情理交融的诗歌，都可以使大学生的情绪发生骤然变化。特别是在社会转型过程中，社会的变迁、体制的变革、新旧价值观的更替，以及各种复杂的社会现象，都更容易使大学生产生困惑和迷茫,从而产生情绪的困扰与波动。

同时,由于大学生正处于情绪表现的"动荡"时期,自我认知、生涯发展和心理发展还未完全成熟等原因,他们的情绪起伏较大,带有明显的两极化特征:胜利时得意忘形,遇到挫折时垂头丧气;欢喜时笑逐颜开,悲伤时草木皆兵。情绪的反应摇摆不定、跌宕起伏。有人对大学生进行调查,发现70%的大学生情绪是经常两极波动的,也就是"像波动曲线一样,忽高忽低,忽愉快忽愁闷"。

(4)外显性与内隐性

与成年人相比,大学生对外界刺激反应迅速且敏感,喜、怒、哀、乐常常表现在脸上,比较外露和直接;但与中小学生相比,大学生会修饰、隐藏或抑制自己的真实情感,表现出内隐、含蓄的特点。一般而言,大学生的很多情绪是一眼就能看出来的,例如考试取得第一名或赢得一场球赛,他们马上就会喜形于色。然而,由于自制力的逐渐增强,以及思维的独立性和自尊心的发展,他们情绪的外在表现和内心体验并不总是一致的,在某些场合和特定问题上,有些大学生会隐藏或抑制自己的真实情感,有时会表现出内隐、含蓄的特点。例如,对于学习、交友、恋爱和择业等具体问题,他们往往深藏不露,具有很大的内隐性。另外,随着大学生社会化的逐渐完成与心理逐渐成熟,他们能够根据特定条件、规范或目标来表达自己的情绪,使得自己的外部表情与内部体验不一致。例如,有的学生对异性萌生了爱慕之情,却往往贬低、冷落对方。

(5)阶段性和层次性

大学阶段,由于不同年级的培养目标和重点不同,教育方式和课程设置也有所区别。各个年级面临的问题也不同,因此大学生的情绪特点也呈现出阶段性和层次性。大学新生面临的问题包括适应环境、改变学习方法、熟悉了解新的交往对象以及确立新的目标等。新生可能会感到自豪感和自卑感交织,同时也会感到放松感和压力感,新鲜感和恋旧感交替,情绪波动大。二、三年级的学生经过了一年级的适应过程,能够较快地融入校园生活,情绪较为稳定。而毕业班学生面临毕业论文(毕业设计)及择业等多方面的重大问题,压力大,情绪波动大,消极情绪较多。另外,由于社会、家庭及自身要求、期望的不同,能力、心理素质的差异,大学生也会表现出不同的情绪状态。

2.大学生常见的情绪困扰

(1)自卑

自卑是自我情绪体验的一种形式,在心理学上又称"自我否定",主要表现为对自己的能力、学识、品质等自身因素的过低评价。由于学习环境、生活环境的改变，部分大学生由高中时期的"佼佼者"变成大学校园中的"普通一员"，这种"地位"的改变是造成部分大学生自卑的重要原因。还有一些学生因为家庭条件差或自身某些不足而感到自卑。有自卑感的学生自我评价过低，导致行为畏缩、瞻前顾后、多愁善感，自尊心极强，过于敏感，严重影响其各方面的正常发展。

（2）焦虑

焦虑是一种比较复杂的消极情绪现象，是人们对即将发生的某种事件或情境感到担忧和不安，又无法采取有效的措施加以预防和解决时产生的情绪体验。过分的焦虑使人处于一种无所适从的状态，总是担心将要发生的事情，坐立不安，注意力分散，办事效率低下。大学生焦虑主要表现为由自我意识问题引起的自我形象焦虑、低自尊表现，适应障碍引起的入学及毕业前后的焦虑情绪，学业压力引发的考试焦虑，人际交往能力不足引发的社交焦虑。

（3）抑郁

抑郁是一种极为复杂的情绪障碍，是正常人以温和方式体验到的、已经作为日常生活一部分的、持久的一种情绪状态。当个体感到无法应对外界压力时，常常会产生这种消极的情绪。一部分大学生由于不喜欢所学专业，感到前途渺茫，或者由于人际关系处理不当、失恋等问题而过早"看破红尘"，从而导致情绪抑郁。

（4）愤怒

心理学的研究表明，在一般情况下，情绪反应都是由大脑皮层决定的。但是，美国纽约大学的莱克杜斯通过研究表示，并不是所有情绪的发生都要经过大脑皮层的加工、整合与评估。他认为，除了情绪通道之外，另有一小束神经元直接自丘脑连接到杏仁核，通过这些狭小的通道，杏仁核可以在大脑皮层尚未做出评价之前抢先作出反应，从而导致有机体的一时冲动。处于青春期的大学生，其内分泌系统处于空前活跃时期，大脑神经过程的抑制和兴奋发展不平衡，自制力较差，容易冲动。易怒是大学生常见的一种消极情绪，有的大学生因为一件小事或一句话就激动得暴跳如雷，出口伤人，甚至动拳脚伤人。

（5）冷漠

冷漠是一种对人对事处于漠不关心的消极状态。冷漠的人对生活没有热情和兴趣，对学习漠然置之，无精打采；对同学冷漠无情，甚至对他人的冷暖无动于衷；对集体活动麻木不仁。日本心理学家松原达哉教授形容这种状态的学生为"无欲望、无关心、无气力"的"三无"学生。冷漠是一种对环境和现实的自我逃避的退缩性心理反应。虽然冷漠带有一定的心理防御性质,但是它会导致当事者萎靡不振、退缩躲避、自我封闭,并严重影响一个人的身心健康。冷漠的形成一般与儿童时期缺乏父母的爱有关,也可能与后天的习得性无助有关。

(三)学会表达情绪 生活如鱼得水

1.情绪表达的方式

情绪表达是指情绪体验通过言语或非言语的方式表现或传达出来的能力。情绪表达的方式可以根据不同的划分标准有多种形式。例如,根据表达途径划分,主要有面部表情、身段表情(肢体语言)和言语表达。根据表达方式属性划分,主要有积极表达和消极表达。从表达量上划分,主要有正常表达、过度表达和不表达三种。

有研究者将大学生的情绪表达分为三种。其一为抑制性情绪表达,即遇到情绪感受却因为不会或不敢表达选择压抑在心里,如朋友在自己面前痛哭,明明很想说点什么、做点什么,却因为不知道如何作出选择视而不见,而产生内疚与自责感;遇到自己不想要的、承担的任务,不敢反抗而产生的愤怒和委屈感。其二为过度性表达,如发生小的争执,无法管理愤怒,就控制不住地恶语相向,甚至拳打脚踢。恋爱中,只顾自己表达对恋爱对象的感受,而忽略对方的需求,而导致恋情矛盾。其三为适度性表达,指个体识别并尊重自己的内在情绪体验,并以恰当的、适应社会情境的方式或强度表达出来的能力。

2.有效表达情绪的方法

情绪表达能够促进身心健康,建立和维持良好的人际关系和亲密关系。有效表达情绪的方法主要有以下三种。

(1)觉察自己真正的感受

我们常常认为自己是善于察觉自己的情绪感受的,但事实并非完全如此。首先,我们往往对身体的感受更敏感,而会忽略情绪感受。例如,考试前有些同学会因为肠胃不适拉肚子而影响发挥,当别人问及时,你会归因于"身体不适"而发挥不好,但为什么你会拉肚子呢? 其实是因为有了焦虑的考试情绪导致器质性表现,但你往往会对身体的变化更敏感。其次,不是每种真正的感受都能被自我接纳的。某些在学习成绩上表现不佳的同学往往呈现出厌学的态度,其实是在学业上体验到了挫败感,与其承认自己学习能力不足,不如表现出于"不喜欢"学习,这样能获得更多自我控制感。因此,觉察自己的真正感受是有效表达情绪的第一步。

（2）选择适当的时机表达出自己的情绪

在意识到自己真正的感受之后，在适当时机表达出来也很重要。当别人正专注于自己的事而注意力资源被占用时，你畅谈自己的情绪可能会让你们的交流受阻，你的情绪也得不到释放和他人的理解。

（3）正确、清楚、具体地表达情绪

正确的情绪表达是通过言语和非言语的方式，让对方明白自己的感受、需要和期待等，而不是压抑或无度地发泄。清楚、具体的表达需要明确告诉对方自己的真实感受和产生这种情绪的原因，而不是让对方去猜测。如果你不知道如何表达，可以尝试使用以下情绪表达公式：我感到……（准确的情绪感受），是因为……（引发情绪的理由），我希望……（情绪背后的真实需求）。

四、成长训练

情绪是高职大学生重要的关注课题，情绪健康与否也会影响他们在校的学习生活乃至更长的人生道路。情绪问题的产生往往也与不会表达情绪有关，因此高职大学生有必要学会表达情绪，让情绪成为助力成长的工具。

◎训练一　接纳情绪　摒弃"好坏"

高职大学生的情绪体验是丰富多彩的。你是否曾经用心关注过自己的情绪？每天，哪些情绪主导着你？我们通常更容易接纳积极情绪的出现，认为那是"好的"，而排斥消极情绪的出现，认为它们应该被隐藏或是摒弃。然而，实际上，情绪并没有"好坏"之分。消极情绪的背后可能隐藏着你未实现的需要或未完成的期待。因此，试着接纳消极情绪，重新审视情绪背后的需求，这可能有助于你更好地理解自己。

下面有一幅未完成的"情绪披萨"图，需要你来绘制。请闭上眼睛，试着回想最近一个月你的情绪感受，选出最有代表性的5~8种情绪，并按照情绪出现的频率来划分每一小块"披萨"。出现频率高的情绪所占的比重就多，反之则画得小一些。

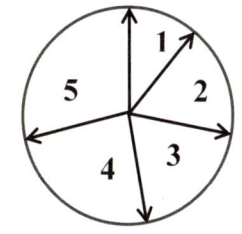

我的"情绪披萨"图

【问一问】我的情绪知多少

"一问"我每天的情绪中哪些情绪占主导？ _____

_____

"二问"我的情绪感受是正性的多还是负性的多？ _____

_____

"三问"我经历了什么产生了这样的情绪？＿＿＿＿＿＿＿＿＿＿

＿＿＿＿＿＿＿＿＿＿＿＿＿＿＿＿＿＿＿＿＿＿＿＿＿＿＿＿＿＿

"四问"这些情绪我能接纳它们的出现吗？＿＿＿＿＿＿＿＿＿＿

"五问"积极情绪和消极情绪分别有什么作用？＿＿＿＿＿＿＿＿

＿＿＿＿＿＿＿＿＿＿＿＿＿＿＿＿＿＿＿＿＿＿＿＿＿＿＿＿＿＿

"六问"消极的情绪能带给我哪些非消极的意义？＿＿＿＿＿＿＿

＿＿＿＿＿＿＿＿＿＿＿＿＿＿＿＿＿＿＿＿＿＿＿＿＿＿＿＿＿＿

【谈一谈】完成"情绪披萨"图后,你是否能发现情绪背后的需求？请与同学分享你的思考。

分享的内容：＿＿＿＿＿＿＿＿＿＿＿＿＿＿＿＿＿＿＿＿＿＿＿

＿＿＿＿＿＿＿＿＿＿＿＿＿＿＿＿＿＿＿＿＿＿＿＿＿＿＿＿＿＿

＿＿＿＿＿＿＿＿＿＿＿＿＿＿＿＿＿＿＿＿＿＿＿＿＿＿＿＿＿＿

◎**训练二　准确识别情绪　学会表达感受**

我们经常在生活中表达想法,却很少去表达我们的感受。其实感受就是情绪感受,当我们习惯描述事情时,就往往会忽略情绪,更别说表达了。

【读一读】分辨想法与感受

在心理咨询中,一位大学生告诉咨询师,他的室友将音响的声音放得很大,导致他无法入睡。咨询师询问他当时的感受,他说："我觉得在晚上不该这么大声。"咨询师提醒他,虽然他用"觉得"这个词,但他表达的是观点而非感受。咨询师请他再试着表达感受,这一次,他说："声音太大了就会打扰到别人。"咨询师向他解释,这依然是观点而非感受。他想了想,然后坚定地说："我没什么感受！"然而,很明显,他有强烈的感受。不幸的是,他无法体会到这些感受,更不用说表达它们了。

【想一想】你能区分想法和感受之间的区别吗？你能举出生活中表达想法而非感受的情况吗？

＿＿＿＿＿＿＿＿＿＿＿＿＿＿＿＿＿＿＿＿＿＿＿＿＿＿＿＿＿＿

＿＿＿＿＿＿＿＿＿＿＿＿＿＿＿＿＿＿＿＿＿＿＿＿＿＿＿＿＿＿

＿＿＿＿＿＿＿＿＿＿＿＿＿＿＿＿＿＿＿＿＿＿＿＿＿＿＿＿＿＿

【做一做】建立表达感受的词汇表。假设当你的需要得到满足时,你能用哪些形容词进行表达？

＿＿＿＿＿＿＿＿＿＿＿＿＿＿＿＿＿＿＿＿＿＿＿＿＿＿＿＿＿＿

＿＿＿＿＿＿＿＿＿＿＿＿＿＿＿＿＿＿＿＿＿＿＿＿＿＿＿＿＿＿

【练一练】体会需要 表达感受

看看以下的句子是否表达了感受。请标出那些表达感受的句子。

(1)"我觉得你不爱我。"

(2)"你要离开,我很难过。"

(3)"当你说那句话时,我感到害怕。"

(4)"如果你不和我打招呼,我会觉得你不在乎我。"

(5)"你能来,我很高兴。"

(6)"你真可恶。"

(7)"我想打你。"

(8)"我觉得我被人误解了。"

(9)"你帮我的忙,我很开心。"

(10)"我是个没用的人。"

其中第(2)、(3)、(5)、(9)表达了感受,其余都是在描述看法。

【悟一悟】感受一下表达情绪感受在人际交往中的影响,并试着分享自己的看法。

_____

_____

五、助人自助

请阅读以下材料,并运用你所学到的知识来帮助下面的案例中的主人翁。为什么小明形成了现在的性格? 小明为什么会感到自己不开心? 你能试着帮助小明认识到自己在情绪处理方式上存在的问题吗? 请与同学进行讨论,并尝试表达自己的想法。

小明坐在心理咨询室的沙发上,开始讲述他的经历。回想童年时代,他就是一个胆小的男孩子。每当受到委屈、遇到恐惧或者尴尬的事情,他都会哭。记得五六岁时,有一次到亲戚家串门,自己在院子里玩得很开心,恰好叔叔阿姨闹矛盾,叔叔看到小明便骂了他几句,小明以为自己犯了错,于是大哭起来,谁知道哭得越凶叔叔骂得越狠。中学时,妈妈要他参加学校的演讲比赛,他不敢说不,心里特别紧张,结果可想而知。为了考上家里人期望的大学,父母让他好好学习,毕业后出国留学,以后当大学教授。可他并不想走父母安排好的路。

小时候,父母经常对他说"男孩子要坚强""男孩子怎么这么容易哭",于是他努力让自己坚强。随着青春期的到来,他一方面发现自己体验着丰富的情绪感受,另一方面受到大人的教导:要成为一个坚强的、有所成就的男子汉就不应该表达自己的情绪。因此,小明只能选择隐藏自己的情绪,同时也感受到矛盾与纠结。小明觉得很累，这十几年一直努力达到父母的目标，然而自己过得并不开心。他经常觉得烦躁、焦虑、疲惫，但是始终不知道如何去表达自己的情绪。小明觉得自己的天空永远是灰色的，自己是个不快乐的人。

六、体验升华

学会识别情绪、接纳情绪和合理地表达情绪是健康成长和成功成才不可缺少的条件。请自行阅读材料"学会表达每一种情绪——《头脑特工队》"，然后与同学讨论你从中获得的感受。

扫一扫

练习巩固

七、拓展训练

《我们如何对抗抑郁》是由史慧执导，中央广播电视总台影视剧纪录片中心出品的系列纪录片。该片关注青少年、孕产妇、老人、高压力群体等抑郁症防治重点人群，记录医学、科学实践，讲述了个人、家庭、社会一起抗郁的故事。建议同学们进行收看。

学习心得

单元二　不良情绪调节　内外兼修天天开心

学习目标

♔知识目标

1.了解自身的情绪特点及其影响。

2.认识不良情绪的表现及其调适的重要性。

♔技能目标

1.掌握情绪调适的基本方法。

2.具备一些管理情绪的基本技巧。

♔思政目标

1.具有主动调节情绪、保持良好情绪状态的自觉意识。

2.具有传播正能量、营造轻松愉悦学习生活环境的能力。

如果能够左右自己的思想，就能够控制自己的情感。——克莱门特·斯通

人有"七情六欲"，喜、怒、忧、思、悲、恐、惊是人的"七情"，人皆有之。情绪与健康、学习状态以及学习成效都有密切的关系。情绪与每个人相伴而生、如影随形。对于每个人来说，不管产生积极情绪还是消极情绪，都是正常的。但是，对于消极情绪，如果持续时间太久，完全可能导致心理问题或心理障碍，所以，对于消极情绪在接纳它的同时，要及时设法排解，不让它"转型升级"，否则，一般的情绪不良就可能演变成情绪问题、心境障碍或更严重的心理疾病。情绪贵在调节，情绪调节的方法有内修法和外修法。

一、案例启思

某高校学生小周一直担心自己生理上有问题，但羞于向人开口求教，为此十分苦恼。某天，小周在校外遇见洪某，想到洪某是这方面"专家"，小周便想向洪某请教。两人坐出租车来到西湖花港的入口，当步行至苏堤望山桥至后堤桥之间时，小周告诉洪某自己生理上有问题，而当时洪某正兴高采烈地给女同学发短信。小周却认为自己给洪某讲了隐私，而对方在嘲笑自己，更进一步担心自己的隐私被洪某传出去，于是拿出随身携带的裁纸刀，对准洪某的脖子连续刺数刀，洪某当场倒地身亡。随后，小周从附近找来了绳子、石头，将尸体捆绑起来，扔入了西湖。

* 从本案例中,你得到了什么警醒?

* 小周这是什么样的情绪?为什么会有这些情绪?

* 大学生应该怎样调节自身的不良情绪?

二、自我评估①

要调节情绪,有必要对自己的情绪状况有一个初步的了解。对于大学生来讲,焦虑、抑郁更多的是一种情绪状态,而非达到疾病程度。对于SAS、SDS量表的使用专业性相对较强且有一定适用范围,但大家可以用它来进行自我评估,至少能对了解自己的焦虑、抑郁情况起到一定的参考作用。

1.焦虑自我评估

下面的表格中包含了焦虑情绪自评量表(SAS)的20个题目。请仔细阅读每一条,确保理解题目的意思,然后根据你最近一星期的实际情况做出最适当的选择,在相应的字母上画一个"√"。每一个题目后有四个选项:A——没有或很少有时间;B——有少部分时间;C——有相当多的时间;D——有绝大部分或全部时间。要求:①需要独立进行自我评定,不受任何人影响。②评定一般应在10分钟之内完成。

题号	题　目	选　项			
1	我觉得比平常更容易紧张和着急(焦虑)。	A	B	C	D
2	我无缘无故地感到害怕(恐惧)。	A	B	C	D
3	我容易心烦意乱或觉得惊慌(惊恐)。	A	B	C	D
4	我觉得我可能将要发疯(发疯的感觉)。	A	B	C	D
*5	我觉得一切都很好,也不会发生什么不幸的感觉(不幸预感)。	A	B	C	D
6	我手脚发抖打颤(手脚颤抖)。	A	B	C	D
7	我因头痛、颈痛和背痛而感到烦恼(头疼)。	A	B	C	D
8	我感到无力而且容易疲劳(乏力)。	A	B	C	D
*9	我觉得心平气和,并且容易安静坐着(静坐不能)。	A	B	C	D
10	我觉得心跳得很快(心悸)。	A	B	C	D
11	我因为一阵阵头晕而苦恼(眩晕)。	A	B	C	D
12	我有晕倒发作或觉得要晕倒似的(晕厥感)。	A	B	C	D
*13	我呼气、吸气都感到很容易(呼吸困难)。	A	B	C	D
14	我的手脚感到麻木和刺痛(手足刺痛感)。	A	B	C	D
15	我因胃痛和消化不良而苦恼(胃痛和消化不良)。	A	B	C	D

①中国就业培训技术指导中心,中国心理卫生协会.心理咨询师(三级)[M].北京:民族出版社,2005:240-244.

续表

题号	题 目	选 项			
16	我常常要小便(尿液频繁)。	A	B	C	D
*17	我的手脚常常是干燥温暖的(多汗)。	A	B	C	D
18	我脸红发热(面部潮红)。	A	B	C	D
*19	我容易入睡,并且一夜睡得很好(睡眠障碍)	A	B	C	D
20	我做噩梦(梦魇)。	A	B	C	D
总 分					

【评估方法】

本题包含20个题目,有正向计分题和反向计分题,其中题号前标有"*"的是反向计分题。正向计分题,A、B、C、D分别记1、2、3、4分;反向计分题计分顺序相反,即是说A、B、C、D分别记4、3、2、1分。最后将所有得分相加,再将总分乘以1.25,结果取整数即可得到标准分。

解释:根据中国常模结果,SAS标准分的分界值为50分。其中,50~59分为轻度焦虑,60~69分为中度焦虑,69分以上为重度焦虑。如果标准分<35分,则说明心理健康,无焦虑状态;如果35分≤标准分<50分,则表示偶尔有焦虑。

说明:本量表可以评估焦虑症状的轻重程度及其在治疗中的变化,适用于具有焦虑症状的成年人。主要用于疗效评估,不能用于诊断。

【评估结果】

_____

_____

2.抑郁自我评估

下面的表格中是抑郁自评量表(SDS)的20个题目。请仔细阅读每一个题目,确保理解题目的意思,然后根据你最近一星期的实际情况做出最合适的选择,在相应的字母上打"√"。每一个题目后有四个选项:A—— 没有或很少有时间;B—— 有少部分时间;C—— 相当多的时间;D—— 有绝大部分或全部时间。注意事项:请独立地进行自我评定,不要受任何人的影响。一次评定可在10分钟内填完。强调评定的时间范围为过去一周。

题号	题 目	选 项			
1	我觉得闷闷不乐、情绪低沉(忧郁)。	A	B	C	D
*2	我觉得一天之中早晨最好(晨重夜轻)。	A	B	C	D

题号	题　目	选　项			
3	我一阵一阵哭出来或者觉得想哭(易哭)。	A	B	C	D
4	我晚上睡眠不好(睡眠障碍)。	A	B	C	D
*5	我吃得跟平常一样多(食欲减退)。	A	B	C	D
*6	我与异性接触时和以往一样感到愉快(兴趣减退)。	A	B	C	D
7	我发觉我的体重在下降(体重减轻)。	A	B	C	D
8	我有便秘的苦恼(便秘)。	A	B	C	D
9	我心跳比平时快(心悸)。	A	B	C	D
10	我无缘无故地感到疲乏(易倦)。	A	B	C	D
*11	我的头脑跟平常一样清楚(思考困难)。	A	B	C	D
*12	我觉得经常做的事情并没有困难(能力减退)。	A	B	C	D
13	我觉得不安,但平静不下来(焦虑)。	A	B	C	D
*14	我对我的将来抱有希望(绝望)。	A	B	C	D
15	我比平常容易生气和激动(易激惹)。	A	B	C	D
*16	我觉得作决定是容易的(决断困难)。	A	B	C	D
*17	我觉得自己是个有用的人,有人需要我(无用感)。	A	B	C	D
*18	我的生活过得很有意思(生活空虚感)。	A	B	C	D
19	我认为如果我死了,别人会生活得更好些(无价值感)。	A	B	C	D
*20	平常感兴趣的事我仍然感兴趣(兴趣减退)。	A	B	C	D
总　分					

【评价方法】

20个题目分为正向评分题和反向评分题(题号前有"*")。对于正向评分题,A、B、C、D分别记1、2、3、4分;反向评分题的A、B、C、D对应的分数是4、3、2、1分。最后,将20道题的得分加起来,得到总粗分(X),然后将总粗分乘以1.25以后取整数部分,就得到标准分(Y)。

解释:按照中国常模结果,SDS标准分的分界值是53分。其中,53~62分为轻度抑郁,63~72分为中度抑郁,72分以上为重度抑郁。

说明:本量表可以评估抑郁症状的轻重程度及其在治疗中的变化,特别适用于发现抑郁症病人。其评估对象为具有抑郁症状的成年人。

【评估结论】

三、知识滋养

(一)情绪调节呼唤情绪管理

1.情绪的觉察与认识

平静的海面在夜里猛烈地拍打着海岸,潮水不断地冲击着沙滩上的岩石。时间一分一秒地流逝,沿着海岸不断地延伸,浪花渐渐地消逝在风中。情绪就像大海一样,深藏不露,难以察觉到任何变化;但也可能瞬间翻涌,将一切淹没。似乎我们做的所有事情都与当下的情感密切相连,有些事情做的时候没有明显的缘由,但内心却总是有一个声音不断地推动着自己向某个方向前进,这就是情绪。

心理学家对情绪的定义:情绪,是对一系列主观认知经验的统称,是多种感觉、思想和行为综合产生的心理和生理状态。最普遍、通俗的情绪有喜、怒、哀、惊、恐、爱、恨等,也有一些细腻微妙的情绪,如嫉妒、惭愧、羞耻、自豪等。情绪通常与心情、性格、脾气、目的等因素互相作用,也受到荷尔蒙和神经递质影响。无论正面还是负面的情绪,都会引发人们行动的动机。尽管一些情绪引发的行为看上去没有经过思考,但实际上意识是产生情绪的重要一环。可见,情绪与我们每个人都紧密联系,我们每个人都被情绪所影响。情绪蕴含在我们生活中的每一个角落,它时刻都在左右着我们,然而,情绪是瞬息万变的,我们所面临的各种情况多半不会再变化。情绪的不稳定性严重影响着我们的下一步行动,它像一颗定时炸弹一样,随时都可能引发危机。无法管控自己情绪的人,也无法管控自己的生活。因此,管理情绪是我们当代大学生的首要任务之一,学会做自己情绪的主人也是重中之重。

情绪可以分为积极情绪和消极情绪两种。积极情绪有助于促进心理健康成长,而消极情绪则会影响学习生活质量,并进一步影响心理健康成长。焦虑、抑郁、悲伤、内疚等消极情绪是每个人都难以避免的,但是每个人都有责任采取措施来调节这些消极情绪,以尽可能减少它们对自己的影响,从而保持良好的心理情绪状态。

2.情绪管理小技巧

(1)以适合自己的方式来呵护情绪

首先,想告诉大家,良好的情绪能使我们的人生之路更加漫长,使我们前进的脚步更加自信。但是,过度的大喜和大悲并不是良好情绪的体现,同时,悲天悯人、无欲无求也不是良好情绪的正确表达。我们不要强迫自己去模仿网上那些所谓的调节情绪的方法,因为往往会适得其反。记住,"适合自己就是最好的"。最严重的认知错误是认为没有情绪就不会被情绪左右,殊不知在这种情况下,你正被情绪所紧紧束缚。如果一个人没有情绪,这表明他正在严重压抑自己,或者他的生理出现了某些障碍。

（2）找出原因找出路

我们需要了解自己产生这些情绪的原因,这样我们才能更轻松地解决情绪问题。我为什么会感到悲观？这种情绪是由什么引起的？这种情绪会不会带来负面影响?(注意:即使是好的情绪也可能导致坏的结果。)最后,我需要找到解决问题的方法。是听音乐、放松自己、写日记还是向他人倾诉？这些方法如果能让你感到放松,那么它们就是你对抗情绪的武器。

（3）调整自我认知

调整对自我的认知,我们需要意识到在何种情况下何种情绪对我们有利。对情绪的管理要有一个度。我们既不能过分放纵情绪,也不能过分压抑情绪,而是要找到适合自己情绪宣泄的小角落,给情绪一个休息的驿站,而不是一个永无止境的跑步机。例如,如果你正在面临着期末紧张的考试,你会感到很焦虑,甚至已经到了睡不着觉的地步,那么你就面临着过分焦虑的情绪的困扰。适当的紧张会使你有前进的动力,过分的紧张则会增加你焦虑的时长。

（4）合理预期

我们要学会控制自己的期望值。期望是对某件事物或者某个人的预期。例如,这次考试,我的预期是要达到90分,但我的实力远远没有达到获得90分的能力。这时,巨大的心理落差感会让我们更加沮丧,一蹶不振。所以,适当的预期可以使自己更好地应对未来的挑战。同时,我们也应当不断地在内心激励自己,增强自信心。此外,不要让不属于自己的事物强加于你,这种叫作不当归因——我们会错误地将一些事情归结于某些原因,尽管这些原因和结果之间很可能并没有因果关系。例如,他为什么对我这么差,是不是因为他不喜欢我？严重的精神内耗就是情绪崩溃的体现。当这种情况出现的时候我们要给自己积极的心理暗示,将这种阴影排除在外。

（5）做好情绪的主人

做情绪的主人,是当代大学生必修的一门课程。如何管理好自己的情绪是我们一生所要学习的。别人所经历的事情,不一定非要感同身受,选择不断的包容,更是安慰一个人的最好方法。你所经历的事情,不一定非要痛彻心扉,在困难中学会成长,更加难能可贵。

(二)情绪调节方法

1.内修法

(1)理论依据

认知主义理论认为,人的心理情绪和行为反应不是由刺激事件本身所决定,而是由当事人对刺激事件的看法、想法和观念所决定。这种对刺激事件的看法、想法和观念,就是对刺激事件的认知。

正常的认知是指,所有人对人和事物的看法和想法都是客观存在的,但是对于有心理情绪问题的人来说,他们对人、事和刺激事件的认知处于一种不健康的状态,偏离了客观实际,也就是说,他们的认知发生了偏差或失真。因此,调节情绪的方法也应该从产生情绪"问题"的根源——认知偏差着手,矫正偏差的认知。如果偏差的认知得到了修正,那么不良情绪、消极情绪或情绪问题也会得到解决。

这是内修法调节情绪的理论依据。内修法中的"内修",实际上是"修内","修"指的是修正,"内"指的是内心,也就是内心对人和事物的看法。修正内心对引起情绪变化或不良情绪的刺激事件的看法、想法或观念,以纠正偏差认知,从而达到调节情绪的效果。这种方法就是内修法,它具有"治本"的功能。

(2)操作技术

内修法的主要操作技术就是伯恩斯三栏目技术。第一步:准备工作,找个安静的地方并准备好本子或专用的纸(卡片)和笔。第二步:画上三栏目表格。

随　想	认知失真类型	合理反映

第三步:在"随想"栏目写上近阶段的"随想"——近阶段有哪些不良情绪,是什么事情引起这些不良情绪,自己对这些事件是什么样的一种看法、想法,把这些看法、想法写出来。比如,一个男生在上学途中被穿高跟鞋的女生踩了一脚,他就产生了这样的随想:"过去,我还觉得这女生很不错,人长得漂亮、有气质、看上去文质彬彬的,今天我才发现那些都是假象,走路都要踩我一脚,简

直就是一个一无是处的大坏蛋。"这样的随想,代表什么,代表男生对女生全盘否定基础上的愤懑甚至是愤怒的情绪,如果不调节好,彼此之间的矛盾就可能升级,所以需要及时调适。

第四步:对"随想"进行分析,找出其中认知偏差的地方或确认其认知失真的类型。在前述事例中,女生一个事做得"不对",男生就给她下了一个全盘否定的结论,这叫以偏概全的认知思维方式,是一种典型的认知偏差,这种认知偏差叫极端化的思维,也就是人们所说的二元化的思维。这种思维的人,看问题常常是非黑即白,对于人来讲,在其眼里,要么是好人,要么是"坏人"。第五步:进行合理反映。对偏差的"随想"进行合理反映,让其回归到理性的、相对客观的认知轨道上来。比如,前述"随想",我们可以进行如下合理反映:这女生踩我一脚是事实,那为什么要踩我一脚? 至多两种情况,一种情况是不慎踩了我一脚,如果是这样,是不是应该原谅她呢? 人都有失误的时候,那怎么说她是一无是处的大坏蛋呢? 另一种情况就是她故意踩我一脚,这种情况又有两种可能,第一种可能就是想以这种方式引起我的注意,以此达到与我交朋友的目的,这种情况方式不妥,但是动机应该不坏,既然如此,怎么说她是一无是处的大坏蛋呢? 另一种可能就是恶作剧故意踩我一脚,如果真是这样,她的确做得不对,不过,不对也只能是"踩我一脚"这个事情本身不对,不代表其他方方面面的事情都不对,既然如此,我怎么说她是一无是处的大坏蛋呢? 这样,通过自我反驳,就把每一种情况都推翻了,换句话说,原来在心目中"女生是一无是处的大坏蛋"这种"随想"就被推翻了,女生在男生心目中就不是"一无是处的大坏蛋"了,极端化思维之认知偏差也就得到了调整修正,伴随认知的调整,男生对女生那种全盘否定排斥甚至是愤怒的情况也就没有了。其实,我们每一位同学都有许多可贵之处,其学习生活的失误或暂时存在的一些问题完全是可以调整解决的,不足以成为"大坏蛋",不管是在情绪、人格还是能力等方面,人人都是可以塑造培养的。

(3)认知失真类型(认知歪曲)

贝克是认知疗法的重要代表人物之一,他坚信有情绪困难的人倾向于犯一种特有的"逻辑错误",即将客观现实向自我贬低的方向歪曲。认知疗法认为心理问题是源于一般过程的,比如错误思维、在信息不足或错误信息的基础上进行的不正确推理,以及不能区分现实和想象。贝克列举了一些典型的认知歪曲,这些认知歪曲常常导致系统性的推理错误和误解。

①主观推断(主观臆断):没有支持性的依据或有关的事实依据就草率凭想

象下结论,包括"灾难化"或在大部分情境中都想到最糟糕的情况和结果。

②选择性概括:仅仅凭借自己对一个事件或问题的某一方面细节的了解就作出结论,在这一过程中忽略掉其他信息,并且忽略掉整体背景的重要性。其中包含的假设是认为那些与挫败和剥夺有关的事件才是重要的。

③过度概括:由一个偶然事件得出一种极端信念,并将之不适当地应用于不相似的事件或情境中。

④夸大和缩小:用一种比实际更大或更小的意义来描述一个事件或情境。

⑤个性化:个体在没有依据的情况下将一些外部事件与自己联系起来的倾向。

⑥贴标签和错贴标签:根据缺点和过去犯的错误来描述一个人和定义一个人的本质。

⑦极端思维:用全或无、非白即黑的方式来思考和解释,或者按不是或就是两个极端来对经验进行分类。

不同的专家学者对认知歪曲或认知失真类型的划分与表述可能并不完全一致,但是,这并不妨碍人们对功能失调的情绪和行为与这些功能失调的思维(认知歪曲)关系的认识和理解。从不同侧面认识了解这些功能失调的思维或认知歪曲(认知失真类型),有助于个体对不良情绪或功能失调的情绪与行为的调节。

2.外修法

对于外修法,可以粗略地认为是行为调节法,是建立在行为主义基础上的方法,其具体的操作技术相对比较多。

音乐放松法:音乐之所以具有奇妙的功能,是因为音乐是一种节律的物理声波。当音乐声波在合适的空间回响时,它会对人的身体表面和头部产生一种节律式的按摩作用,帮助身体表面和头部得到放松,消除紧张和疲惫,让心情渐渐好起来。但是,长时间将耳塞塞在耳朵里来听音乐并不是一种好的方式,因为这样会使听神经疲劳,影响听力,并且还可能会造成安全隐患。

宣泄释放法:有些大学生朋友长时间积压消极情绪,这样会很难受。到一定的时候,如果承受不住了,可能会出问题。因此,当有不良情绪时,要及时宣泄释放。例如,在宣泄室暴打橡皮人、在空旷的地方大叫大吼、参加一些强度较大的运动等方式,都能将体内多余的负能量释放到体外,让自己感到轻松。

倾诉释放法:每个人心中都有一些想要诉说的话,但常常苦于找不到那个值得信任的人。实际上,我们每个人都有值得信任的人,只是有时是自己对他人缺乏信任,比如自己的家长、老师以及从小到现在众多的同学中总会有值得自己信任的同学。作为倾诉释放的途径,除了在自己的人际圈子中寻找对象外,实际上自己是最值得自己信任的亲密伴侣。我们可以找一个安静的地方,把眼前的树木或别的东西看成自己,将心中的话语向眼前的"自己"倾诉;也可以通过写心理日记的方式,把心中的话儿写出来,通过这样的方式向自己诉说;再有,可以面向镜子,把心中的话语向"镜中的我"诉说。

休闲娱乐法:紧张的学习会导致身心疲惫,情绪低落。因此,大学生应该学会科学学习,注重劳逸结合。在每天的学习之余,应该抽出时间进行休闲娱乐活动,例如在晚饭后三三两两地在校园内散步,或下象棋、写书法、哼歌曲、玩智力游戏等,通过这些休闲娱乐的方式,让自己换换脑筋。

运动锻炼法:科学的运动锻炼有助于调节身心健康,让我们保持良好的心理状态。这是因为运动锻炼能够促进大脑神经系统的功能修复和状态良好,使神经元充满活力,这是良好心理状态所依赖的生理物质基础。如果个体的大脑神经系统功能状态不良甚至处于病变状态,个体就不可能拥有良好的心理状态。有关研究发现,对于抑郁症患者,如果加强运动锻炼,其病变的神经元能慢慢得到修复,其效果有时还不亚于服药的效果。

身体放松法:深呼吸有助于个体安定平静,让躁动起伏的内心世界变得安静下来。因为深呼吸的时候,人的交感神经处于抑制状态,副交感神经处于兴奋状态,所以深呼吸能起到平静放松的效果。必要时,也可以做肌肉放松运动,通过对全身主要肌肉进行一张一弛的放松训练,能让全身肌肉放松下来,不再紧绷。肌肉放松后,心情也随之放松,因为肌肉放松有抵抗紧张的效果。

四、成长训练

劳雷尔·梅林是加州大学旧金山分校的一名荣誉副教授,也是一名健康心理学家。她致力于研究一种能够释放大脑压力、让人感到心情愉悦的科学训练方法。后来她出版了新书《压力疫苗》,据她所说,该书是她和同事40年的工作成果的结晶。

书中详细介绍了一种能够消除人们压力、帮助人们找到快乐的4分钟训练方法。这种训练方法被称为情绪大脑训练(Emotional Brain Training,简称EBT)。它经过了大量的科学验证和实践,并非纸上谈兵,许多关于这种方法的证据和案例都可以在网上找到。

接下来,我将为大家简单介绍这种情绪训练技巧的具体练习过程。整个练

劳动常常是快乐之父。——伏尔泰

习过程可以用一张图来概括:

情绪大脑训练法一共分两个阶段,第一阶段为"释放压力"阶段,包括3个步骤;第二阶段为"采取行动"阶段,包括1个步骤。每个步骤需要1分钟,主要采用自我对话或向朋友倾诉的方式把残留情绪或情绪的残留部分释放出来,然后积极行动,通往快乐。据创始人梅林描述,你可以根据自己的需要对每个步骤花费的时间进行调整,确保整体训练时间在2~5分钟。

第一步(1分钟):谈一谈你的烦恼。

心理治疗的基础就是谈论你所拥有的问题和困扰,这种观点已被大脑科学所认可。

这一步的具体做法非常简单,就是字面意义上的"谈论你的烦恼"。你可以选择与朋友聊天,也可以自己一个人对着空气说话。谈论烦恼的过程会帮助你找到你心中的烦恼,并弄清楚其中最困扰你的是什么。这一过程会激活导致压力过载的脑回路,让你得以在情绪处理的过程中释放压力。每一个烦恼就好像一个"线索"一样,找到一个线索就可以减轻一些压力。利用这些线索,我们可以进行下一个步骤。

这一步中,按照句式"我最近有许多的烦恼……""其中最让我头疼的是……"尝试将自己的烦恼表达出来。下面就请你在下述横线上写下相应表达并说出来:

(1)我最近有许多的烦恼_____

_____

(2)其中最让我头疼的是_____

_____

第二步(1分钟):表达健康的愤怒(进行抱怨)。

进入第二分钟,我们可以利用在第一分钟里找到的"线索",安全有效地释放压力,并使前额叶皮层恢复其正常工作状态,这样你就能更好地控制自己的反应。

我们需要从众多线索中选取一到两个,并针对它们表达愤怒。如果你在上一步选择了与朋友聊天,那么现在可以向朋友倾诉你的不满;如果你选择自言自语,请继续这么做。关键在于将你对这些烦恼的愤怒情绪表达出来。请参考以下的一些句式(按顺序)将自己的愤怒情绪表达出来:

(1)我感到生气,因为_____

_____

(2)我无法忍受_____

_____

（3）我讨厌_____

_____

这些抱怨就像是一块块石头，堵塞在我们的脑回路中，导致我们感受到压力。通过抒发这些抱怨，我们可以有效激活脑回路，使其恢复正常工作状态。根据纽约大学的一项研究，我们需要不断激活压力过载的脑回路，以改变它们的状态。

整个抱怨的过程是温和且有效的，它能引发情绪处理的浪潮，将我们心中固化的情绪软化，并转化为可以处理的、流动的情绪。

第三步（1分钟）：表达7种感觉。

第二分钟的愤怒爆发完毕后，你情绪化的大脑会开始释放负面情绪，并逐渐带来一些积极的感受。接下来，我们需要按照一定的顺序和语句格式，找出情绪背后的原因。接下来就请完成以下语句：

（1）我感觉悲伤，因为_____

（2）我感觉害怕，因为_____

（3）我感觉内疚，因为_____

（4）我感觉感激，因为_____

（5）我感觉开心，因为_____

（6）我感觉安心，因为_____

（7）我感觉自豪，因为_____

把这个过程看作一种"情感的自然流动"，它能帮助你将那些"阻塞"的情绪（如焦虑、抑郁、羞耻等）转化为流畅的情感，从而激发你的内在力量。

研究表明，我们不能仅仅通过"思考"来摆脱压力。我们需要的是一个情绪化的过程，在保持大脑活跃的同时，将固化的情绪转化为流动的情绪，这是该方法有效性的基础。

第四步（1分钟）：采取行动，带着目标前进。

在前三分钟，我们进入了一种满足的状态，我们感觉到非常愉快和幸福。

然而，想象一下，如果我们的祖先只是停留在这"前三分钟"，一味地沉浸在幸福中，那么他们很可能无法存活下来。因为自古以来，我们生存的基础就是利用这种幸福感，驱使我们向更高的目标前进，采取有效的行动照顾年轻人、供养家庭和村庄、并确保附近没有饥饿的猛兽。

EBT（Emotional Brain Training，情感大脑训练）的一个关键神经科学概念是：一旦压力得到缓解，我们就可以利用那些明智且有目的性的神经回路，轻松地"塑造"一个新的神经回路,来促进行为和思维模式的改变。通过EBT练习,我们可以轻松、快速地完成这一过程,并感受到神经递质的激增。

接下来就请你依顺序完成下列句式进行EBT训练:

(1)我希望尽最大努力去_____

(2)我的积极想法是_____

(3)我的计划是_____

(4)我可以获得的收益是_____

(5)我感觉非常快乐!

以上就是4分钟情绪训练的简要介绍。有时你可能会觉得难以想出横线上(或省略号后面)应填的内容,不要紧,这时候可以先写上"没有"或者"空白",然后跳到下一个步骤。随着练习的不断深入,你会越来越熟练的。

梅林表示,她的这种方法已经帮助了超过50万人,教会他们找到从压力到快乐的隐藏途径。如果你觉得生活中充满了压力,那么相信你也能从中受益。需要注意的是,这并非一种"解压技巧",而是一种"练习方法",我们需要经常进行练习,才能最终实现目标。

五、助人自助

(1)请你用合适的方法力所能及地帮助下面案例中的同学,让其"重整旗鼓",走出抑郁的阴霾。

小林同学以优异的成绩考入北京一所著名高校。第一学期期末,她原本满怀信心地准备获取奖学金,但未能如愿。从此,她的情绪一落千丈,变得郁郁寡欢,无心学习,无法处理好与同学之间的关系。她也经常失眠。最后,她不得不去医院精神科进行检查。医生告诉她:诊断结果是她患了抑郁症。

(2)请你为下面案例中的同学充当"军师",出出主意,以便他能更好地接纳自己、自信地面对学习和生活。

钟某是大二男生,身体长得矮小黑瘦,潜意识里难以接受自己身体矮小的现实。有一次上体育课,身材魁梧的老师一句无意识的话:"小矮子站我这边来",引起同学们的哄堂大笑,钟某某同学感到很没有面子,从此陷入了自我否定、恐惧与不安之中,导致后来无法在众人面前抬头,面对异性同学更是诚惶诚恐,学习成绩也不知不觉下滑。后来举行班干部的换届选举,早有竞选班长念头的他,报名参加了班长一职的竞选演讲,可竞选的日期越来越近,他的神经越绷越紧,到竞选的前一天晚上,他通宵未眠,等到竞选的时刻来临,他手心冒汗,阵阵心悸,本来已做充分准备的演讲,却连个大概也没有说清楚,当然无法获得同学们的选票,于是落选了。落选后的他,悲观消沉,一天走在校园路上,一个同班女同学主动给他打招呼,跟他请教一些学习上的问题,还鼓励他说失败是成功之母,相信他只要不泄气,下次一定能够成功等让他感到振奋的话。回到宿舍他便有了获得红颜知己的感觉,总想对这个女同学表示一些感谢和心意,久而久之,又有些想入非非,想与这个女同学建立更亲密的关系,可他就是拿不出勇气,每次碰到这个女同学,心理都特别紧张,只好一次又一次地逃避与该女同学见面的机会。

六、体验升华

请阅读关于情绪成熟的表现的材料,然后围绕以下问题进行思考和讨论:情绪成熟的表现有哪些?大学生如何练就成熟的情绪管理能力?是否能够掌控自己的情绪是衡量一个人成熟与否的重要标志吗,为什么?你认为自己是一个情绪成熟的人吗,为什么?你能够很好地掌控自己的情绪吗?如果是,你是如何做到的?虽然情绪成熟是一个复杂的概念,但是我们可以循序渐进地成长!

情绪成熟的人有以下一些基本表现:①有同理心、能为他人着想:更多地能站在对方的角度看待问题,而不是以自己的标准来度量他人。②有担当精神、敢于承担责任:对于逆境不逃避不退缩,敢于直面问题,而不是推卸责任。③就事论事、对事不对人:在与人往来互动中发生矛盾与冲突,就事论事,而不是就事论人,片面地认为在某件事情上与对方发生矛盾是对方在攻击自己,于是就产生愤怒情绪而攻击对方。④懂得爱自己:听从自己内心的声音,能满足自己的合理需要,做自己想做的事,开心快乐,并分享快乐。更多情绪成熟的具体表现请扫码阅读。

七、拓展训练

1.小组交流探讨:学习情绪管理到底有什么价值?

2.情绪曲线绘制:以周为单位,在坐标系中绘制出情绪变化曲线,对曲线的"拐点"进行编号,并标明这些拐点对应的情绪事件。然后,就其产生原因和当时调节处理的方法等方面进行分析。

扫一扫
练习巩固

学习心得

成长壮大篇：提升调适能力

大学生的心理健康教育是高校育人的重要任务之一，关乎学生健康成长、成人成才以及和谐校园的建设。良好的心理调适能力是大学生保持健康心理、全面协调发展的基本保证。大学生是增强自我心理调适能力、确保自身心理健康成长的第一责任人。在不断朝着高素质技术技能型人才目标前进的过程中，只有明确了其中道理，才可能积极主动地投入到自我调适能力提升的具体行动中，让自己更好适应变化的环境并处理好情感婚恋等人生课题，成为挫折的挑战者、生命的呵护者，探索出一条健康和谐发展之路。为此，让我们一同走进《成长壮大篇：提升调适能力》，开启《心理健康与环境变迁》《心理健康与情感婚恋》《心理健康与生命关怀》三个模块的学习之旅。

我不以一个人能爬得多高来衡量他有多成功，而是看他跌至谷底后，能反弹得多高。——巴顿

成长模块五　心理健康与环境变迁

扫一扫

数字资源集合5

青年之字典，无「困难」二字，青年之口头，无「障碍」之语。——李大钊

　　人永远处于变化的环境之中。面对变化的环境，是积极适应并成为环境的主人，还是消极适应或成为环境中的"奴隶"，影响着一个人的心理健康与人生幸福。高等职业学校的大学生是新时代经济社会高质量发展的生力军，面对复杂多变的国际环境和中国式现代化发展新征程带来的新使命、新挑战、新境遇，唯有适度开放自己、自我变革，才能更好地适应新环境、应对各种挑战；唯有敞开心扉、真诚相待、包容接纳、相互欣赏认可，才可能和谐共生，与他人、集体保持和谐融洽的关系，找到归属、心存底气。

单元一　环境变化适应　在变革中走向健康

学·习·目·标

■ 知识目标

1.正确理解环境、适应等概念内涵。

2.明确大学生在环境适应中的问题。

■ 技能目标

1.学会适应环境的变化。

2.习得适应环境的方法和能力。

■ 思政目标

1.要有随环境变化而不断自我变革的思想意识。

2.遵守社会公德、社会秩序，增强规则意识。

高等职业学校的大学生不仅要有知识、有技术,还要有思想、有情怀、有素质、有智慧,这样才可能更好地顺应时代的发展,在变化的世界中掌握发展的主动权。正如皮亚杰所言,智慧的本质就是适应。由中学来到大学,伴随学习生活环境的变化,大学生要积极主动地适应,就需要适度地开放自己,从原来的思想观念和行为模式中解放出来,对已经陈旧过时的观念与行为进行变革,以满足新环境的要求,这样才可能更好地保持心理健康并全面发展。

一、案例启思

塔克拉玛干沙漠是世界上第二大沙漠,被称为"死亡之海",许多人都想征服它,不过,不少的沙漠探险者都失败了,有的甚至不幸遇难。专家推测,遇难的主要原因是炎热、饥饿和方向的迷失。后来,一位52岁的欧洲女性卡拉·佩罗蒂却创造了奇迹,只身一人,历时20天,于1998年11月18日成功穿越了这"死亡之海"。记者很好奇,采访她:"你成功的奥秘是什么呢?""没什么奥秘,我只是比过去的探险者多了三样东西。"她回答说。"哪三样东西呢?"记者接着追问。"长效蛋白、冬季、装有太阳能电池的背囊睡袋。"卡拉回答道。"这三样东西跟成功穿越死亡之海有什么关联呢?""关联可大了,没有它们,我就不可能成功。首先,长效蛋白是药片形的,体积小、重量轻便于携带,能量高,吃一片可以管较长时间,这就解决了穿越沙漠中的能量供应问题。那特殊的背囊背后在身上可以跟天上卫星呼应起到导航定向作用,这就解决了容易迷失方向的问题。在时间上选了冬天,而不是选其他三个季节,是因为春天细菌繁殖容易染病,夏天烈日炎炎大环境谁都无法控制,秋天有沙尘暴、人完全可能被吞噬掉,冬天尽管寒冷,但背在身上的背囊睡袋完全可以让身躯小环境暖融融的。"记者聆听了卡拉对"三件宝"的解读后,继续追问:"你怎么知道这三件宝,而过去那些人却不知道呢?""我之所以知道寻找这三件宝,是因为我不像他们那样千方百计跟沙漠那种特殊的环境对着干,而是根据沙漠环境的特点与脾性,千方百计去顺应它适应它。"

*你从卡拉的案例材料中得到什么启示?

*你认为卡拉成功穿越"死亡之海"的真正原因是什么?

*你若想成功,你将以什么姿态面对当下的环境和今后一个又一个变化的新环境?

二、自我评估

以下的问卷是关于大学生心理与环境适应性测量方面的,能够较好地测量出大学生适应环境方面的情况。问卷一共有20个题目,每题均给出了5个备选答案,请你从中选择一项最适合自己的答案。

1.假如将每次考试的试卷拿到一个安静、无人监考的房间里去做,我的成绩一定会好一些。

A.很对   B.对   C.无所谓   D.不对   E.很不对

2.在夜间走路时,我能比别人看得更清楚。

A.是   B.好像是   C.不知道   D.好像不是   E.不是

3.每次离开家到一个新地方,我总爱闹点毛病,例如失眠、拉肚子、皮肤过敏等。

A.完全对   B.有些对   C.不知道   D.不太对   E.不对

4.在正式运动会上,我取得的成绩通常比体育课或平时练习的成绩要好一些。

A.是   B.似乎是   C.吃不准   D.似乎不是   E.正相反

5.我每次明明把课文背得滚瓜烂熟,但在课堂上背的时候,却总是要出点差错。

A.经常是   B.有时是   C.吃不准   D.很少这样   E.没有这样

6.开会轮到我发言时,我似乎比别人更加镇定,并且发言也显得很自然。

A.对   B.有些对   C.不知道   D.不太对   E.正相反

7.我冬天比别人更怕冷,夏天比别人更怕热。

A.是   B.好像是   C.不知道   D.好像不是   E.不是

8.在嘈杂混乱的环境中,我仍能精力集中地学习与工作,效率并未大幅度降低。

A.对   B.略对   C.吃不准   D.有些不对   E.正相反

9.每次体检,医生都说我"心跳过速",但实际上我平时的脉搏很正常。

A.是   B.有时是   C.时有时无   D.很少有   E.根本没有

10.如果需要的话,我可以熬一个通宵,精力充沛地工作或学习。

A.是   B.有时候是   C.无所谓   D.很少是   E.完全不是

11.当父母或兄弟姐妹的朋友来家做客时,我尽量回避他们。

A.是   B.有时是   C.不一定   D.很少是   E.完全不是

12.出门在外,虽然饮食、睡觉、环境等都发生了很大变化,但我很快就能习惯。

A.是   B.有时是   C.不一定   D.很少是   E.完全不是

13.在参加各种比赛时,赛场上越热烈、观众越加油,我的成绩反而越上不去。

A.是   B.有时是   C.不一定   D.很少是   E.不是

14.在上课回答问题或开会发言时,我能镇定自若地把事先想好的一切都完整地说出来。

A.对   B.较对   C.这一定   D.不太对   E.不对

15.我认为一个人做事的效率比大家一起干要高一些,因此我愿意一个人做事。

A.是　　　　B.好像是　　C.不一定　　D.好像不是　　E.不是

16.为了能够和睦相处,我常常放弃自己的意见,附和大家。

A.是　　　　B.有时是　　C.不一定　　D.很少是　　　E.根本不是

17.当着众人和陌生人的面,我感到窘迫。

A.是　　　　B.有时是　　C.不一定　　D.很少是　　　E.不是

18.无论情况多么紧急,我都能注意到该注意的细节,不丢三落四。

A.对　　　　B.较对　　　C.不一定　　D.不太对　　　E.不对

19.在和别人争吵时,我常常哑口无言,事后才想起应该如何反驳对方,但是已经太晚了。

A.是　　　　B.有时是　　C.不一定　　D.很少是　　　E.不是

20.每次参加正式考试或考核,我的成绩常常比平时的成绩更好一些。

A.是　　　　B.有时是　　C.不一定　　D.很少是　　　E.不是

【记分方法】

凡单号题(1、3、5……),从A到E五种回答,即很对、对、无所谓、不对、很不对,分别记1分、2分、3分、4分、5分;;凡双号题(2、4、6……),从A到E分别记5分、4分、3分、2分、1分。将20道题的得分加起来即得到总分。

【结果解释】

总分不同,意味着个体对环境的适应状况不同。总分与环境适应之间的对应关系如下:

81~100分:适应性很强;61~80分:适应性较强;41~60分:适应性一般;21~40分:适应性较差;0~20分:适应性很差。(选自杨丽主编的《新编大学生心理健康》)

【评估结论】

_____

_____

三、知识滋养[①]

(一)适应高校的新环境

1.对"适应"概念的理解

心理学家沃尔曼对"适应"作出了如下定义:一种与环境融洽和谐的关系,包括满足一个人的绝大多数需要,并且拥有符合要求所必需的行为变化,以便

---

①丁志强.大学生心理健康成长导航[M].成都:西南交通大学出版社,2017:95-97.

一个人能与环境建立起一种融洽和谐的关系。

大学生的适应性是指提高大学生随外界环境条件的改变而改变自身的特性和生活方式的能力,这是个体在现实生活环境中维持一种良好而有效生存状态的过程。适应又分为积极适应与消极适应。积极的适应是一种健康的适应,它有两种含义:一是改变自己以顺应环境或顺应环境中的某些变革;二是不断地抗争和选择,从一个目标走向另一个目标,这是发展性适应。消极的适应是一种不健康的适应,它以牺牲个体的发展为代价,甚至会导致某些不同程度的心理问题或疾病。

2.适应不良的行为表现

在现实生活中,适应不良的行为表现往往有以下三种:第一种方式是反抗现实,由对现实的不满转而反抗现实,反抗现有的社会规范,反抗社会权威,甚至产生更为严重的反社会行为。其结果是不能解决问题,反而会带来更为严重的挫折,甚至毁灭自己。第二种方式是逃避现实,由于个体承受不了现实压力,从经验中学会不面对现实,而以自欺欺人、掩耳盗铃的方式来应付问题,借以获得暂时性的满足,但久而久之会造成更大的失败。第三种方式是脱离现实,从现实中退却,沉湎于虚构的幻想世界,过的是完全与现实隔离的生活。此种方式易于导致心理疾病。

3.高校新的学习生活环境的适应

大学新生生活适应是其社会适应的前奏曲,适应能力的提高不仅对大学生适应新生活具有重要意义,而且对今后适应学习、人际关系,处理好人生道路上的各种问题都有重要价值。

相对于中学而言,大学是一个全新的环境,大一学生要面对一系列的变化。适应的内容包括以下方面:

①适应新的学习环境。学习环境的变化主要表现为学习目的的多样性;学习内容的专业性和探索性;学习方式的全方位性;学习态度的自主性和自觉性。

②适应新的生活环境。从父母照顾到自我照顾,在学习的同时还要学会处理日常事务。自由支配的时间增多,可以与社会进行广泛接触,对社会现象更加了解,价值观的冲突更加激烈,也面临更多的诱惑和选择。

③适应新的人际环境。大学是以集体生活为特征的,来自全国各地、兴趣爱好各异、生活习惯不同的同学共同生活,难免会产生矛盾,尤其对中学时代缺

乏住校经验的学生而言,这是不小的变化。大学生交往不再受父母老师的限制,交往的范围扩大,但是心理的闭锁性特点使得大学生相互之间的交往不如中学融洽,处理人际关系相对困难。同时,恋爱问题也提上议事日程,同学的恋爱以及自己面临的恋爱,会使人际关系变得更加复杂。

④适应新的管理环境。管理环境的变化主要体现在教学管理制度、就业制度、管理制度等方面。尤其在管理方法上,大学对学生的管理不如中学严格,尽管有辅导员、班主任,但是他们的职责主要是通过指导、组织开展多种活动,培养学生的自主、自立、自理能力,要求学生自我管理和自我约束。

⑤适应新的参照环境。大学新生都是高考中的优胜者,也是中学里的出类拔萃者。进入大学后,参照环境发生了变化。一方面,"比较团体"扩大了,由中学的几百人、上千人扩大到几千人、几万人,在这样"强手如林"的范围内比较,自身位置肯定会发生变化。另一方面,"比较范围"也拓展了,不仅仅局限于学习,还包括研究能力、社交能力、艺术修养、个人魅力等。这就带来了自我认知与评价问题,即如何在新的集体中对自己有一个正确的认识和准确的定位。

⑥适应新的校园文化环境。校园的文化环境包括校园内的政治、经济等社会心理气氛、生活方式、课外活动等,集中体现在校风、班风和学风上。一般来说,优越的科研条件,雄厚的师资队伍,严密的教学环节,勤奋的学习风气,丰富的文体活动,多样的社会实践,为大学生的健康成长提供了良好的文化环境。因此,大学生一方面要尽快适应大学的文化环境;另一方面应从自己做起,为良好的校园文化环境增彩。

(二)环境适应中的从众现象

1.对环境概念的理解

环境是指围绕着人群的空间以及其中可以直接或间接影响人类生活和发展的各种因素的总体。环境一般可分为物理环境、社会环境和象征环境三种。物理环境又分为自然环境和构筑环境。这些环境都以各种不同的方式对人的心理和生理产生影响。环境心理学以各种环境同人类心理的相互关系为研究对象。其研究任务是阐明人们在各种环境中的心理特点,揭示人类心理的发展同环境变化的关系,以便调节、控制人类与环境之间的物质和能量的交换过程,达到发展生产、保护人们身心健康、促进社会进步的目的。

我们可将环境区分为个体出生前的先环境,即合子环境,和出生后的后环境,即外环境。外环境又分为物理环境和社会环境。物理环境按人类干预的程度大小,又可分为自然环境和人为环境(或社会环境)。环境对人的影响是方方面面的,比如大学生中常常会出现的"从众"现象。

2.环境适应中的从众现象

从众是指个人受到外界人群行为的影响,而在自己的知觉、判断和认识上表现出符合于公众舆论或多数人的行为方式。在通常情况下,多数人的意见往往是对的。从众者服从多数人的意见,一般是不错的。但从众者往往缺乏分析,不独立思考。

新生入学后,都在探索新的学习方法,寻求新的学习动力。班级、宿舍每个成员的学习态度、学习方法、学习成绩以及平时学习时间的利用,都成了其他成员最直接的参照标准。他们在形成自己的学习特点的同时,在某些方面也程度不同地与班级、宿舍大多数人保持一致。不仅如此,作息习惯、生活情趣、业余爱好也易趋于相同和从众,共同合成对班级、宿舍成员的鞭策力。某大学一个班有几名爱好长跑的同学,男生健壮、女生苗条以及在运动会上的风光引得同学频频称羡,不知不觉大部分同学成了他们的追随者。某年冬季全校越野赛前10名中,竟有5位是该班同学。某医药职业学院曾经有6名学生,大学几年一直同室而卧,早晨6时起床,晚11时入睡,该室同学能弹会拉,在文艺晚会上"屡建奇功",在演讲比赛中叱咤风云,毕业前5人全被大公司相中,成功签约。由此可见,"班级效应""宿舍效应"在班风、舍风中的作用。反之,庸俗的从众行为往往会导致班风、舍风消极落后。

从众于老生、老乡也是新生中较为普遍的现象。新生涉世不深、情况不熟,易简单模仿他人的行为。他们有的把"信得过"的老生、老乡作为他们学习的"楷模",有的干脆"跟着'二老'走,永远不回头",盲目从众。学习上表现为"老生(乡)怎干就怎干",在遵守校规校纪方面表现为"向老生(乡)看齐",这很容易导致"从良则良,随莠则莠"的结局。有的新生盲目从众,受高年级师哥师姐或老乡的影响,受之舞弊、赌博之"经"和逃课、恋爱之"宝",没有把主要精力放在学习上,并染上一些不良习气。

随着大学生活的深入,具有相同兴趣的同学相聚在一起,形成"趣缘圈",这是大学生社交最广泛的形式。"趣缘圈"对大学生有极大的吸引力,往往对大学生思想观点的形成有很大的影响。导致大学生从众心理的人群效力有所不同。根据调查,第一,大学生最容易从众于恋爱对象。第二,从众于老生、老乡。第三,从众于室友或"趣友"。第四,从众于同班同学。第五,从众于同年级、同专业的同学。

大学校园的从众行为既有积极的方面,又有消极的方面。研究大学生的从众现象,对于优化群体结构,利用从众行为的积极影响,防止其消极作用,具有重要的意义。

过分的从众行为普遍反映了部分大学生自我意识弱化、独立性较差,缺乏个体倾向性的世界观、人生观、价值观。这是从众行为中消极现象抬头的主要原因。即使从众行为出现积极效应,一旦失去这种从众氛围,大学生就很容易不知所措,找不到自己努力的方向,走向社会后感到迷茫、失落,实际上,这是从众现象最直接的后遗症。

此外,一味从众也容易导致大学生心理障碍的发生。从众的直接表现便是千军万马过独木桥,竞争过程的挫折、失落,很容易使得大学生精神压力过大,心理状况失衡。据调查,在校大学生中20%的人有程度不同的心理疾患。

从众心理人皆有之,但以被动为前提的从众,势必使你的独特失去价值。一味从众便意味着自己失去了一片晴朗的天空,抛却了一片属于自己的领地。盲目从众意味着丢失了以具有个体色彩的思维和行动编织的"草帽",在喧哗与骚动中麻木自己,"创新意识"在头脑中只成了四个机械的汉字,所接受的高等教育也锈蚀成了斑驳的条条框框,毕业证书和学位证书只成了人生进程中的标志,难以成为升华人生的动力。大学生只有摆脱盲目从众的心理,用独立的思想和明晰的脚印使自己主动融入集体的行列,才会拥有一个真正属于自己的人生。

(三)提升环境适应能力

1.对适应能力的理解

在生活中,我们常常"被要求"提高自己的适应能力。例如,身边的人经常会说:"你需要适应社会""你需要适应学校""你需要适应公司环境",我们有时会感觉自己似乎比别人慢了半拍,总是被别人牵着鼻子走。

这个时候,先简单回想一下自己一开始是怎么面对这个世界的?我们的适应能力并没有那么差,也不是那么糟糕。对于年幼的我们来说,每一天的经历、每一件事物都是陌生的,可我们一直是轻松快乐的,我们曾拥有着如此积极、强大的适应能力,为什么长大后就消失了呢?

是成熟的社会经验让我们变得谨慎了吗?是一次次的失败经历让我们失

去了自信吗？是条条框框的社会规则束缚了我们吗？还是长大后的世界令我们思维匮乏？似乎确实是这样，每一句话都说得对。但是，又不知是否发现：每一句话都有一个共同点——我们的自我萎缩了！

根据认知心理学的观点，适应能力指的是人随着外界的改变，相应地改变自己的行为方式、心理状态、思维方式等以适应变化，与外界相和谐的能力。适应能力包含着内外两个共同方面：内心的理解能力和外在的执行能力。适应能力变差表现为我们无法执行外界要求的条件。

这很好解释，要么是我们理解得不够，要么是我们理解了却做不到。最简单的比喻：用你不懂的外语和你交流，你当然无法执行任务，因为你根本理解不了；要爱因斯坦去画一幅《蒙娜丽莎的微笑》，他当然画不出来，因为他没有绘画能力。

确实如此，即使明白了这个道理，为什么还是无法提高适应能力呢？为什么在一个客观看来能做到的事情上却始终无法成功？这其实牵涉到了思想与行动之间的联系。

2.通过联想来提升环境适应能力

我们在面对某个时间、某个地点的某一事件的时候，我们的思想往往不会单一停留在这个时间、这个地点、这个事件的单一元素中，因为我们要运用自己的知识经验来理解，这必然会让我们产生好的与不好的联想。

而联想的过程中，消极的人会被黑暗吞噬，被不好的经验或者负面情绪束缚住手脚。而积极的人会集中精力减少这一类影响，眼里只有眼前的事，和一根筋很像，专心致志、心无旁骛足以让大部分的事成功，比如学习。

首先，我们要充分理解一件事，要保证自己的思考能力不会受到限制，不妨每天做一些大胆的想象，每天早晨起床前在床上大胆地设想。有了想象力，看问题自然就有自信了。

害怕会导致思维匮乏。我们缩手缩脚面对社会规则也是因为没有彻底理解社会规则。我们会被失败的阴影笼罩也是因为没有完全理解那件失败的事情的前因后果以及意义。所以，不要让陈规陋习束缚了自己。

其次就是执行能力，这是最简单的。你问我这个问题不懂怎么办？这件事不会做怎么办？不懂就去问，不会就去学啊。连问的勇气都没有，那还怎么指望积极理解？连学习的欲望都没有，那还怎么指望会做？

还记得电影《大话西游》里强盗头子至尊宝怎么辩解自己的斗鸡眼的吗：

我只是尝试着把视线集中于一点,以改变自己以往对事物的看法。嗯,就是这样,我们要懂得给自己和这个世界一个合理的解释,然后就能一步步适应过来了。

四、成长训练①

人是环境的产物,我们都是在不断适应自然环境、社会环境的过程中逐步成长起来的。达尔文的"物竞天择,适者生存"法则虽然是针对生物界而言的,但对人类而言,同样具有一定的借鉴意义,因为人本身就是生物的一种,是高度进化了的生物。说起适应,有些人认为,适应不就是使自己顺应客观的环境吗?然而,依照心理学的观点,适应包含顺应但不等于顺应,适应更重要的还在于个体对自己所处的环境作出判定,发挥积极的能动作用,在可能的情况下,改变某些客观条件。由此可见,适应并不是一个消极被动的过程,而是一个积极主动的过程。面对生活和学习环境的变化,我们应怎样去适应全新的大学生活呢?

◎训练一　怎样适应新环境

1.新生适应不良综合征

有的高校新生在较长一段时间内不能很好地适应学校新的环境,由此会引起心理上的焦虑感、疲倦感、烦乱感、无聊感、无用感和行为上的不良症状,这种现象被称为"新生适应不良综合征",也有研究人员把大一这段时间称为"心理间歇期"。具体表现为自我定位摇摆、奋斗目标迷茫、新的生活方式适应困难、社交困惑等。

【读一读】谁知我心

大一新生的矛盾心理素描

自豪与自卑并存;放松与紧张交替;孤独与恋群交织;求知与厌学同在;空虚与恐惧交错;自立与依赖相随;希望与失望相伴;开朗与沉静矛盾;友情与爱情相辅相成。

大一新生的消极适应心理

期望过高引起的失落心理;环境生疏诱发的防范心理;目标失落导致的困惑心理;地位变化产生的自卑心理;怀旧依赖带来的孤独心理;盲目乐观造成的挫折心理。

---

①丁志强.大学生心理健康成长导航[M].成都:西南交通大学出版社,2017:98-111.

2.新环境中的适应游戏

进入大学,学生的人际交往状态发生了根本的变化。一方面,客观上,新的环境、新的同学要求大学生独立地、主动地与各种陌生人打交道,社会化要求急速提高。主观上,他们渴望交往,渴望理解、渴望友谊,但当他们面对素昧平生、性格、脾气、习惯各不相同的同学,面对新的班级时,常常因交往能力不足而感到难以适应。对近几年新生的调查发现,新生面临的第一压力不是学习,而是新的人际环境的适应和构建。而如何建立协调友好的人际关系将对三年的大学生活产生重大影响。

通过以下活动一、活动二,大家可以简单介绍自己的性格特点、兴趣爱好和生活习惯,这有助于促进彼此了解,为融入新的人际环境打下基础。通过活动三,你可以体验到风雨同舟的感受,从而懂得合作和友爱的重要性。

【做一做】第一次握手

为了帮助大家了解新集体、融入新集体、认识新同学,结交新朋友,并适应高校的新生活。同时,也为了培养大家主动交友的态度,我们决定开展"第一次握手"活动,让每个人都能够努力让别人了解自己。

活动准备:根据班级具体人数,将相应数量的卡纸剪成心形,再把每个心形按小组人数随意剪成几块,每块后面写上组号,上课时分发给每位同学。

活动一:寻找"家人"。在领到的卡纸上写下自己的名字,离开座位,拿着卡纸寻找同组的成员,将同组成员的卡片拼在一起,组成原来的心形,看哪组最快。

活动二:滚雪球。让我们按照刚才活动的分组坐好。接下来,我们将按照顺序介绍自己,包括姓名以及我们最与众不同的地方。在介绍自己时,我们必须抓住自己的特点和独到之处,这样能够让大家很快记住自己。第一位同学说:"我是×××,我最大的优点是……"第二位同学说:"我是×××旁边的××,我最大的优点是……"第三位同学重复第二位和第三位的姓名,依此类推。

活动三:认人比赛。随机请出一名同学,其他组的同学要介绍他(她)的名字和最大的优点。如果介绍正确,就给该组加上一分;如果介绍不正确,请该同学再自我介绍。

活动心得:_____

_____

_____

3.巧妙应对新环境中的压力

高等职业学校的新生都面临着环境的改变,随着环境的改变,压力也会随之而来。即使是大二、大三的同学同样也处于环境的变化之中,也会承受着环境带来的压力。同学们要消解因学习、生活环境的变迁以及大学校园的应时变化带来的压力,也应掌握一些科学有效的方法。以下这些方法有助于大家正确对待并处理新环境或环境变化带来的压力。

【读一读】正确对待环境带来的压力①

减压首先要认识压力,了解自己到底承受着哪些压力;然后,就要设法消除环境中不必要的压力源;对于实在不能避免的压力,可以借助"凯利魔术方程式"来程式化处理;在学习工作之余,要学会放松与转移注意力,做到张弛有度;寻求支持很重要,一个人的力量很有限,寻求外界力量的支持常常能让自己走出困境、消解压力。

通过阅读减压材料,应对环境压力的措施方法有:＿＿＿＿＿＿＿＿＿＿＿＿＿

＿＿＿＿＿＿＿＿＿＿＿＿＿＿＿＿＿＿＿＿＿＿＿＿＿＿＿＿＿＿＿＿＿＿＿＿＿

＿＿＿＿＿＿＿＿＿＿＿＿＿＿＿＿＿＿＿＿＿＿＿＿＿＿＿＿＿＿＿＿＿＿＿＿＿

◎训练二 怎样适应大学生活

1.生活的适应

大学生活相较于中学生活,其最大的特点就是要求学生必须独立、自主。无论是衣食住行、学习交友,还是认识未来人生、社会发展以及复杂的世界,都需要更多地依靠自己去思考、判断、选择和行动。

【读一读】学会适应自己的大学生活

良好的生活习惯是确保有效利用大学黄金时光的重要基础。为了让大学生活过得充实、有意义,从刚步入大学生活开始,就要重视良好生活习惯的培养,制订切实可行的生活计划,让自己在合适的生活节奏中有充实感。高中时养成的良好习惯仍可继续坚持,比如早睡早起就是一个好习惯,有必要继续坚持,而不是像有的大学生那样,以为进入高校就可以轻松了,就可以睡懒觉了,晚上就可以通宵打游戏。这些行为是极端不好的。

进入高校后,我们需要具备一定的辨别力、判断力,并能够安排好自己的大学生活。尤其需要在以下几个方面处理好问题:(1)不要盲目听信师哥师姐对一些问题的看法,要有自己的判断,要始终保持初心,坚守自己的理想信念。(2)对未来发展要早做准备、早做规划,成为自己人生的真正主人,自己给自己发"起跑令",而不是处于被动状态。要做到不等不靠,自己创造机会。(3)要学会与老师沟通,而不是"闭门造车"。老师是引路人,通过与老师交流互动,能够

---

①贾晓明.大学生心理健康[M].北京:北京理工大学出版社,2005.

让自己更加明确方向或及时调整好方向，并从中得到前进的动力。(4)经济上要学会计划开支。钱不在于有多少，贵在计划开支。如果不会计划开支，再多的钱都不够用。(5)要学会照顾自己，打理好自己的衣食住行，关注自己的心理世界，坚持锻炼身体，让自己身心健康。(6)学会与同学室友和谐共处。他们就像是你的"家庭成员"，与他们和睦相处，才有"家的感觉"，才有归属感，生活起来才可能有安全感、愉快感。

2.学习的适应

学习是大学生活的主旋律。如前所述，大学的教学风格、教学模式与中学有明显的不同，如何尽快地适应大学的学习生活，是每一个新生必须注意并解决的问题。

【想一想】如何适应新的学习环境

(1)尽快熟悉学习环境。

新生入学后应该了解现有的学习条件、学习资源等。你对以下这些教学与办公场所及其有关场馆的位置了解吗？

教学楼＿＿＿实训楼(室)＿＿＿语音室＿＿＿体育馆＿＿＿报告厅＿＿＿

图书馆＿＿＿学生处＿＿＿教务处＿＿＿招就处＿＿＿保卫处＿＿＿

辅导员办公室＿＿＿＿＿＿院长(系主任)办公室＿＿＿＿＿＿＿

(2)要树立新的学习观点。

大学的教育目的主要是为国家培养高级专业人才。高等职业学校教育更是突出了它的专业应用性，为经济社会高质量发展培养高素质技术技能人才。在大学中，学习方法主要是以学生的自主探索为主，教师的引导为辅。教师的主要作用是激发学生的探索热情，并为学生创造学习条件。

你打算树立与大学新学习相适应的学习观点是：＿＿＿＿＿＿＿＿

＿＿＿＿＿＿＿＿＿＿＿＿＿＿＿＿＿＿＿＿＿＿＿＿

(3)要调整新的学习方法。

面对不同课程，在学习方法上的打算有：＿＿＿＿＿＿＿＿

＿＿＿＿＿＿＿＿＿＿＿＿＿＿＿＿＿＿＿＿＿＿＿＿

面对学习成绩考核方式的不同，在学习方法上的调整有：＿＿＿＿＿

＿＿＿＿＿＿＿＿＿＿＿＿＿＿＿＿＿＿＿＿＿＿＿＿

面对所在环境学习氛围的不同，在学习思路与方法上相应做的调整有：＿＿

＿＿＿＿＿＿＿＿＿＿＿＿＿＿＿＿＿＿＿＿＿＿＿＿

(4)要确立新的学习目标。

端正学习态度，明确专业方向，培养专业情感和学习兴趣，及时确立新的学习成长目标，让自己有方向感。

大学时期你的学习成长目标是：_____

_____

3.人际关系的适应

对高等职业学校这种新的学习生活环境的适应，很重要的方面就是人际关系的适应。高校同学来自四面八方，各自有各自不同的生活成长经历，在性格、生活方式和文化习俗等方面都有差异。大家在一起共同学习生活，在人际关系的处理上比高中时期相对来讲就要复杂一些。尽管如此，只有彼此真诚相待、敞开心扉、相互接纳、彼此尊重、相互包容，大家依旧会和睦、愉快地共同学习生活成长。除了转变人际交往的观念及其交往互动方式以外，也可以以班会、团课的形式组织开展一些以人际关系为主题的团体活动，让大家在团体活动的"碰撞"过程中，缩短心理距离、增进同学友谊。

【问一问】大学生在人际交往过程中应该注意的问题

人是社会中人，大学生也不例外，身处一定的人际关系网络中。和谐的人际关系既是大学生心理健康不可或缺的条件，也是确保心理健康成长的重要途径。大家在人际交往过程中一方面要有宽容心态，对同学的过失乃至错误要有宽容的态度，而不是"得理不饶人"，不给对方自省、自觉、自悟、自改的机会。

同时，要放下"面子心理"，同学之间一些小的摩擦与矛盾，有时造成了很不好的后果，其中一个不容忽视的原因就是不愿意退让，不愿意说"对不起"，认为给对方道歉自己就没面子，没自尊。为了维护自尊，也就僵持着，最后就把小问题弄成了大问题。要避免冲动心理，同学之间共同学习生活，有时有些磕磕绊绊是难免的，关键的是面对这些磕磕绊绊要冷静，不能冲动，如果冲动就可能造成伤害。这种伤害不仅是身体上的伤害，更为严重的是心理上的伤害，最终让同学"伤心"，那就是很不好的事情。另外，就是要避免封闭心理，自我封闭会让自己与周围同学之间筑上一道无形的屏障，心理距离与之拉得远远的，这样让自己没有安全感、归属感。当然，自我封闭的原因是多方面的：有的可能是性格内向，有的可能是在与同学交往中被同学欺骗过不再相信同学……不管是什么情况，我们做好自己、适度开放自己是有必要的。当然，一个集体也要有良好的人际关系氛围，各自都有责任用真心真诚待人处事，彼此消除戒备心理，彼此传播正能量、传递人间真情。

"一问"：影响自己人际关系和谐的不良心理有：_____

_____

"二问"：今后克服这些不良心理的打算是：_____

_____

4.对任何环境的适应——做环境中的主人

首先,要了解这个环境,并且不能随便压抑自己的情绪和个性,一定要给自己的个性找到合适的展现位置。其次,要活得有自我、有信心,不胡乱比较,沉溺过去。这是一种保持健康心态的生活方式。只有相信自己能够适应,才能笑对很多未知的新问题。许多同学其实就是在自己与自己过不去,强迫自己生活在一个不可能回到的过去,同时在这种怀念中放弃了自我的适应能力,这是不可取的。最后,要拒绝孤僻。友谊永远是生活中不能缺少的阳光。和朋友们分享自己的快乐,分担自己的痛苦,这样才会真正体会到生活的滋味。很多人不愿意甚至害怕与人交往,这是一定要改正的缺点。我们生活在一个人与人之间互相联系的世界,如果强行将自己缚在一个茧子内,那一定会滋生许多阴霾的。要相信,那些沐浴在生活温暖阳光下的人们是不会抛弃生活的。

【读一读】做环境中的主人

在美国,一位军官接到了命令,要他一个人前往靠近沙漠的地方驻防,那里的生活条件很差,这位军官不想让新婚的妻子跟随他一起吃苦,但是妻子一定要跟他去。

他们在靠近印第安人村落的地方找了一间小木屋。这里白天酷热难耐,风一年到头都吹个不停。更尴尬的是,旁边住的都是不懂英语的印第安人,双方无法交流。日子一长,妻子觉得极其无聊。一次,趁丈夫外出参加部队演习,她就给母亲写了信,诉说苦处,并说她将要回家。

母亲很快回了信,意味深长地告诉女儿:"有两个囚犯从狱中望窗外,一个看到的是泥巴,一个看到的是星星。"寂寞的新娘并不真的愿意撇下自己的丈夫,想了想,便对自己说:"那我就去寻找那星星吧。"从此她改变了以往的生活方式,走出屋子,与周围的印第安人交朋友,并向他们学习如何编织东西和制陶,还因此迷上了印第安文化。不仅如此,她还开始研究沙漠,最后成了一名沙漠专家,写了一本有关沙漠的专著。许多年后,这位妻子回想往事,仍非常动情……

根据这则材料并结合自身情况,你准备怎样做环境中的主人?_____

_____

_____

◎训练三 超越自己

1.环境对我们的影响

大学生活是人生的一部分,但不是你的生活的序曲、准备与前奏。你的价值观、兴趣和工作准则开始在大学这个环境中形成。无论是好是坏,20岁的你都会影响60岁的你。研究证明，如果你现在心情愉快、善于自我调节，今后也会更多这样，当然，谁也不会在大学期间完全无忧无虑，但努力并善于在大学这种环境中进行自我调节，其主动权掌握在自己手中。保持良好的心境既是过程又是目的，它能让我们有个美好的人生。

在当前的学习生活环境中，有些现象需要我们说"不"，例如，缺乏自信、稍有不顺心就抱怨；不能合理安排时间、沉溺于游戏；过度焦虑、以自我为中心、自我封闭、缺乏合作精神以及做事拖拖拉拉。这些不良行为不仅身心健康有害，还会对周围环境产生消极影响。尽管任何环境都不可能完全一样，里面总会有让你感到厌恶的人或不良行为。但是，面对这些不良现象，我们要有积极的心态。一是尽可能地帮助那些暂时陷入迷茫的人、改善环境、营造良好的环境氛围；二是要增强环境免疫力，让自己在环境的考验中增强抗干扰和适应能力，不断用坚强的毅力和成长超越环境。

【读一读】李斯的故事[①]

楚国人李斯，在成为秦国丞相之前，曾在乡郡担任小官吏。他发现，厕所里的老鼠所食的都是不洁之物，即使如此，这些老鼠还要鬼鬼祟祟，见到人和狗就要躲开。然而，粮仓里的老鼠却不这样，吃不尽的储藏的粮食，住在大屋子里，也不会受到人和狗的惊扰。李斯感叹说：一个人贤能还是不成才，就像这老鼠一样，在于自己所处的环境罢了。于是，李斯向荀卿学习帝王之道。学成之后，他西行进入秦国，在秦国寻找到了成就自己的机会。

一个人的眼光、视野、理想、勇气、胆识、智慧以及品位，在不同的环境中会有截然不同的表现。俗话说：人往高处走。所谓的高处，就是能让一个人的价值得到最大体现的环境。身在烂泥地，心也无法自拔，这是恶劣环境对人的影响。

好的环境对人的最大改变，是让内心如骑上快马般奋勇向前。当一个人的内心不可阻遏的时候，所有外在的形式都会随之全速前进。因此，环境对人的改变，便是对内心的改变。改变环境，就是拯救内心。

故事阅读感言：_____

_____

2.不畏浮云遮望眼，只缘身在最高层——从大局着眼自己的人生

要超越自己的环境，就必须从大局着眼。在大学期间，应处理好以下几个方面的问题。这里我们只提出一个纲要，希望你对大学的整体情况有一个清晰

①崔棠华.白话古代世情故事研究丛书[M].沈阳:辽宁大学出版社,1993.

的了解。

【写一写】超越现在的环境,重建新的人生

国学大师王国维总结出治学的三种境界,即昨夜西风凋碧树,独上高楼,望断天涯路;衣带渐宽终不悔,为伊消得人憔悴;众里寻他千百度,蓦然回首,那人却在灯火阑珊处。大学学习生活也有三部曲:适应阶段、稳定充实发展阶段、收获与分离阶段。既然是必经之路,就没有理由另辟蹊径。现在的问题是如何稳步走下去。为了让大家稳步走下去,我们必须完成下面的任务:

(1)理想中的大学与现实环境带来的心理落差,你的心理落差是:_____

_____

(2)建立新的参照坐标,重新认识自己。你对自己的评价是:_____

_____

(3)学会与人相处,调整人际关系。你的人际关系现状是:_____

_____

(4)时间的合理安排和学习方法的调整影响大学生活的成败,你的情况是:_____

_____

(5)没有目标就没有方向和动力,你确立的大学时期的目标是:_____

_____

3.重塑自我

成功人士、名人、伟人,他们都是超越环境的"高手",有着惊人的毅力与韧劲,最终战胜了艰难的环境,重塑了自我,谱写了一曲曲超越逆境的动听乐章。下面这个故事有助于我们在新环境中重塑自我。

【读一读】生理年龄与心理年龄

麦当娜具有公认的表演才华和令人耳目一新的生活理念。她在40多岁的时候曾标识,虽然她的生理年龄是40多岁,但她认为必须减去5岁,实际年龄应该是35岁。她有理由这样认为,因为她的生命中有5年是被浪费掉的,这浪费掉的5年应该被减去。因此,在她看来,她可以理直气壮地再次年轻一次。

请问:主人公是如何超越自己的实际年龄和现实环境,以达到理想中的自我状态的?

_____

_____

五、助人自助

(一)帮助小汪适应大学生活

请根据下面有关小汪(化名)环境适应方面的材料内容,帮助小汪正确评价自己的人生,审视自己的学习生活习惯,更好适应大学生活。

小汪来自偏远山区,家庭贫困,自幼多病。但是,他凭借着自己的刻苦努力和天资聪颖,成功考上了大学。原本他应该充满希望地开始新的大学生活,可是,入校一段时间之后,他开始逐渐感到悲观失望。

原来,他把自己与周围众多来自城市的同学加以比较,发现自己许多方面与他们差距较大。例如,城市来的同学英语基础好,听力、口语也不错,而他过去因为条件限制在这些方面并不出色;他们善于交际,人缘关系好,左右逢源,而他更多是处于孤独之中;他们多才多艺,能歌善舞,电脑玩得也很熟悉,而他没有太多的爱好;在生活开支方面更是差距明显。于是,小汪就认为自己今后无论怎么努力也难以获得成功。从此,他背上了沉重的心理包袱和压力,渐渐失去了往日的自信与自尊。

(二)帮助小梳突围现实窘境

请阅读以下内容,然后对小梳(化名)进行劝解和帮助,引导她克服困境、增强信心、看到希望,重新扬起勇往直前的风帆。

我叫小梳,我有些心理方面的困惑,希望你能帮我解答。我本来是一个比较乐观的人,即使遇到一些影响我情绪的事情,我也能够较好地调节自己。我的学习成绩也一直不错。但是让我感到苦恼的是,我的英语四级考试考了三次都没有通过,这让我感到非常沮丧,甚至觉得很丢脸!我很怕跟人提起考四六级的事情!我开始怀疑我的心态是否出现了问题。我在想,如果这次我还是不能通过的话,该怎么办?

目前,让我更加苦恼、犹如雪上加霜的是,前段时间,我的男友无缘无故地提出了分手。这真的就像是屋漏偏逢连夜雨,我感觉所有的不幸事情都接踵而至,让我喘不过气来,每天都在紧张中度过,晚上失眠也越来越严重了。我真的感到很痛苦。有时候我会觉得自己很消极,对任何事情都提不起兴趣,也不想和人交流,我怀疑自己可能患上了抑郁症或焦虑症。我真的感到很烦乱,很无助,很痛苦,不知道该怎么办,什么时候才能重新看到明媚的天空。

六、体验升华

鲁迅是一位非常珍惜时间的人,请阅读有关鲁迅珍惜时间的材料,然后联系自己对当下学习生活环境的适应情况,进行反思和感悟升华。

扫一扫

练习巩固

七、拓展训练

1.小组交流与探讨：请简述适应现象的性质与特点。

2.行动计划编制：编制一份增强自己心理适应力的行动计划。

学习心得

单元二　人际交往互动　建立和谐人际关系

学习目标

知识目标

1.理清人际关系的基础概念,认识人际交往的重要性。

2.明白人际交往中的常见困惑、了解其影响因素,清楚人生就是人际交往互动的一个旅程。

技能目标

1.正确对待人际关系障碍,掌握自我调适的方法。

2.能够妥善处理自身的人际关系,及时消除人际冲突。

思政目标

1.树立大局观,培养集体意识,增强与同学、老师主动沟通的自觉意识。

2.营造和谐的人际交往氛围,增强在人际交往中提升自我的自觉意识。

当今社会,衡量个人能力的一项重要指标就是人际交往能力。良好的人际关系有助于心理健康,也是评估个人心理健康的重要标准之一。众多的心理健康调查研究表明,人际交往问题既是大学生主要心理问题表现,又是引起其他心理情绪问题不可忽视的重要因素。因此,帮助包括高等职业学校在内的应用型高等学校大学生反思个人的人际关系现状、理解人际交往的重要意义、发展人际交往技巧、提升人际交往能力以促进自我心理健康成长是本单元的重点。

一、案例启思

大一新生小芜(化名)主动来到学校心理咨询中心寻求心理帮助。在咨询初期,小芜倾吐了自己的困惑:明明升入同一所大学后,为什么自己的高中好友小南反而和其他人(小青)更为亲密,和自己却越来越生疏了呢? 小芜列举了几件事:一是小南和小青很有共同话题,自己想加入却无话可说,在小南主动和她沟通的时候,自己就会很生气,就不愿意和小南沟通;二是三人一起外出吃饭时,大家讨论吃什么的时候,小青提出多种建议,小芜觉得和自己的想法有差异,但又不想解释,就直接表示自己不想吃饭,然后自行回寝室了。因为小芜始终对小青有敌意,多次发生冲突,小南劝解无效,且小芜拒绝沟通,后来小芜和小南也越来越疏远。小芜陷入自己的情绪怪圈中,越来越难受,导致抑郁复发。

　　*你从案例内容初步推断小芜存在什么样的"问题"?

　　*如果你是小芜,你应该怎么做?

二、自我评估

　　这是一份人际关系行为困扰的诊断量表,共28个问题,每个问题做"是"(打√)或"非"(打×)两种回答。请你根据自己的实际情况如实回答,答案没有对错之分:

1.关于自己的烦恼有口难言。　　　　　　　　　　　　　(　　)

2.与生人见面感觉不自然。　　　　　　　　　　　　　(　　)

3.过分地羡慕和妒忌别人。　　　　　　　　　　　　　(　　)

4.与异性交往太少。　　　　　　　　　　　　　　　　(　　)

5.对连续不断的会谈感到困难。　　　　　　　　　　　(　　)

6.在社交场合,感到紧张。　　　　　　　　　　　　　(　　)

7.时常伤害别人。　　　　　　　　　　　　　　　　　(　　)

8.与异性来往感觉不自然。　　　　　　　　　　　　　(　　)

9.在与一大群朋友在一起时,我常感到孤独或失落。　　(　　)

10.极易受窘。　　　　　　　　　　　　　　　　　　(　　)

11.与别人不能和睦相处。　　　　　　　　　　　　　(　　)

12.不知道如何与异性相处并适可而止。　　　　　　　(　　)

13.当不熟悉的人对自己倾诉他的生平遭遇以求同情时,我常感到不自在。

　　　　　　　　　　　　　　　　　　　　　　　　　(　　)

14.担心别人对自己留下什么坏印象。　　　　　　　　(　　)

15.总是尽力使别人赏识自己。　　　　　　　　　　　(　　)

16.暗自思慕异性。　　　　　　　　　　　　　　　　(　　)

17.我时常避免表达自己的感受。　　　　　　　　　　(　　)

18.对自己的仪表(容貌)缺乏信心。　　　　　　　　　(　　)

19.讨厌某人或者被某人所讨厌。　　　　　　　　　　(　　)

20.瞧不起异性。　　　　　　　　　　　　　　　　　(　　)

21.不能专注地倾听。　　　　　　　　　　　　　　　(　　)

22.自己的烦恼无人可倾诉。　　　　　　　　　　　　(　　)

23.遭受别人排斥与冷漠。　　　　　　　　　　　　　(　　)

24.被异性瞧不起。　　　　　　　　　　　　　　　　(　　)

25.不能广泛地听取各种意见、看法。　　　　　　　　(　　)

26.自己常因受伤害而暗自伤心。　　　　　　　　　　(　　)

27.常被别人谈论和愚弄。　　　　　　　　　　　　　（　　）

28.与异性交往不知如何更好地相处。　　　　　　　　（　　）

本量表由北京师范大学郑日昌教授等编制,共28个问题。请你认真完成,并参考评价方法,对测试结果做出解释。

【评价方法】

Ⅰ	题目	1	5	9	13	17	21	25	小计
	分数								
Ⅱ	题目	2	6	10	14	18	22	26	小计
	分数								
Ⅲ	题目	3	7	11	15	19	23	27	小计
	分数								
Ⅳ	题目	4	8	12	16	20	24	28	小计
	分数								
评分细则		选A加1分,选B加0分					总分		

如果你得到的总分是在0~8分,那么说明你在与朋友相处上的困扰较少。你善于交谈,性格比较开朗,主动关心别人,你对周围的朋友都比较好,愿意和他们在一起,他们也都喜欢你,你们相处得不错。而且,你能够从与朋友相处中,得到乐趣。你的生活是比较充实而且丰富多彩的,你与异性朋友也相处得比较好。总的来说,你不存在或较少存在交友方面的困扰,你善于与朋友相处,人缘很好,获得许多好感与赞同。

如果你得到的总分是在9~14分,那么说明你与朋友相处存在一定程度的困扰。你的人缘一般,换句话说,你和朋友的关系并不牢固,时好时坏,经常处在一种起伏波动之中。

如果你得到的总分是在15~28分,那么表明你在与朋友相处上的行为困扰较严重。如果你的分数超过20分,则表明你的人际关系困扰程度很严重,而且在心理上可能出现较为明显的障碍。你可能不善于交谈,也可能是性格孤僻,不开朗,或者有明显的自高自大、讨人嫌的行为。

以上是从总体上对你的人际关系进行评述。28个题目分成Ⅰ、Ⅱ、Ⅲ、Ⅳ组,每组得分依次反映:交谈方面的行为困扰度、交际交友方面的困扰度、待人接物方面的困扰度、与异性交往的困扰度,分数越低,表明相应困扰越小,甚至没有困扰、相应能力越强。

评估结果:＿＿＿＿＿＿＿＿＿＿＿＿＿＿＿＿＿＿＿＿＿＿＿＿

三、知识滋养

(一)人际关系概述

动态上讲,人际关系指的是人与人之间所有直接或间接的相互作用,这些作用超出了信息沟通与物质交换的范围。静态上讲,人际关系指的是人与人之间通过动态相互作用所形成的情感联系,这种联系是通过人际交往而形成的心理关系。总的来说,人际关系指的是人们在社会生活中通过相互认知、情感互动和交往所发展起来的人与人之间的相互关系,这种关系反映了人与人之间的心理距离。大学生人际交往及其影响因素是怎样的呢?

1.大学里重要的两种人际关系

(1)宿舍人际

宿舍人际关系是大学生涯中非常重要的人际关系之一。在这个小群体里,成员彼此接触时间最长,共同参与的活动也最多,因此大学生需要特别重视和培养这种关系。和谐的宿舍人际关系可以为大学生的生活带来更好的动力,同时也会影响彼此之间的学习氛围和情感氛围。

(2)班级人际

班级人际是除寝室人际之外另一个重要的人际关系。在大学中,许多活动和学习都是以班级为单位进行的。和谐的班级人际关系可以促进整体的学习氛围,提高同学们的凝聚力,并增加大学生的美好学习体验。在大学中,师生之间的人际交往是我们重要的对象。老师是知识的传授者,也是我们的人生导师和知心朋友。由于高等教育的特点,学生和老师在课堂上的接触机会并不多。很多学生会抱怨没有机会和老师进行交流,但实际上他们本人也很少主动寻求和老师接触的机会。因此,主动拉近与老师的距离,保持和谐的师生人际关系,可以更好地向老师求教,增加自己的学习机会,丰富自己的学习生活。

2.影响因素

(1)个人魅力

个人魅力包含许多方面,比如仪表、才能、性格、气质、举止、谈吐等。在交往初期,会因为仪表等外在形象给其他人留下深刻印象,但随着交往的深入,人际交往的吸引力会从外在的仪表逐渐转向内在的个人品质。因此,大学生在人际交往中,既要注意自己的仪表风范,更要提升个人才能,不断优化自己。

（2）接近性

俗话说"近水楼台先得月",距离的远近往往会影响人际交往的效度。空间的接近会使双方更为亲密,更有共同话语。当然,接近性并不能完全左右人际关系。有时候交往过于密切,反而会有更多的摩擦,会影响人际关系。因此,把握好人际交往的度也是非常重要的。

（3）相似性

共同的爱好、信念、理想、价值观,会拉近彼此的距离,也容易在感情上引发共鸣,从而促进双方的人际交往。这也是我们常说的物以类聚、人以群分。

（4）互补性

很多人在择友时,喜欢选择和自己需求互补的人,以便相辅相成。因此,当双方的需要及满足需要的途径刚好形成互补关系时,往往会在人际交往中产生较大的吸引力。

（二）大学生人际交往的原则及技巧

1.大学生人际交往的基本原则

（1）真诚

在人际交往中,真诚是第一要素。只有以真心换真心,才能获得别人的青睐与爱护。尤其是正处于青春期的大学生,对真诚的需求更为强烈。因此,我们在人际交往中,更应该学会敞开心扉,真诚待人。

（2）平等

随着自我意识的发展,大学生对独立和自尊的需求日益增强,认为自己具备成熟的思想状态,对交往的平等性要求越来越高。他们既对别人平等相待,又希望能得到别人的"一视同仁"。因此,在交往中秉持平等原则,可以进一步保持良好的人际关系。

（3）尊重

在人际交往中,需要彼此尊重。尊重对方的喜好与信仰,不随意评价他人,不以自己的长处去揭他人的短处。尊重是人际交往的第一前提。

（4）宽容

大千世界,每个人都是独立的个体,有不同的爱好与个性。在人际交往中,不能苛求他人,要学会宽容,求同存异。宽容体现的是气度与涵养,是对人、对事的包容和接纳,代表个体思想的成熟,也是建立良好人际关系的法宝。

2.大学生人际交往的技巧

（1）保持良好的第一印象

一个人对人对事的认识都是从感官开始的，所以，在人际交往过程中，第一印象就显得很重要。给对方留下良好的第一印象，有助于对方更深入、全面地认识自己。同时，更为重要的是，对方有了解自己、认识自己的愿望和驱力，让人际交往得以持续。如果没有良好的第一印象，对方在内心深处就没有进一步或深入交往的主观动因。

（2）主动用爱心培植友谊

爱心能赢得友谊。在交往过程中，如果时时处处考虑的是自己的名利或从对方捞到什么好处，那么对方就可能会把你"识破"，内心就不愿意与你继续交往了，或者更多的是表面应付而已，谈不上真心实意地交往，更谈不上建立起真挚的友谊。所以，同学之间、今后同事之间以及朋友之间的交往，要更多体现出自己的爱心，在言行中体现出对他人的关心、爱护和帮助，举手投足之间要播撒爱心阳光。

（3）克服自负、自卑、嫉妒、猜疑等心理

消极心理会影响人际交往的质量，影响同学之间友谊的建立。例如自负心理、自卑心理、嫉妒心理和狐疑心理。自负的人会看不见自己的缺点，从而在交往过程中言行失当而不知，同时会让周围的同学朋友内心抵触抗拒，因为你的自负间接地告诉对方，他们没有你优秀，所以这会让他们内心不爽。自卑的人，一方面会影响自身的外在形象，给正常交往带来不利影响；另一方面会让自己退缩，许多闪光可贵之处不能及时展现而让周围的同学朋友同志不知道，这无疑会削弱人际交往的引力。嫉妒心理，会让你远离他人，失去向他人学习的机会，阻碍自己走近他人、与之交往并建立友谊，这是用不当方式来维护自尊，对和谐人际关系的建立和心理健康的成长不利。猜疑心理，会让一个人在大脑中不切实际地加工一些信息，制造"假想敌"，影响人与人之间的正常交往，人与人之间的复杂性或"隔阂"有时就是由猜疑导致的。例如，张同学见王同学脸色不对劲，怎么不像往常那样对自己面带微笑呢？于是心里面就在想他一定是对自己有意见，原来对自己的微笑都是假的。其实，王同学不是对张同学有什么意见，而是他最近遇到了一些棘手的事情，心情不好。

（4）不断优化自我，改善自己的品貌与气质

人们在交朋友时有一种倾向，喜欢与形象气质佳、品行端正、乐观开朗、爱好广泛、有追求、有爱心、正能量满满的人亲近。大学生应该不断提升自己的人

际交往能力,保持良好的人缘关系。为了达到这个目标,他们需要塑造外在形象、提升内在素质,不断自我优化,从外在到内在进行自我革新,让自己成为一个有爱心、有情怀、有水平、有作为的人。这样既能吸引更多的人团结在自己周围,也有助于增强自身的人际魅力。

(三)大学生人际交往的障碍及调适

1.自负心理及其调适

(1)自负心理的表现

自负的人更关注个人需要,强调自己的感受,不能客观、正确地评价自己和他人。在人际交往中,他们会过高地自我评价,很少关心他人,导致与他人关系疏远。而且,他们总喜欢将自己的观点强加于人,不愿意接受别人的观点,甚至爱抬高自己,贬低别人。

(2)自负心理的调适

一是学会倾听他人的意见,学会接受批评,接受别人的正确观点。二是提高自我意识,与人平等相处。全面认识自我,理性面对自己的优点及缺点,不要用自己的长处去和别人的短处相比,以平等的身份去和他人相处。

2.自卑心理及其调适

(1)自卑心理的表现

具有自卑心理的大学生往往会因为一时的失败而全面否定自己。内心敏感,十分在意他人的评价。在与他人的交往中,往往更加在意别人的想法,从而忽略自己的感受。很担心他人会议论自己的不足和缺点,常把他人无关的言行看成对自己的轻视。

(2)自卑心理的调适

一是要正确认识自己,学会发现自己的长处,培养自信。人无完人,要学会坦然面对自己的缺点。二是要积极进行自我暗示,避免自我否定,学会相信自己。三是在与人交往时,要适时表现自我,抓住机会,积极尝试。

3.多疑心理及其调适

(1)多疑心理的表现

具有多疑心理的大学生往往表现出生活孤僻、敏感多疑,戒备心很强的特点,无法轻松自在地与他人交往,也很少与他人交心。这可能导致情绪低落,严重者甚至会由怀疑他人发展到怀疑自己,从而变得自卑、怯懦、消极、被动。

（2）多疑心理的调适

一是要培养自信,积极看到自己的长处,相信自己可以很好地处理人际关系,给别人留下良好的印象。二是要学会自我安慰,理性克制自己的冲动情绪。如果在生活中遭到别人的非议和误解,应安慰自己不必在意他人的闲言碎语,从而避免自我怀疑。三是要及时沟通,解除疑惑,学会冷静地思考,掌握消除误会的能力和办法。在产生误会的时候,最好同他人开诚布公地谈一谈,以便消除误会,不要让误会在心里生根发芽。

4.嫉妒心理及其调适

（1）嫉妒心理的表现

嫉妒是一种消极的心理品质。嫉妒者把比自己强的人看作对自己的威胁,因而感到不悦,从而产生愤怒、怨恨等烦躁情绪。

（2）嫉妒心理的调适

可以从三个方面着手:首先,培养豁达的人生态度,理性看待别人的优秀之处,要有勇气肯定他人的优越之处,从而重新认识和创造自我。其次,增强与他人的交往,加深彼此理解,打开心扉主动接近别人,加强心理沟通,避免发生误会。最后,发挥自我优势,全方位地认识自己,既要看到自己的长处,也要看到自己的短处,学会扬长避短,发展并开拓自身的潜能,不断提升自我。

5.建立良好的第一印象

给他人留下良好的第一印象,是建立良好人际关系的重要前提。戴尔·卡耐基在《人性的弱点》一书中提出了6条途径,现分享给大家:一是真诚地对别人;二是保持轻松的微笑;三是多提别人的名字;四是做一个耐心的听者,鼓励别人谈他自己;五是聊一些符合别人兴趣的话题;六是以真诚的方式让别人感到他很重要。

四、成长训练

在人生中,我们结识了很多人,有些人是过客,有些人却是至关重要的。随着环境的变迁,我们身边的人和物都在不断变化。因此,无论是过去还是未来的旅途,我们都需要掌握人际处理法则,以保持良好的人际关系,这可能让我们的人生更加丰富多彩。

◎训练一　我的人际圈

芸芸众生中,有哪些人在你身边?有哪些人是你生命中的过客?又有哪些人对你有特殊的意义？他们的存在是否让你的生命更加光彩照人？请仔细思考他们的位置，并珍惜你身边的人。

【画一画】在绘画中梳理自己的人际关系

假设下面的圆形代表你本人，请在圆形周围按照关系亲疏画出你的人际圈，人数不限，形状不限。

示例：

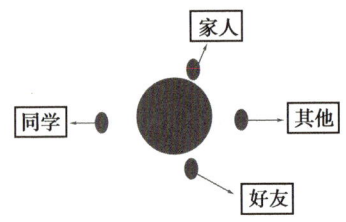

【想一想】在思考中沉淀自我

在你的人际圈里，离你最近的是谁？_____

你的人际圈里，大部分关系是离你近还是远？_____

你对当前的人际关系状况满意吗？_____

如果满意，请分享一下原因；如果不满意，请分享一下你希望的人际关系是什么样的？_____

【论一论】在讨论中彼此学习

你愿意跟什么样的人交往？_____

你愿意交往的人（群）有哪些特点？_____

你最不愿意跟什么样的人交往？_____

你最不愿意交往的人（群）有何特点？_____

◎训练二　学会发现美好

在人际交往中，发现彼此的优点非常重要。我们不仅要看到自己的优点，也要发掘他人的优点。在交往中，发现美好而不是放大缺点，可以有效促进人际关系的亲密。

【做一做】在游戏中互相成长

请同学们以5~10人为一组，选取一位成员作为"轰炸对象"，其他人轮流说出他的优点及可取之处（如相貌、性格、处事等），然后被称赞的成员说出哪些优点是自己以前觉察到的、哪些是不知道的，并谈谈自己被人称赞时的感受。

活动结束后，请大家讨论：生活中应当如何用心去发现别人的长处？如何做一个善于欣赏别人的人？

最后将讨论的结果写出来：_____

五、助人自助

宿舍犹如同学们的家,每个人都应该处理好与"家庭成员"之间的人际关系。请你帮助以下案例中的同学合理处理宿舍人际关系,以便其顺利走出困境。

小胡找到辅导员,申请换寝室。这已经是他第二次提出申请换寝室了。第一次是因为同寝室的男生们作息时间不同,其他同学熬夜打游戏影响了他的睡眠,辅导员替他调换了寝室。这一次,小胡再次提出换寝室,原因则是同寝室的一位同学打鼾严重。小胡对此表示不满。打鼾的男生态度良好,并选择在众人睡觉后再入睡。但小胡近期睡眠不佳,半夜被鼾声吵醒后感到非常气愤,于是起床狠狠地拍了打鼾男生一掌。寝室的其他同学都被惊醒了,从而爆发了寝室矛盾。小胡不想再面对寝室同学,因此再次提出换寝室。

六、体验升华

请仔细阅读相关故事,结合自己大学生活中对人际关系的处理状况予以反思内化,并将得到的启示感悟进行分享。

七、拓展训练

扫一扫

练习巩固

1.请尝试与10位陌生人主动交往(打招呼、聊天或参加同一个活动),并把自己的感受写下来。

2.跟过去交往中闹过矛盾的同学主动沟通,化解矛盾。

3.结合你所在宿舍的实际情况,与室友一起制订一份可行的"宿舍公约",并共同执行。

成长模块六　心理健康与情感婚恋

恋爱关系是大学生特别关心的一种人际关系。美国心理学家艾里克森在其著名的人生八阶段理论中指出：在 18 岁到 35 岁这一阶段，要解决的主要矛盾或发展性危机是亲密对孤独的危机，其主要的人生发展任务就是建立亲密感。恋爱和婚姻的前提是建立亲密感，这背后是人类正常情感的需要。在具备条件和时机合适的时候，大学生免不了要谈恋爱、培育爱情。在恋爱交往过程中，彼此增进了解，共同成长，积极领悟承诺与责任。

爱情是美好的，但培育爱情、享受爱情是需要条件的。大学生有责任、有权利追求爱情，不过，追求爱情需要健康、理性的爱情观，需要有爱的能力等多方面的条件。否则，将影响心理健康成长和未来人生幸福。成长模块六将带领大家走进"象牙塔"，认识爱情，理解爱情与性、爱情与友情的关系，分析在校园恋爱中常见的心理问题，共同找到应对办法，树立健康的爱情观和性健康心理。

扫一扫
数字资源集合6

有些失去是注定的，有些缘分是永远不会有结果的，爱一个人不一定会拥有，拥有一个人就一定要好好去爱她。——柏拉图

单元一　爱情不羞谈　涵养健康的性心理

学习目标

知识目标

1. 对爱情的特点与形成的认识和理解。
2. 对大学生性心理特点及其发展的认识和理解。

技能目标

1. 具备辨别喜欢和爱的能力。
2. 具备正确应对性要求的能力。

思政目标

1. 对大学时期谈恋爱应有一种客观理性的态度。
2. 树立健康的性心理和对性行为负责任的态度。

大学生恋爱是身心发展的需要,对其心理健康具有积极的促进作用,但必须建立在真正的爱情基础之上,反之不仅不利于心理健康,而且还会产生危害。自古以来,爱情就被传唱,被人们津津乐道;爱情也是让人一生追求、一生呵护的;爱情也是惹人烦恼、令人断肠的。爱情是正值青春年华的大学生最感兴趣、最想探究的话题。恋爱也是大学校园里的一道道风景线,让其他未恋爱的同学向往不已。尽管大学生已经是成年人了,但在对待爱情方面还是显得有些不成熟,需要接受引导,树立正确的恋爱观、爱情观。

一、案例启思

小明(化名)和小丽(化名)是高中同学,现在就读于同一个城市的两所大学。大约是在高三下学期,有点冒失的小明在走廊上把小丽抱着的一摞数学作业本撞得满地都是。就在小明拾起作业本放到小丽手上说"对不起"的那一瞬间,彼此略带羞涩的眼中却闪着不一样的光芒。进入大学不久后,两人就确立了恋爱关系。小明高大帅气,幽默风趣,而小丽清秀可人,活泼开朗。认识他们的人都说,他俩是"天造地设"的一对。刚开始处于热恋期的他们都很庆幸在茫茫人海中彼此相遇、相识、相知、相爱。他们在一起时总有说不完的话,彼此的梦里也常常会出现对方的身影。可是好景不长,两个多月后便开始频频出现各种矛盾。小明总是担心漂亮开朗的女友会禁不住诱惑而爱上别人,于是对她提出很多限制性要求,如要求所有周末两人必须在一起,必须随时随地第一时间接听他的电话,回复他的信息,不许和异性跳舞等。除此之外,小明还经常查看她的手机,对她的异性朋友十分不友好,经常弄得小丽很尴尬。小丽觉得自己的生活空间越来越小,感觉被这份沉重的爱压得透不过气来,内心十分压抑。

一方面,小丽承认小明是爱她的,对她关怀备至,呵护有加。另一方面,她不明白,相爱的两个人为什么总是冲突不断?

*为什么明明是互相喜欢的两个人,却要互相伤害?

*恋爱中的两个人是否都能走进婚姻的殿堂?

*大学生如何处理好亲密关系中的恋爱关系,怎样才能拥有真正完美健康的爱情?

二、自我评估[①]

爱是人生美好的彩虹,是两颗年轻的心碰撞产生的火花。恋爱是婚姻的前奏,恋爱心理和恋爱方式是最重要的。而决定这种心理和方式的根本因素——恋爱观,则更为重要。

---

① 周安华.关于爱情:心理测试[M].北京:中国纺织出版社,2000:2-9.

恋爱观是对恋爱问题的看法。它表现了年轻人对美的认知尺度、择偶标准、恋爱的目的、方式以及对幸福伴侣的理解等。你或许正在绿荫下徘徊,渴望爱神的降临。那么,在行动前,不妨来检查一下自己的恋爱观是否正确。

1.你认为恋爱作为人生一个极其重要的环节,其最终所达到的目的应当是(　　)

　A.找到一个情投意合的伴侣　　B.成家过日子,抚育子女

　C.满足性的愿望　　　　　　　D.只是觉得新鲜有趣,没有明确的想法

2.如果你是位男士,你对未来的妻子首先考虑的是(　　)

　A.善于持家,利落能干　　　　B.容貌漂亮,气质高雅

　C.人品不错,能体贴帮助自己　D.只要爱,其他一切无所谓

3.如果你是位女士,你对未来的丈夫首先考虑的是(　　)

　A.潇洒大方,有男子气概

　B.有钱有势,社交能力强

　C.为人诚实正直,有进取心,待人和蔼可亲

　D.只要他爱我,其他不考虑

4.你决定和对方建立恋爱关系时所依据的心理根据是(　　)

　A.彼此各有想法,但大体相互尊重

　B.我比对方优越

　C.对方比我优越

　D.没想过

5.你对最佳恋爱时间的考虑是(　　)

　A.自己已经成熟,懂得了人生的意义和爱情的内涵,并且确定了事业上的主要方向

　B.随着年龄的增长,自有贤妻和佳婿相伴,"月老"不会忘记任何人

　C.先下手为强,越早主动越好

　D.还没想

6.你希望自己怎样结识恋人(　　)

　A.青梅竹马,情深谊长

　B.一见钟情,难舍难分

　C.在工作和学习中逐渐产生恋情

　D.经熟人介绍

7.你认为增进爱情的良策是(　　)

　A.极力讨好取悦对方　　　　　B.尽力使自己变得更完美

　C.百依百顺,言听计从　　　　D.无计可施

8.人们通常认为,恋爱过程是相互了解、相互适应和培养感情的过程,但了

解、适应就需要花时间。那么,你希望恋爱的时间是(　　)

　　A.越短越好,最好是"闪电式"

　　B.时间依进展而定

　　C.时间要拖长些

　　D.自己无主张,完全听对方的

9.谁都希望完整全面地了解对方,你觉得了解他(她)的最佳途径是(　　)

　　A.精心安排特殊场面,不断对恋人进行考验

　　B.坦诚地交谈,细心地观察

　　C.通过朋友打听

　　D.没想过

10.你十分倾心于你的恋人,但经过一段时间的交往后,发现了对方的一些缺点,这时你(　　)

　　A.采用婉转的方式告知对方并帮助对方改进

　　B.因出乎意料而伤脑筋

　　C.嫌弃对方,犹豫动摇

　　D.不知道如何是好

11.当你已在爱河之中,一位条件更好的异性对你表示爱慕时,你会(　　)

　　A.说明事情,忠实于恋人　　　　B.对其冷淡,但维持友谊

　　C.瞒着恋人与其交往　　　　　　D.感到茫然无措

12.当你对爱慕已久的异性有好感时,你忽然发现他/她另有所爱,你会(　　)

　　A.静观其变,进退自如　　　　　B.参与角逐,继续穷追

　　C.抽身止步,成人之美　　　　　D.不知道

13.恋爱过程很少会一帆风顺,当恋爱中出现矛盾、波折时,你感到(　　)

　　A.既然已经出现,也是件好事,双方正好借此了解和考验对方

　　B.伤心难过,认为这是不对的

　　C.疑虑顿生,就此提出分手

　　D.束手无策

14.由于性情不合或其他原因,你的恋爱之舟搁浅了,对方提出分手。这时你会(　　)

　　A.千方百计缠住对方　　　　　　B.到处诋毁对方名誉

　　C.说声再见,各奔前程　　　　　D.不知所措

15.当你十分信赖的恋人背信弃义、喜新厌旧,甩掉你以后,你会(　　)

　　A.只当自己眼瞎,认错了人　　　B.既然他不仁,休怪我不义

　　C.吸取教训,重新开始　　　　　D.痛苦得难以自拔

【评分标准】

题号	A	B	C	D
1	3	2	1	1
2	2	1	3	1
3	3	2	1	0
4	3	2	1	0
5	2	1	3	1
6	1	3	2	0
7	1	3	2	0
8	1	3	2	0
9	3	2	1	0
10	3	2	1	0
11	2	1	3	0
12	3	2	1	0
13	2	1	3	0
14	2	1	3	0
15	2	1	3	0

【测评结果及建议】

总分：35~45分为A型；25~34分为B型；15~24分为C型；7个以上0分为D型。

（1）A型：恋爱观成熟正确

你是个成熟的青年，你懂得爱什么和为什么爱，这是你进入情场的最佳入场券。不要害怕挫折和失败，它们只是考验你的纸老虎，终将在你的高尚和热忱面前逃遁。尽管大胆地走向你梦中的恋人吧，你的婚姻注定会美满幸福。

（2）B型：恋爱观尚可

你向往真挚而美好的爱情，然而屡屡失败，一时难以如愿。你不妨多看看成功的朋友，将恋爱作为圣洁无比的追求，不断校正爱情的航线，这样你与幸福就相隔不远了。

（3）C型：恋爱观需要认真端正

你的恋爱观存在不少问题，甚至有不健康之处。这些问题使你辛勤播撒的爱情种子难以萌发，更难以结出甜蜜的果实。如果你已经轻率地开始恋爱，劝你及早退出。

（4）D型：恋爱观还未形成

你或许年龄还小，不谙世事；或许虽已年纪不小，却天真幼稚。爱情对于你来说是迷惘未知的世界,你需防范圈套。建议你读几本关于两性关系的书籍,待成熟后再涉爱河也不迟。

三、知识滋养

(一)谈爱情:问世间情为何物[①]

爱情是美好的,人人都向往它;爱情是神秘的,人人都想探寻它;爱情是带刺的,人人都可能被它刺伤。爱情是人生中必须面对的,不管你愿不愿意或者是否谈过恋爱,都会有人让你为之心动。那么,当下高职大学生的恋爱观是怎样的? 又有什么特点?

1.什么是爱情

爱情的本质是什么? 精神分析学派创始人弗洛伊德认为,爱情的目的就是性的结合和性欲的满足。柏拉图等人认为,爱情与性欲并没关系,仅仅是男女在精神上的融合,而与性没有任何关系。马克思认为,爱情的自然基础就是人的生物本性,有性欲和性爱的表现。性爱表现为对恋人的相貌、体态、肤色、音色等生理方面的吸引和爱恋,对恋人个性特征如兴趣爱好、理想、信念、人生观、价值观、性格、气质等社会属性的认同和欣赏。因此,爱情是性爱和情爱的结合,自然属性是爱情的前提条件,社会属性是爱情根本的决定性因素。

爱情是一个古老而常新的话题。哲学家、心理学家弗洛姆在其名著《爱的艺术》一书中将人类的爱分为五种:兄弟之爱、父母之爱、异性之爱、自我之爱和神明之爱。我们在这里讲述的就是所谓的异性之爱。

2.爱情的基本内容

(1)生物因素

生物因素指爱情产生于男女两性之间,异性相吸的生物本能使人产生性欲,从而具有与异性相结合的强烈愿望,它是建立在传宗接代的本能基础之上的。

(2)精神因素

精神因素指爱情是一种高尚的情操,健康的爱情会使人感到愉悦,并激发美好的心理状态。

(3)社会因素

社会因素指爱情是一种社会现象,一方面受到社会道德和法律规范的制约,另一方面,爱情也将涉及养儿育女、传宗接代等社会功能。

---

①张艳艳.大学生心理健康教育[M].重庆:重庆大学出版社,2018:182-183.

3.爱情的形成过程及特点

美好的爱情要经历一个萌芽、开花和结果的过程,这个过程可以分为初恋期、热恋期、恋爱质变期(失恋或结合)。爱情是复杂的、美好的,也是圣洁的、崇高的,同时也是人与人之间特定的社会关系,具有社会性和自然性,同时也具备以下特点。

(1)排他性

相恋的两个人,都希望对方心里只有自己一个人,否则就会产生矛盾。他们不希望看到自己的恋人跟其他异性有交往或者有亲密的举动;希望随时都与恋人在一起,一旦不知道对方的去向就会不断追问,人也会变得小气,斤斤计较。

(2)平等性

在恋人关系中,双方应该是平等的,包括人格平等,没有高低贵贱之分。不会因为家境优越就高人一等,也不会因为能力强就了不起,更不会因为是家里的独子就像太上皇。有一对恋人,因为女孩比男孩大几个月,女孩是农村的,男孩是官宦子弟,在恋爱中,女孩给男孩洗衣服,给男孩买早餐,用自己家教挣来的钱给男孩买衣服,可最后男孩还是抛弃了她,因为男孩觉得女孩没个性,只以他为中心。这就是恋爱中不平等给对方造成压力或者让对方觉得你的付出理所当然的情况,不是恋爱中要追求的。

(3)强烈性

恋爱中的人会有强烈的占有欲和思念感,一天不见就会感到度日如年。他们对其他事情也提不起兴趣。一旦分隔一段时间后再次见面,彼此的感情会大大加深,双方深深地相互吸引,非一般情感能比拟。为了爱情,有的人可能跟父母决裂,也可能不顾兄妹亲情,也可能失去情同手足的朋友,甚至可能为了恋人与他人大打出手。因为一点小事而闹不愉快,恋爱中的人可能会情绪低落或抑郁,甚至自杀。

(4)永恒性

两人相互爱恋,都希望能相互守护一辈子。相爱就意味着要为对方负责,只有责任才能使两人永远在一起。教育家苏霍姆林斯基这样教导儿子:要记住,爱情首先意味着你对你爱侣的前途和命运承担责任……爱,首先意味着给予,把你的精神力量献给爱侣,为他(她)缔造幸福。责任是风雨中共同撑起的一把伞,责任是暮色里急切盼归的一种情,责任是寒夜灯影下温暖的一杯茶,责任是深夜回家时亮着的一盏灯……

4.爱情的类型、成分及心理结构[①]

（1）爱情的类型

①浪漫式爱情：将爱情理想化，只追求外在的美，追求肉体和心灵融合的境界。

②游戏式爱情：视爱情为游戏，只追求个人需要的满足，对所爱对象不负责任，轻易更换恋爱对象。

③占有式爱情：对所爱对象赋予极其强烈的情感，并希望对方以同样的方式回应；对其所爱极具占有欲，对方稍有怠慢或忽视，就心存猜疑嫉妒。

④伴侣式爱情：在缓慢的过程中由友情逐渐演变成爱情，温存多于热情，信任多于嫉妒，是一种平淡而深厚的爱情。

⑤奉献式爱情：信奉"爱情是付出而非索取"的原则，甘心为其所爱牺牲一切，不求回报。

⑥现实式爱情：视爱情为彼此现实需求的满足，而非追求理想。

（2）爱情的成分

斯滕伯格在1988年提出了爱情三元论，包括动机成分、情绪成分和认知成分。他进一步将这三种在两性之间发生的爱情关系成分称为激情、亲密和承诺。斯滕伯格认为，理想的爱情应该具备这三个要素，并将它们合而为一。达到这种境界的，斯滕伯格称之为完美之爱。

（3）爱情的心理结构

①性心理：它是爱情心理结构的基础。个性心理的发展与性的生理发育和性的社会文化影响密切相关，大致经历异性疏远期（12~14岁）、异性交往期（15~16岁）、异性接近期（16~18岁）、恋爱期或爱情产生期（18岁以后）。

②爱情价值观：它是人的价值观在爱情问题上的具体体现，涉及什么样的爱情有意义，什么样的婚恋生活幸福，以及选择什么样的婚恋对象等问题。

③爱情道德观：它是个体反映在婚恋中所必须遵守的社会道德规范的观念系统。

（4）健康和不健康的爱情

心理学家根据在恋爱中对爱情的追求，进一步把爱情分为健康和不健康的两大类。

健康的爱情。表现为：不痴情过分，不咄咄逼人、不显示自己的爱情占有

---

①单慧娟,廖财国.大学生心理健康教育[M].镇江:江苏大学出版社,2022:127.

欲,能够充分尊重对方;将爱情给予对方比向对方索取爱情更使自己感到欢欣,并以对方的幸福为自己的满足;是彼此独立个性的结合。

不健康的爱情。表现为:过高地评价对方、将对方的人格理想化;过于痴情,一味要求对方表露爱的情怀,这种爱情常有病态的夸张;缺乏体贴怜爱之心,只表现自己的占有欲;偏重外表的追求。

(二)性心理:伊甸园的禁果[①]

1.性健康

世界卫生组织认为,随着人类文化和生活水平的提高,人们越来越认识到性问题是影响个人健康,需引起高度重视的一个问题。对性的无知或错误观念将极大地影响人们的生活质量。性健康是指具有性欲的人在躯体上、感情上、知识上、信念上、行为上和社会交往上健康的总和,它表达为积极健全的人格,丰富和成熟的人际交往,坦诚与坚贞的爱情和夫妻关系。它包括以下三个方面内容:根据社会道德和个人道德观念享受性行为和控制生殖行为的能力;消除抑制性反应和损害性关系的,诸如恐惧、羞耻、罪恶感以及虚伪的信仰等不良心理因素;没有器质性障碍、各种生殖系统疾病及妨碍性行为与生殖功能的躯体缺陷。性健康包括三个内容,即生殖健康、性心理健康、性生理健康。

性教育一直是人们避讳却难以避免的话题。随着国际文化交流的日益发展,我们不能再避而不谈,而是应该让孩子们自主学习"成才"。当前,大学生正处于性生理已经成熟,但性心理尚未完全成熟的时期。掌握性心理方面的基本知识,形成科学的性观念,是大学生身心健康发展的需要。此外,大学生作为社会发展的后备军,具备健康的性心理也是社会稳定和谐发展的重要因素。

2.性心理概述

(1)性心理概念

性心理是指人类在性活动中伴随的各种心理活动和个性心理特征的综合心理因素,包括:

①性感知,是对涉及性的事物的感知,包括与性内容有关的视觉、听觉、触觉等;

②性思维,是对有关性的问题的想象和思考,通过性思维主体不断获得有关性问题的理解,并形成系统化、稳定化的观点,即性价值观;

---

①谭锦花,舒卫华.大学生心理健康教育教程[M].天津:天津科学技术出版社,2021:216-217.

③性情绪,是对有关性活动和性对象的态度的体验,包括性快感、对异性的好感或爱恋、性嫉妒等;

④性意志,是主体控制和调节性行为、性活动等行为的过程。

(2)性心理健康

性心理健康是指个体在充分发挥潜能的同时,内部心理协调与外部行为适应相统一的良好状态。性心理健康包括以下三个方面的内容:

一是良好的性认知。包括科学的性知识和正确认识性的自然属性和社会属性。例如,能够了解性别特征的角色期待及性的道德、伦理、法律规范;了解性的解剖特征和生理、性心理与性行为、性生殖与避孕方面的知识;了解两性健美、性的养生与保健、性器官与性行为卫生、性功能障碍、性偏离与性传播性疾病方面的知识;了解男性美、女性美、形体美、心灵美及其相互关系等方面的知识。

二是正确的性态度。包括在两性关系中具有自尊心,能坚持自己的权利,能拒绝他人的无理要求;具有社会责任感,对两性关系中的所有具体行为负责;具有尊重感,在两性共同活动中既能保持相互合作的态度,又能尊重异性;具有分寸感,既能坦诚与异性交往,恰当处理友谊、爱情、事业三者的关系,又能有所克制,不采取轻率、任性的态度。

三是健康的性行为。包括性欲的满足应建立在以爱情为基础和合法婚姻的基础之上;性爱的满足不仅仅停留在生理层面上,更重要的是结合归属和爱、尊重和自我实现的高度上,达到灵与肉的交融;能消除抑制及损害性能力和性关系的诸如恐惧、羞耻、罪恶感等不良心理因素,以及性功能障碍、性偏离,具有享受性行为和调节、控制性行为的能力。

3.当代大学生性心理特点

大学生性心理和性行为存在明显的性别差异。男生往往更为开放和主动,占有欲更强,也是更易感染艾滋病等性病的人群。相比之下,女生则较为传统和谨慎,贞操观更强,但感情色彩更浓,容易受到诱惑,在生理和心理上更容易受到伤害。在高等职业学校的人才培养过程中,加强性教育是非常必要的,这不仅关乎学生的心理健康成长,也关乎他们未来的幸福美好。有关资料显示,在性成熟人群中,潜在同性恋倾向人数占比较20世纪有上升趋势。大学生的性心理除了具有这一年龄阶段青年的普遍性特征外,还表现出以下特点:

大学生对性知识尚有一定的了解,但了解的内容不全面、科学性不强,获取渠道狭窄。大学生思想相对活跃,接受新鲜事物快,是思想观念相对多元化、可塑性极强的发展中群体。相对普通人来讲,他们独立获取性知识的能力相对较强。据有关资料和相关调查发现,近年来大学生中主动了解性知识的人数越来越多,多数学生都具备一定的性生理健康、生殖系统保护、避孕方法等方面的基本常识。但是,也存在获取性知识渠道不正规、性传播疾病预防意识不强、性行为草率等不良现象,导致有的大学生朋友遭遇不幸或为未来人生留下了隐患。

基本能正视性生理和行为变化,但心理障碍排除途径有明显的局限性[①]。进入青春期以后,男女身体会发生一系列的生理变化,如月经来潮、遗精,也会出现一些性相关行为,如手淫等。在出现以上现象时,82%的人认为手淫是正常生理心理现象、可以理解,而不视之为肮脏或见不得人。在对待性心理障碍方面,认为同性对自己完全没有吸引力的占比为60.6%,有15.4%的表示对同性有一定的兴趣。表示不愿提及与同性恋有关的话题的占到46.2%,对此类话题感到反感的占到21.4%。其中,80%的人对露阴癖、窥阴癖、恋物癖等行为有所了解,其中28.6%的人认为这是一种不正常的性变态行为,处于中立态度的占到29.7%。在对于如何排除自身心理障碍问题上,大多数的大学生选择和同龄人交流或任其发展,而极少选择同家长交流,或者是到专业的心理咨询机构咨询。

四、成长训练

爱情是大学生最为关注的话题之一。如今,恋爱对于大学生来讲早已不再是"犹抱琵琶半遮面"的状态,而是以特有魅力,拨动着大学生们的心弦,令其心向往之。然而,恋爱问题恰恰又是学子们最感困惑的问题之一,稍有不慎,就会严重影响到学习、生活乃至人格和心理的健康发展。树立正确的恋爱观,学会表达爱、拒绝爱,培养接受爱、经营爱的能力,如何拥有完美的爱情、追求幸福生活,是大学生的人生必修课。

◎训练一　审视爱情 谈谈"恋爱"

令人羡慕的爱情模样——学霸情侣的爱情

杨天天(化名)与武向上(化名)是CA大学不同年级的同学,后来发展成了情侣。他们在恋爱交往过程中与众不同,他们不是沉醉在儿女情长中,而是相互激励、相互帮助、共同成长,硕果累累。他们都是学生干部,工作能力都很强;

爱情中不仅只有玩乐,还要有责任和未来。——丁志强

---

①燕安,李萌,梁欣.当代大学生性心理认知的调查研究与分析[J].河北青年管理干部学院,2013,25(1):27-29.

学习成绩都很优异;积极主动参加竞赛活动,获得多个奖项;武向上还成功申报了发明专利;两个人先后考上"985高校"TJ大学研究生。

【表一表】自己的爱情态度

(1)你对CA大学的学霸情侣杨天天和武向上的故事有什么看法?

_____

_____

_____

(2)你认为当代大学生的爱情主旋律应该是什么样的?

_____

_____

_____

【理一理】自己的择偶标准

(1)请列出自己的择偶标准:①_____

②_____　　　③_____

④_____　　　⑤_____

⑥_____　　　⑦_____

(2)请用5句话介绍自己:①_____

②_____　　　③_____

④_____　　　⑤_____

◎训练二　恋爱中是否必须有"性"

学会拒绝性要求

小明和小丽自大一起开始谈恋爱,至今已有一年多,感情一直很好。在生活中,他们彼此关心;在学习上,他们互相激励,共同成长进步。在今年的七夕情人节晚上,小明提前做了很多准备,买了花,订了餐,准备给小丽一个浪漫的情人节之夜。小丽非常高兴,但在回学校的路上,小明对小丽说,要不今晚就不回去了,并且小明向小丽提出了性要求。当时,小丽脸色突变,她一方面想拒绝小明的请求,却又不知道该如何开口;另一方面,她又担心拒绝后男朋友会不再爱她。小丽很纠结。后来,她鼓起勇气正准备开口表达拒绝,小明却先开口说:"我跟你开玩笑的呢,别太紧张。我们慢慢散散步,然后我送你到宿舍楼下,不要有心理负担……"

【演一演】你会如何拒绝?

(1)如果小明没有先开口,小丽该怎样拒绝?_____

不成熟的爱说:"我爱你因为我需要你。"成熟的爱说:"我需要你因为我爱你。"——埃立克·弗罗姆

（2）一个女孩在面对自己喜欢的男孩提出性要求时该怎么拒绝？ _____

_____

请参考：女孩拒绝自己喜欢的男孩提出性要求的方式

男孩对女孩提出性要求的表现	女孩面对自己喜欢的男孩提出不同形式的性要求该怎样拒绝
1.你不知道你错过的是什么。	1.我知道，我错过了艾滋病、未婚怀孕、人流和焦虑。
2.我无法控制自己。	2.但是我可以。
3.每个人都在这么做。	3.但不是我，我不会那么做。
4.你有什么不对劲是不是？	4.我很正常，还是让我们保持距离吧！
5.你可以信任我。	5.我信任你会对我停止施加压力。
6.我爱你，难道你不爱我吗？	6.我不必对你证明我的爱，若你真的爱我，就请你尊重我。

（3）有时男孩面对女孩的问题该怎么办？比如，女孩说"你还是不是男人？"男孩应该如何回答呢？ _____

_____

知识小贴士：男孩拒绝女孩的性要求

（1）相信你是极有原则的、自我约束力很强，能够经得起诱惑。

（2）你是担心对方不高兴，不忍心拒绝对方而已，你不必过多为别人考虑，而要更多地坚守自己的原则和底线。

（3）注意拒绝的技巧：态度严肃、一本正经，说话坚定有力，肢体语言与口头语言保持一致。如果对方还纠缠不休，不妨来一个歇斯底里，号啕大哭。

五、助人自助

（1）请你帮助案例中的男女生处理好恋爱交往中的问题，以便他们认清爱情的模样，明确正确的爱情道路应该怎么走。

首先，A女是重庆某大学的一名学生，专业为化学材料，身高165cm左右，温和友善，微胖。B男是A女相邻的一所高等职业学校的学生，专业为电子工程，身高170cm左右，稳重踏实。A女与B男所在学校的地理位置为他们相识提供了有利条件。其次，他们均来自同一个地方，有着相同的文化背景。最后，男生的真诚打动了女生的心。

A女、B男的恋爱交往经历了相识、相知和出现问题三个阶段。他们在舞台上相识：B男执意请坐在不显眼位置的A女跳舞，A女难为情地答应了……之后，B男主动接近A女，与之聊天、玩耍，渐渐两人相知熟悉起来，B男主动提出和A女交往的请求，A女欣然接受。两个人在一起时间久了，发生矛盾是必然的。他们之间产生的矛盾，通常是通过双方事后共同分析矛盾产生的原因，然后予以解决的。他们之间出现过两次重大问题(矛盾)，而这两个问题也是现在人们最容易出现的问题。他们是怎样解决的呢？

问题一：该男生是高职学生，女生是四年制本科生，那么毕业时该怎么办呢？很多时候，他们为"毕业那天我们一起失恋"带来的困扰而苦恼。这个问题现实地摆在他们面前。B男生要签工作的时候，找到A女生商量，最后签了重庆的一个单位……

问题二：慢慢地，又过了一年，这个女生即将毕业，面临着工作单位和未来的去向，女生开始犯愁了。后来，女生经过深思熟虑，最终签约了老家的一家单位。如果女生真的回老家工作，那么就会有一人留在重庆工作，另一个人在重庆以外的城市工作，这就将面临异地恋或两地分居的问题。他们到底该如何处理这些问题呢？

(2)请你帮这个女生出谋划策，提出建议，以便她能够走出目前的困境。

个人情况：A某，某高职院校2014级新生，18岁，独生子女，相貌清秀。新生报到入学常规体检时，医生发现她疑似怀孕，待抽血检验后确认怀孕。

基本过程：新生入学报到体检期间，A某被发现已怀孕数月，且情绪低落。辅导员经学院领导同意后，在特定时间、地点与A某进行私下接触，了解A某具体情况。辅导员在尊重个人隐私以及考虑学生承受能力等问题的基础上，从入学报到前的生活谈起，内容主要涉及个人生活状况等，经沟通后发现：A某已经知道自己怀孕，并在入学前两个月就已经确认，但因为家庭父母较为"传统、保守"，怕父母知道后"打死她"，再加上男朋友"无情抛弃"，以及社会经验、妊娠知识匮乏，所以该生一直对外隐瞒，而且本人处于"压抑、焦虑、恐慌"状态。现在秘密被"发现"后，情绪更加不稳定，在交谈中曾一度出现情绪失控，精神近似崩溃。

(3)请告知小珍关于避孕方面的一些小知识。

小珍是一位21岁的女大学生。一个半月前，她去医院做了人工流产手术。术后，医生对她讲解了注意事项及一些避孕知识，并嘱咐她1个月内不要有性生活，并在下次月经干净后到医院进行复查。可是，50多天过去了，小珍仍未见月经来潮，她有些沉不住气了，只好再次到医院。医生对其进行相关检查，妊娠试验及B超结果均显示小珍再次怀孕了。医生问她为什么没有遵照医嘱，为什么不避孕。她却一脸无所谓，说是听别人讲，流产就像分娩一样，会有几个月的生理性避孕期，在这几个月之内，不采取避孕措施是不会怀孕的。

六、体验升华

（1）请阅读"感动中国之爱情"材料，深入体会其中的内涵，以增强对爱情的认识。

罗映珍是全国公安战线的道德模范、2007年"感动中国"人物，也是爱情的守护者，中国妇女的楷模。她的爱人是一名警察，在维护人民利益的过程中被歹徒袭击而成为植物人。身为警察的妻子，她并没有一蹶不振，反而表现得特别坚强。在数百个日日夜夜对丈夫不离不弃、无微不至的照顾、呵护中，她饱含真情和热泪写下了600多篇爱的日记，用默默坚守与坚定信念把爱人从沉睡中唤醒，创造了生命的奇迹。

（2）请阅读：重庆市江津区的"爱情天梯"故事，然后谈谈你对爱情有哪些新的理解、思考和感悟。

在20世纪50年代，重庆市江津区中山古镇高滩村一位约20岁的村民刘国江爱上了比他大10岁的"俏寡妇"徐朝清。为了躲避世人的流言蜚语，他们携手"私奔"至海拔1500米的深山老林，自力更生，靠野菜和自己的双手养大了7个孩子。为了让徐朝清出行安全，刘国江一辈子忙着在悬崖峭壁上开凿石梯通向外界，几十年如一日，开凿出了石梯6000多级，被称为"爱情天梯"。当他们的爱情故事被媒体曝光后，在全国范围内得到了强烈的反响，他们被评为2006年首届"感动重庆十大人物"，同年又被评为"中国十大经典爱情故事"。2007年，男主人公刘国江老人去世；2012年，徐朝清老人去世，享年87岁。遵照她的遗愿，人们把她葬在刘国江老人身边。这场旷世绝恋虽然随着徐朝清老人的去世而结束，但留下了一段传奇，让后人可以恒久地追忆。

七、拓展训练

1.小组交流讨论：完美的爱情需要具备哪些要素？

2.编制行动计划：根据自己的人格特征、人生追求等具体情况，制订关于学业、职业、爱情和婚姻方面的整体规划。

扫一扫

练习巩固

学习心得

单元二　失恋不可怕　培养爱的能力条件

学·习·目·标

知识目标

1.形成对大学生失恋现象的正确理解。

2.了解大学生恋爱的基本动机。

3.明确大学生恋爱中常见的一些问题。

技能目标

1.具备爱自己、关爱他人、热爱社会的能力。

2.拥有接受爱、拒绝爱、经营爱的能力。

3.具有正确处理失恋的能力。

思政目标

1.明确爱情不是人生的全部,树立健康的人生观和恋爱观。

2.具备健康正确的恋爱动机。

3.在恋爱交往中学会对自己和他人负责,懂得相互尊重。

4.自觉培养健康的恋爱心理,养成良好的恋爱心态。

　　爱情路上一帆风顺是每个人都希望的,然而现实的情况常常是风雨相随,有时还可能遭遇暴风雨。失恋是许多青年都绕不开的一个现实问题。其实,失恋并不可怕,可怕的是不敢正确面对。大学生朋友们只要不断培养爱的能力,并有勇气面对恋爱交往过程中的波折,最终将成为"爱情的赢家"。

一、案例启思

　　某高等职业学校吴某(男)和李某(女)是同班同学,最初男生对女生有些喜欢,交往较多。后来,在同学们的"舆论"与"炒作"中,他们真的谈起了恋爱。最初二人相处融洽,在平静的恋爱交往中享受着甜美的生活。可是,好景不长,后来,男生陷入了痛苦之中:因为男生心中早已有一个"她"——那女生是他与李某交往前就认识的,当初只是由于条件的差距不敢有"非分之想"。在与李某交往过程中,他常常将李某与那个女生比较,觉得自己真正爱的还是那个女生。于是,经过激烈思想斗争,最终与李某分手。李某受不了,最后对男生说她愿一直等他,

爱情使人心的憧憬升华到至善之境。——阿利盖利·但丁

不过,后来李某又取消了等待计划,在男生面前说了许多绝情的话……

　　*你对案例中吴某与李某之间的"爱情"有何看法?

　　*案例中提到了喜欢和爱,它们之间能画等号吗? 为什么?

　　*大学生应该如何面对失恋以及如何走出失恋的"怪圈"?

二、自我评估

　　三毛曾说,人活在世界上,最重要的是有爱人的能力,而不是被爱。我们不懂得爱人,又如何能被人所爱? 拥有爱的能力,是对自己的最大的滋养。那么,今天的你,学会如何正确地去爱人了吗?

　　肯定的言辞、精心的时刻、接受礼物、服务的行动、身体的接触,哪一个是你的主要爱之语? 你或许已经知道,也可能毫无头绪。"找到自己的爱之语"测试①将会帮助你找出答案。

　　这个测试包括30道题目,每一道题目都有两句话。仔细读这两句话,从中选出最能反映你想法的句子。有些题目可能两个句子你都想选,不过还是请你只选一个,以便得出更精确的结果。

　　句子中会出现"在我心目中有特殊地位的人"和"所爱的人"。一提到爱和爱的语言,我们就会联想到恋爱。然而,在不同的场合和关系上,我们一样会表达和喜好。但你做这项测验时,心里要想着与你最亲近的人:男女朋友、好友、父母、同事等。

　　找一段从容的时间完成这项测验。完成后,再回头统计你所圈选的选项字母个数,然后对照最后的"分析与应用",就会知道自己"爱之语"的结论。

　　1.在恋爱交往、追求爱情的过程中,你更倾向于(　　　　)

　　A.我喜欢收到写满赞美与肯定的小纸条。

　　E.我喜欢被拥抱的感觉。

　　2.在恋爱交往、追求爱情的过程中,你更倾向于(　　　　)

　　A.我喜欢和在我心目中占有特殊地位的人独处。

　　D.每当有人给我实际的帮助,我就会觉得他是爱我的。

　　3.在恋爱交往、追求爱情的过程中,你更倾向于(　　　　)

　　C.我喜欢收到礼物。

　　B.我有空就喜欢去探访朋友和所爱的人。

　　4.在恋爱交往、追求爱情的过程中,你更倾向于(　　　　)

　　D.有人帮我做事,我就会觉得被爱。

----

① 盖瑞·查普曼.爱的五种语言:创造完美的两性沟通[M].王云良,陈曦,译.南昌:江西人民出版社,2010:117-118.

E.有人碰触我的身体,我就会觉得被爱。

5.在恋爱交往、追求爱情的过程中,你更倾向于(　　　)

E.当我所爱、所敬仰的人揽着我的肩膀,我就会有被爱的感觉。

C.当我所爱、所敬仰的人送我礼物,我就会有被爱的感觉。

6.在恋爱交往、追求爱情的过程中,你更倾向于(　　　)

B.我喜欢和朋友或所爱的人到处走走。

E.我喜欢和在我心目中有特殊地位的人击掌或手牵手。

7.在恋爱交往、追求爱情的过程中,你更倾向于(　　　)

C.爱的具体象征(礼物)对我很重要。

A.受到别人的肯定让我有被爱的感觉。

8.在恋爱交往、追求爱情的过程中,你更倾向于(　　　)

E.我喜欢和我所喜欢的人促膝长谈。

A.我喜欢听到别人说我很漂亮,很迷人。

9.在恋爱交往、追求爱情的过程中,你更倾向于(　　　)

B.我喜欢和好友及所喜爱的人在一起。

C.我喜欢收到好友及所爱的人送的礼物。

10.在恋爱交往、追求爱情的过程中,你更倾向于(　　　)

A.我喜欢听到别人接纳我的话。

D.如果有人帮我的忙,我会知道对方是爱我的。

11.在恋爱交往、追求爱情的过程中,你更倾向于(　　　)

B.我喜欢和朋友与所爱的人一起做同一件事。

A.我喜欢听到别人对我说友善的话。

12.在恋爱交往、追求爱情的过程中,你更倾向于(　　　)

D.别人的表现要比他的言语更能感动我。

E.被拥抱让我觉得与对方很亲近,也觉得自己很重要。

13.在恋爱交往、追求爱情的过程中,你更倾向于(　　　)

A.我珍惜别人的赞美,尽量避免受到批评。

C.送我许多小礼物要比送我一份大礼更能感动我。

14.在恋爱交往、追求爱情的过程中,你更倾向于(　　　)

B.当我和人聊天或一起做事时,我会觉得与他很亲近。

E.朋友和所爱的人若常常与我有身体的接触,我会觉得与他很亲近。

15.在恋爱交往、追求爱情的过程中,你更倾向于(　　　)

A.我喜欢听到别人称赞我的成就。

D.当别人勉强自己为我做一件事,我会觉得他很爱我。

16.在恋爱交往、追求爱情的过程中,你更倾向于(　　　)

E.我喜欢朋友和所爱的人走过身边时故意用身体碰碰我的感觉。

B.我喜欢别人听我说话,而且兴趣十足的样子。

17.在恋爱交往、追求爱情的过程中,你更倾向于(　　　)

D.当朋友和所爱的人都助我完成工作,我会觉得被爱。

C.我很喜欢收到朋友和所爱的人送的礼物。

18.在恋爱交往、追求爱情的过程中,你更倾向于(　　　)

A.我喜欢听到别人称赞我的外表。

B.别人愿意体谅我的感受时,我会有被爱的感觉。

19.在恋爱交往、追求爱情的过程中,你更倾向于(　　　)

E.在我心目中有特殊地位的人碰我的身体时,我会很有安全感。

D.服务的行动让我觉得被爱。

20.在恋爱交往、追求爱情的过程中,你更倾向于(　　　)

D.我很感激在我心目中有特殊地位的人为我付出那么多。

C.喜欢收到在我心目中有特殊地位的人送我的礼物。

21.在恋爱交往、追求爱情的过程中,你更倾向于(　　　)

B.我很喜欢被人呵护备至的感觉。

D.我很喜欢被别人服务的感觉。

22.在恋爱交往、追求爱情的过程中,你更倾向于(　　　)

C.有人送我生日礼物时,我会觉得被爱。

A.有人在我生日那天对我说出特别的话,我会觉得被爱。

23.在恋爱交往、追求爱情的过程中,你更倾向于(　　　)

C.有人送我礼物,我就知道他想到我了。

D.有人帮我做家事,我会觉得被爱。

24.在恋爱交往、追求爱情的过程中,你更倾向于(　　　)

B.我很感激有人耐心听我说话而且不插嘴。

C.我很感激有人记得某个特别的日子并且送我礼物。

25.在恋爱交往、追求爱情的过程中,你更倾向于(　　　)

D.我喜欢我所爱的人因为关心我而帮我做家事。

B.我喜欢和在我心目中有特殊地位的人一起去旅行。

26.在恋爱交往、追求爱情的过程中,你更倾向于(　　　)

E.我喜欢和最亲近的人亲吻。

C.有人不为了特别的理由而送我礼物,我会觉得很开心。

27.在恋爱交往、追求爱情的过程中,你更倾向于(　　　)

A.我喜欢听到有人向我表示感谢。

B.与人交谈时,我喜欢对方注视我的眼睛。

28.在恋爱交往、追求爱情的过程中,你更倾向于(　　　)

C.朋友或所爱的人所送的礼物,我会特别珍惜。

E.朋友和所爱的人触碰我的身体,那种感觉很好。

29.在恋爱交往、追求爱情的过程中,你更倾向于(　　)

D.有人热心做我所要求的事,我会觉得被爱。

A.听到别人对我表示感激,我会觉得被爱。

30.在恋爱交往、追求爱情的过程中,你更倾向于(　　)

E.我每天都需要身体的接触。

A.我每天都需要肯定的言语。

测试结果:

爱语倾向	对应的选项字母	你的选项字母个数	你的爱语倾向情况
爱语1:肯定的言语	A		
爱语2:精心的时刻	B		
爱语3:接受礼物	C		
爱语4:服务的行动	D		
爱语5:身体的接触	E		
总体结论:			

三、知识滋养①

(一)恋爱审视:动机与行为

大学生正处于"亲密对孤独"的人生发展阶段,谈恋爱、追求爱情,是许多大学生朋友向往的事情,也是相对普遍的事情。不过,由于大学生朋友相对单纯,人生观、价值观、认知水平、人格状况处于进一步完善健全之中,在恋爱交往、培育爱情的过程中,因受恋爱动机偏斜、爱的能力不够、理想中爱情与现实爱情的反差或受外界的干扰"移情别恋"、现实条件的制约等因素影响,最终走向失恋分手的现象并不少见。失恋并不可怕,可怕的是不敢正确面对。

1.大学生恋爱动机

大学生为什么要恋爱? 他们出于什么样的动机去谈恋爱? 在现实生活中,大学生的恋爱动机有很多种,有纯洁的、正确的恋爱动机,也有不纯洁的恋爱动机。

(1)心理需要

大学生的年龄一般在18岁到24岁之间,是由青春期进入成年期的人生转

---

①张艳艳.大学生心理健康教育[M].重庆:重庆大学出版社,2018:164-170.

折过渡阶段,其生殖系统发育逐渐成熟,性激素的分泌比较旺盛,影响了生理平衡,因而对异性的体验十分敏感。为了满足性冲动,他们去追求异性,这是恋爱活动的重要原因。出于性冲动的驱使,大学生们开始脱离群体化的异性互动,寻求单独约会,在"谈情说爱"、共话美好未来的过程中,彼此吸引、互生好感、越发依恋。因生理成熟而对异性渴求的心理需要得到满足,恋爱也就"悄悄"进入到年轻人的内心。

(2)满足虚荣心

一部分大学生朋友受虚荣心的驱使去谈恋爱。曾经有个女生在同学面前毫不避讳,且自豪地说,她从初中到大学谈恋爱的人数有20多人……有的女生认为能跟多个男生谈恋爱,说明自己有本事、人长得漂亮,有许多男青年喜欢,以此来满足自己的虚荣心,掩饰自己的"不完美"。也有男生存在这样的"谬论":在大学时期不轰轰烈烈耍几个朋友、谈几场恋爱叫没本事。这样的男生把自己能跟多位女生谈恋爱看成自己有本事、有能力的体现,让自己在同学面前有面子,从而达到满足自己虚荣心理的目的。为了满足自己的虚荣心去谈恋爱,最终的结果往往就是毕业时"分手",因为这样的青年并非对恋爱对象的人生负责考虑去谈恋爱,也并非出于对彼此共同成长负责。

(3)打发空虚无聊的日子

进入大学后,没有了中学老师那样的监督和父母的唠叨,也没有了升学的压力,一切都变得那么"自由"。一些自律意识不强的大学生,常常想要"放松"一下。对于课堂以外更多的自由时间,他们不是用来自主学习或个性化学习,而是觉得这些空闲时间太多,无所事事,时间一久自然就会感到空虚寂寞。为了不空虚寂寞,他们就要"找事做"以填补空虚,消除寂寞。受环境的影响和身心发展的需要,"谈情说爱"自然成了部分大学生朋友要找的事情之一。这部分青年谈恋爱更多的是为了寻求刺激和体验新鲜感,填补内在的空虚寂寞。他们没有真正为彼此的未来人生着想,最终在交往一段时间后失去新鲜感,中途分手或毕业时说"再见"也就成了"常态"。

(4)志同道合

基于志同道合的恋爱动机,一般成功的可能性要高得多,这种恋爱理性大于感性,明确知道自己需要寻找什么样的恋爱对象(人生伴侣),目的性强,能建立牢固的感情基础。张明(化名)在大一时成绩不好,但他喜欢上了班上成绩最好的女生王霞(化名),便对王霞展开了强烈的追求,终于获得了王霞的芳心。但王霞在答应跟他谈恋爱的同时对张明"约法三章":一是只能在周末约会、平时和周日晚上要学习,二是张明的成绩必须提高到中等水平,三是毕业时工作必须在一个城市。张明爽快地答应了王霞的要求。大学四年,在王霞的"监督"和陪伴下,张明不仅学习成绩上去了,还成了系学生会的活跃分子。大学毕业时,凭借优异的成绩,张明和王霞都进入了同一个城市较好的两所中学,工作一年后两人走进婚姻殿堂。这种以相互进步、相伴一生为目的的爱情,虽然似乎缺少了点浪漫,但不失为青年大学生学习的楷模。

2.大学生中的恋爱问题

不管是激烈的恋爱,还是理性的恋爱,都有各自的表现形式。高等职业学校大学生的恋爱观、恋爱行为以及爱情的表现形式总体上是健康的。然而,也不同程度地存在以下几个问题,需要引起重视。

(1)暗恋或者单相思

单恋者总在心理想着某个人,突然遇到心中的"他"或"她"就会怦然心动,如果见不到就会感到失落;喜欢在暗恋对象背后默默注视或观察其言行举止、音容笑貌;其心情会因暗恋对象而阴晴不定,要么兴奋不已,要么茶饭不思。尽管如此,单恋者却没有勇气走近对方,更不敢向其表白。当然,"情窦初开"的青年有喜欢的对象或"类型",并不一定是坏事,但如果因此而影响了自己的正常学习生活与身心健康,就必须要高度重视。

(2)亲密行为太过暴露

一旦陷入爱情,世界就变小了,最后进入"二人世界",仿佛看不见周围的一切。大学生若具备条件谈恋爱、培育爱情、建立亲密关系,是正常的。但是大学生有着特殊的光环,那就是"大学生"这种特殊的身份与角色,这就要求大学生朋友在恋爱交往过程中要注意把握好恋爱行为的度量衡,不能像社会青年那样完全没有约束或不负责任。目前,大学生中也存在以下不良现象:极个别同学在自习教室过于亲密、有的在校园道路边搂搂抱抱或在图书馆接吻……旁若无人,不考虑自身行为所带来的影响。大学校园是崇尚文明、传播先进文化、培养志存高远人才的重要阵地,大学生谈恋爱要讲究恋爱道德。

(3)爱情至上

有的大学生认为爱情至上,认为爱情比任何事情都重要,正如诗句所表达的:"生命诚可贵,爱情价更高。"一旦陷入恋爱,他们就无心学习,要么逃课,要么在课堂上心不在焉;对于班级的事情也不再关心,忘记了集体的存在;对室友或同学也变得疏远,甚至违背诺言。更多的时间,他们选择与恋人在一起,将谈恋爱视为大学生涯的主要任务,而忽略了学业和自身综合能力与素质的培养。最终,他们可能荒废了学业,失去了爱情,只得到了痛苦和遗憾。

（4）视恋爱如游戏

有些大学生谈恋爱,从未考虑过未来结果,也不愿为对方承担责任。他们只追求恋爱期间的快乐与满足,信奉"不在乎天长地久,只在乎曾经拥有"的原则。他们并不关心毕业后两人是否还能在一起,甚至对发生性关系也采取无所谓的态度,认为都是成年人,你情我愿的事情无须多虑。男生往往不会考虑自己的行为会给女友带来多大的伤害,而女生也不多考虑这样做会对自己产生多大的后果或"后遗症"。有些男生过于自私,而有些女生则不懂得自我保护,他们不了解未婚先孕会对自己的身心健康以及未来家庭幸福造成多大的影响。虽然大学生中游戏爱情、视爱情如儿戏的现象并不普遍,但我们必须对其予以足够的重视。因为大学生在恋爱交往中若跨越了"红线",最终只会让自己承受由此带来的后果。

(二)失恋跨越:提升爱的能力

即使大学生在大学时期暂时不具备谈恋爱的条件,今后仍会涉及这一人生课题。为了减少失恋的风险或跨越失恋的困境,需要提升爱的综合能力。

1.正确理解爱情

大学生中存在将爱情和友情混淆的现象,这不利于男女同学之间的正常交往。爱情和友情是截然不同的情感,不能相提并论。

（1）爱情是一种特殊感情

有关专家对爱情进行了定义,认为爱情是在一对男女之间、一定的物质基础和共同生活理想的基础上,在彼此内心形成的相互倾慕、渴望拥有对方并最终成为终身伴侣的真挚、强烈、持久和纯真的感情。因此,可以看出爱情这种特殊感情具有许多限制性条件,这些限制性条件可以从三个维度、十个方面进行分析。三个维度是:基本条件、相互吸引、特质性。基本条件包括三个方面:首先,爱情是建立在一对男女之间的,其次,它需要一定的物质基础作为支撑,最后,它是在共同生活理想的基础上形成的。相互吸引的维度包括三个方面:彼此内心的相互倾慕、渴望拥有对方,并最终成为终身伴侣。这些方面表现出彼此之间的吸引力是逐渐增强的。特质性维度包括四个方面:真挚、强烈、持久和纯真。这四个方面反映了爱情这种特殊感情是最真实、最强烈、最持久和最纯粹的,与一般的人际关系之中的感情不同。

（2）友情是一种社会性情感

友情是人与人之间在社会生活与交往过程中，彼此在相互帮助、彼此认可或共同兴趣等基础上建立起来的美好情感。它既是一种积极人际关系的体现，又是一种美好的社会性情感和人类宝贵的精神财富。友情的涵盖范围比较宽泛。理论上讲，友情的建立可以不分男女老少、不分地域、不分种族、不分国别。如果有条件和机会，一个人可以与许多人建立友情。显然，友情的宽泛性不能与爱情的严格限制性相提并论，友情可以没有边界，而爱情却是有边界的。

2. 把握好恋爱时机

心理断乳完成是减少失恋、规避失恋风险、跨越失恋的先决条件。在不适宜的时机谈恋爱，往往意味着更多的失败，并要承受由此带来的损失与身心伤害。因此，大学生要减少失恋风险或跨越失恋，需要把握好恋爱时机。这个时机，说得具体一点，就是要有基本的心智能力，或者说心理断乳。心理断乳意味着个体在心理成熟水平上能够主宰自己，明白什么应该做，什么不应该做，并具备相应的责任担当能力。有些女青年在心理断乳尚未完成的情况下过早涉足恋爱，不负责任地发生性行为，结果导致怀孕……最后，当小生命"突然"来到人世，女青年措手不及，慌乱中将小生命扔到窗外或厕所里或垃圾桶中，给自己带来悲剧。这些女青年之所以会做出如此荒唐的行为，原因在于她们缺乏相应的责任担当能力……心理断乳未完成却过早涉足了不适宜的行为，带来的只能是悲剧与人生的痛苦。对于社会上的这种现象，我们大学生朋友们有必要引以为戒。如果自己的心理断乳尚未完成，那么就应该先学习成长。这样，才能减少失恋风险及其带来的伤害与痛苦。

3. 提升爱的能力

心理断乳完成后，说明具备了谈恋爱最基本的心智条件。但这并不意味着谈恋爱就一定没有失恋的可能，恋爱道路上也会有风风雨雨。大学生在大学时期或毕业后，恋爱道路相对较为顺利。为了尽量减少失恋的风险，即使失恋了，也能顺利地走出失恋，让自己不仅不受伤，反而还能从中得到更多的成长。因此，大学生在大学期间培养和提升爱的能力就显得尤为重要。

（1）在实践中培养和提升爱的能力

对爱的能力的培养提升，并非一定要在恋爱交往中才能培养，更多的是在日常学习生活与成长过程中得以培养，并且是在具体的行动中得以培养。其培养路径主要有三条：

1)在爱自己的行动中培养和提升

大学生要能关爱未来的恋人或家人,首先要学会自爱。如果连自己都不会爱护,那么关爱恋人或家人就有些不切实际。当前,我们有一些大学生朋友,早上不吃早饭、晚上深夜还不睡觉……这些现象说明他们还没有学会爱自己。因为早上不吃早餐,没有补充能量,上午上课学习需要消耗能量,由于没有补充能量,就从身体内部转化而来,这种转化多了,身体就会"报警"、出现健康问题;晚上不按时睡觉,危害也很大,因为睡眠的黄金时间是晚上11点至次日凌晨4点左右,牺牲睡眠黄金时间,身体这台最高贵的"机器"没有得到充分的休息与调整恢复,第二天又要投入紧张的学习,时间久了,身体也会亮"红灯"。

所以,存在上述这些现象的大学生朋友,爱自己的能力还不够,需要改掉自己的不良习惯,关爱自己的身体和心理健康,学会对自己的身心健康负责任。今后才具备条件去爱自己的恋人和家人。

2)在关爱他人的行动中培养并提升爱的能力

爱他人是培养和提升爱的能力的重要途径。爱他人就是要学会关心他人、爱护他人并帮助他人,传递爱心与温暖。比如,一位同学回到寝室,发现室友生病了卧床不起,也不去看医生,你走近他床边,轻声地说:"你这样对身体不好,也会很难受的,得马上去看医生才行。我现在正有空,陪你去吧。"这位同学把室友及时护送到医务室看了医生,回来后,将适合温度的开水给室友端到身边,叮嘱室友按时服药,并且陪伴室友到食堂用了餐。这样的一个行动,看似极为普通平凡,但其实是高大上的爱他人的行为。因为这样的行为成为习惯,人与人之间就会有更多的心理联结与温暖;因为这样的行为成为习惯,世界就会充满爱;因为这样的行为成为习惯,今后爱自己的恋人与家人也会成为习惯,关爱他们就不成问题。

3)在爱社会的行动中培养并提升爱的能力

大学生朋友培养提升爱的能力还需要用好爱社会这条路径。爱社会,并不是虚拟的,而是实实在在的,并且可以从身边小事做起。比如,同学在放学回宿舍的路上,看见校园路边有一块香蕉皮,你俯下身子,捡起香蕉皮,很认真地把它放进垃圾桶里,这样一个行为看似极为普通平凡,但是这样的行为其实就是爱社会的高尚行为,因为这样的行为让校园变得更整洁更美丽,学校是个小社会,这样的行为自然也会让整个社会因此而发生良性变化。这样的行为成为习惯,社会一定将变得更和谐美好,伴随着社会的和谐美好,我们的大学生朋友也一定会成为充满爱心、内心充盈幸福的人,也就更具备条件关爱自己的恋人和家人。

（2）拒绝、接受和表达爱的能力

一个人有权利去爱另一个人，但是另一个人是否接受他人的爱，同样也是有权利的。如果对方不接受，正确的做法是要尊重对方的选择。不过，现实的情况是，有的大学生朋友常常为他人的爱而感到困扰，因为不具备拒绝爱的能力。如果不喜欢对方，或对方不符合自己的择偶标准，就要通过合适的方式来拒绝爱，否则就会给自己带来麻烦或影响人生的幸福。拒绝爱要遵循一定的原则：尊重对方的原则、坚定本心的原则、智慧原则、自我保护原则，做到温柔中有坚定、不违背本心、要有自我保护与防范意识。这些原则的有效运用体现一个人拒绝爱的能力状况。

大学生也要培养提升接受爱的能力：首先，要具备准确接收并理解对方传递爱（包括肢体语言和有声语言等不同的传递路径）的信息的能力；其次，要有合理回应和反馈爱的能力，应当以适当的方式对对方传递的爱予以回应；然后，要把握好接受爱的时机。接受爱是一种责任和承诺，需要认真考虑和认识，但若错过时机，可能会失去表达接受爱的机会，因此把握时机也是一项重要的挑战。如果一个人爱另一个人，要让对方认识并接受自己，就需要具备表达爱的能力。培养提升表达爱的能力，需要从以下几个方面入手：一是表达爱要真诚，让对方感受到自己的真心实意；二是表达爱要具有针对性，了解对方的兴趣爱好、个性特征等方面的信息；三是表达爱的方式要有新意，尽可能在对方的内心世界中引起波澜，唤起对方的思考，并留下深刻的印象；四是表达爱也要尊重对方的选择，如果对方婉言谢绝，应当尊重对方的选择。表达爱并不是作秀，而是要让彼此更好地了解对方，展现真实的自己，以便找到真正合适的人生伴侣。

四、成长训练

◎训练一 塑造自我魅力，培养爱的能力[①]

1.我是一切的根源

每个人都在努力追求美好的幸福生活，期待完美的爱情，并拥有幸福的婚姻和家庭。然而，在奋斗的道路上，我们往往都会遇到各种阻碍和困难，产生一些问题。这些问题，在他人看来可能不是问题，但对我们来说却可能是切身之

---

① 马雁平，陈萍，张澜.大学生心理健康教育［M］.长春：吉林大学出版社，2013：134-135.

痛。我们也许能够找出问题的原因,也许身在其中总认为对方有错。但事实上,问题可能并不在于对方。就像一个不会游泳的人总是更换游泳池无法解决问题一样,一个不会做事的人总是更换工作也无法解决问题。那么,一个不懂得经营爱情的人,总是更换男女朋友能解决问题吗?想要找到真爱,你必须知道你是谁,你是否具备爱的能力。

【忆一忆】从过去的经历中找到自我

你是否正面临爱情的困惑,或是否已具备解决恋爱冲突的能力?爱情和冲突,往往如影随形。在高等职业学校的大学生中,谈恋爱过程中可能会遇到许多困扰,例如自己并不爱对方,但对方却执着地追求;或者自己心仪的异性却钟情于别人,自己却无法表达等。

回想一下自己与恋爱对象发生争执或冲突的经历(若自己没有相应经历,可向其他青年适当了解),然后填写下表:

经历	原因	结果

【听一听】从别人的眼中找到自己

老师说你是:＿＿＿＿＿＿＿＿＿＿＿＿＿的大学生。

同学说你是:＿＿＿＿＿＿＿＿＿＿＿＿＿的班级成员。

室友说你是:＿＿＿＿＿＿＿＿＿＿＿＿＿的寝室室友。

父母说你是:＿＿＿＿＿＿＿＿＿＿＿＿＿的好孩子。

男朋友说你是:＿＿＿＿＿＿＿＿＿＿＿＿＿的女朋友。

女朋友说你是:＿＿＿＿＿＿＿＿＿＿＿＿＿的男朋友。

2.接受爱的能力

毕业前一天,男生小张看着同桌的女生小美戴着耳机写着试卷,很想对她表白却不好意思开口。终于,他试探着叫了她的名字,她一点反应也没有,依然写着试卷。于是,他很小声地把想对她说的话全部说了出来。打铃下课了,他离开了座位。同桌的她松开暂停键,泪流满面。

【说一说】表达与判断,接受或拒绝

(1)如果你是小张,你将如何向小美表达你的爱?

　　(2)如果你是小美,你又会如何判断题目(1)中小张的表述是不是真爱?

_____

_____

_____

　　(3)如果你是小美,你会接受还是拒绝小张的表述? 你会如何表达你的接受或拒绝?

_____

_____

_____

3.拒绝爱的能力

　　巴尔扎克曾指出,爱既是一种能力,也是一种艺术。在现实生活中,人们"祈求爱、渴望爱",然而"愿意学习爱的人却寥寥无几"。他指出,要掌握爱的艺术,一是要掌握理论知识,二是要学会实践操作,三是要赋予爱最大的关注。当你不想谈恋爱时,该如何拒绝对方呢?

　　【评一评】看看别人是如何表达的,你又会如何表达呢?

——委婉表达方式——

　　(1)对不起,我还年轻,暂时不想谈恋爱,我要以学业(工作)为重。

　　(2)我们相隔如此遥远,联系不太方便。等我们有机会在一起工作后再谈吧。

　　(3)你那么优秀,那么迷人,我好怕你的追求者找我的麻烦。

　　(4)我脾气不好,也没有什么优点,功课又差,和我在一起你会受委屈的。

　　(5)我们在一起,别人会说你是一朵鲜花插在我这堆牛粪上。我要找个比我差的,才能心理平衡。

　　(6)我并不是完美的女孩,也不是你心里想象的那么好。希望你能找到一个比我更好的女孩。做永远的朋友比做情人更好。

——直接表达方式——

　　(1)我不喜欢你的,我们是不可能的。

　　(2)你没有……没有……没有……我怕将来受苦。

　　(3)你个子矮,我们要是……;你长相差,影响我后代优秀基因。

　　(4)你没有文化,一个字——俗;两个字——很俗;三个字——非常俗;四个字——俗不可耐。

(5)你和我命中相克,我就是看不上你。

(6)你不适合我吧,你不是我喜欢的那种类型。

———搬救兵支援表达方式———

(1)我喜欢的是隔壁的小明,我和他是青梅竹马的。

(2)你妈妈很势利,我难以和她相处。

(3)我父母不同意我们在一起,他们嫌你经济水平不高。

(4)我叔叔、阿姨、爷爷、奶奶等亲戚都认为你和我不合适。

(5)你家的狗狗和猫咪总是欺负我,以后我还有什么盼头啊。

◎ **训练二 面对失恋**

一个来访者自述:"近两个月来,我常常感到苦恼,对学习没有兴趣,无法专心看书,食欲和睡眠都不好,学习成绩明显下降了……我曾喜欢一个女生,我们是高中同学,那时候我们的关系很好,可以称得上是好朋友。大学时期,我们不在同一个地方读书,这让我感到很遗憾,心情也一直不太好。近一年来,我开始对她产生好感,暑假时我特意赶回去向她表白,然而却被她拒绝了。我感到很失落,心情非常糟糕,也觉得有些尴尬。我们彼此了解,性格也很合得来,所以我觉得很疑惑,为什么她会拒绝我?按理说不应该拒绝我才对啊。回到学校后,我通过发信息、打电话等方式与她联系,但发现她不再像以前那样回复我,经常不回我信息。对此,我感到很烦躁,晚上睡不着觉,有时候夜里两三点钟还会给她写邮件。过了一段时间之后,我打电话的频率降低了,每天只是在QQ上向她打招呼而已,偶尔才会打一次电话,然而心情依旧非常很糟糕,无法专心做事或学习,我很纠结、很痛苦。我是一个很专一的人,我只喜欢她,我不知道该怎么办。"

【想一想】三思而后行

(1)上述案例中来访者遇到了什么问题? _____

_____

_____

(2)如何帮助他走出困境? _____

_____

_____

(3)如果你被自己喜欢的人拒绝,你会怎么办? _____

_____

化失恋为成长的动力

阿静(化名),是一个可爱、活泼的女孩。在大学刚入校第一天,她遇到了阳光、帅气的学长。这美丽的邂逅,顺理成章地让他们在大一下期确立了恋爱关系。阿静一直觉得很幸福,这样的大学比她预想的更好,有她纯纯的初恋,有寝室的好姐妹,班上同学相处得还不错。一切似乎都那么完美,可是生活中没有那么多童话。她大二时,男友移情别恋,原来男友对她只是一时新鲜,他的新女友是新一届的女生。一切突如其来,这是阿静的初恋,对她打击很大,她一直觉得导致这次分手的原因是自己不够好,不够优秀,也变得自卑、自暴自弃起来。本来活泼的她,变得很安静,面对事情都变得很消极,时常感到焦虑和不安,也不爱和姐妹们说心里话,精神状态每况愈下。后来,她终于无法忍受因失恋而产生的心理压力,也就鼓起勇气找到了咨询师。

【找一找】总会有出路

(1)阿静失恋的原因是什么? _____

_____

(2)阿静产生心理压力的原因又是什么? _____

_____

(3)阿静该如何走出失恋的困扰? _____

_____

五、助人自助

(1)请你通过以下材料先了解小张的情况,然后伸出援手帮助他纾解心情、重拾自信,回归美好的大学生活。

小张同学从主城的某所高校退学后,来到我们学校读书。读书期间,经常出现情绪波动大,无缘无故乱发脾气,甚至伤害自己的行为。她之所以会变成现在这个样子,是因为在主城上学的时候,她喜欢上学校的一个男生,但是这个男生不喜欢她,却跟她保持比较暧昧的关系。后来这个男生找了女朋友,她知道这个情况之后,整个人就像发疯了一样,开始无休止地纠缠这个男生和他的女朋友,这期间也做出了一些冲动的行为。因为这些原因,她被学校勒令退学。

(2)请你思考,如何帮助以下案例中的陈军(化名)摆脱失恋的阴影,以积极的态度面对生活,走向美好和幸福。

在采访中,记者了解到,大学生因失恋导致情绪失控而走向极端的事情时有发生。一位大学教师告诉记者,就在半年前,他的一名学生与女友分手后,陷入难以自拔的痛苦中,提出与女友重归于好被拒绝后,他买了一包"毒鼠强"并服用,幸亏发现及时,经过医生连续两天的抢救,最终脱离了危险。"他只有22岁,如果就这样离开这个世界,他的父母以后将怎么生活?"这位老师说。记者与曾经做出过轻生举动的大学生陈军(化名)取得了联系。"我为自己的举动感到后悔。"陈军说,"当时我与女友在一起已经四年多了"。上大学时,他毅然放弃了去北京的机会,选择了青岛的高校,目的就是能与女友朝夕相伴在一起。"女友提出分手后,我感觉天都塌下来了,所以就想自杀。"陈军说。当他在医院苏醒过来后,见到守护在病床边泪流满面的父母时,内心深感惭愧!

六、体验升华

请阅读以下两则材料,围绕"成子对阿萍满怀痴情,阿萍却为何要提出分手""李明跟王雪真心相爱,毕业时却选择异地工作,但最终为什么又走到了一起"等问题展开深入思考,体验感悟,以升华对恋爱和爱情的认识。

1.爱情至上,痴情男惨吞苦果

成子(化名)是一个帅气阳光的农村男孩,考进了县里的重点高中,成绩优异,各方面都很出色。高三时,班里转来一位乖巧的女生阿萍(化名),成子对她一见钟情。为了赢得女生的心,成子使出了许多"招数",最终他们在高三上学期确立了恋爱关系。然而,由于恋爱交往,他们的成绩开始下滑,班主任发现了让他们暂时不要谈恋爱,最后他们停止了恋爱交往。女生顺利考上了重庆的大学,男生则没能考上。但是女生鼓励男生复读,并表示愿意等他,男生经努力第二年考上了四川的大学。他们又开始恋爱交往。可是,成子在大三的时候状态发生了变化,计算机和英语考级都没过,并且迷上了赌博,阿萍劝诫他,但无果,因此提出分手。后来,男生到青城山"出家",阿萍为挽救他,假意说要跟他"和好",但从青城山回校后,得知女生并不是真的要与他重归于好,于是整个人彻底崩溃了。辅导员请来了家长,成子尽管放弃了轻生的念头,但跟家长说:今生今世,他非阿萍不娶。

2.志同道合,绽放幸福之花

李明(化名)和王雪(化名)是大学同班同学。在大一军训结束后的一次舞会上,王雪发现李明情绪低落,便约他出去散心。经过一番了解,王雪得知李明在高中时有一个女朋友,但没有考上大学,因此觉得自己与李明存在差距。于是在国庆节时,她匆匆结婚了。李明得知这个消息后,心情一直非常沉重。了解到这个情况,王雪经常安慰他,试图让他开心起来……渐渐地,李明的心情开始好转,不再忧虑。他俩也经常在一起,两颗心开始相互吸引,恋爱关系也随之发展起来。时光荏苒,很快到了毕业季。找工作以及在何处工作成为了他们面临的现实问题。王雪是浙江人,家乡的教育质量较高,发展前景也很好,所以她最终决定回老家工作。对于李明来说,家在四川,作为独生子女,他需要照顾父母,因此只能在四川老家工作。毕业那天晚上,他们哭得非常伤心!然而,第二年,王雪毅然放弃了在浙江的工作,如"神仙般"来到了李明身边,两人走进了幸福的婚姻殿堂。

七、拓展训练

1.以"认识爱、理解爱、学会爱"为主题开展"爱的成长"主题班会。

2.爱既要说出口,又要付诸行动:为你爱的人做一件事并坚持下去。

3.探讨:大学生应该如何面对性困扰?

扫一扫

练习巩固

学习心得

_____

_____

_____

_____

_____

_____

_____

_____

_____

_____

_____

_____

_____

_____

成长模块七　心理健康与生命关怀

生命是一首美妙的乐曲，每一个个体都是乐谱中唯一且独特的音符。生命的华章只有一次演奏的机会，错过的时光不再回来。大学生正处在生命力绽放的阶段，对生命的思考也在悄然进行："我的生命有意义吗？""我能过上怎样的有意义的生活？""我要怎样获得生命的意义呢？"……有的同学能主动探寻出生命的意义，但也有的会陷入迷茫，因生命意义感的缺失而诱发心理问题。生命中可能有危机，与其自怨自艾、埋怨命运不公或一蹶不振，不如抓住危机中的"转机"，逆袭成长。本节内容将带你进一步思考生命这一命题，找到获得生命意义的途径，也将助你预防心理危机、建立积极的危机观，学会在危机时刻自助、互助与求助。

扫一扫

数字资源集合7

盛年不重来，一日难再晨。及时当勉励，岁月不待人。——陶渊明

单元一　预防心理危机　成为生命的呵护者

学习目标

知识目标

1.初步理解生命的意义和心理危机的概念。

2.正确理解生命意义感和心理健康之间的关系、心理危机的身心反应以及在危机中如何进行自助、互助与求助。

技能目标

1.能够掌握高等职业学校学生预防及应对心理危机的方法。

2.具备识别高等职业学校学生自杀风险行为的能力，在个人发生心理危机时能够积极进行自助与求助，在他人发生心理危机时能够给予正确的帮助。

思政目标

1.主动关注生命、珍视生命，正确认识自杀行为的危害性，自觉培养积极的生命意义感。

2.具备危机预防的积极意识和面对心理危机时科学自助、主动求助以及勇于互助的自觉意识。

高等职业学校的学生是未来的"大国工匠""能工巧匠",这需要他们练就精湛的专业技能本领,同时,也要储备好能经受住各种磨砺的心理能量。然而,有的大学生朋友抗挫力、心理韧性相对较弱,稍有困难或遭遇挫折就手足无措、心灰意冷、自我否定,有的甚至是漠视生命,用极端的方式自我伤害,产生对自己、家人、学校和社会不负责任的行为。生命诚可贵,珍爱生命人人有责。大学生是祖国的未来,前景广阔,学会勇于应对危机是大学时期乃至整个人生成长成才的必修课。

一、案例启思

小刘,男,高职一年级学生。他在成长过程中一直生活在严厉的家庭环境中,父母认为男孩子应该多经受挫折才能成为真正的男子汉。他很少得到父母的积极认可。在高考前,小刘就经常感到内心痛苦,并滋生出害怕和无意义感。他自我安慰说这是高考压力太大,等进入大学就会好转。然而,进入大学后,这种感觉愈发强烈。他觉得自己在学习上比不过同学们,无法在人际关系上也做到游刃有余。他曾尝试参加社团,但没有被选拔上。这让他内心十分苦闷。在学校心理健康测评中,结果显示他有抑郁倾向。心理咨询师建议他去专业医院就诊,但他极力否认自己存在不良心理状况,认为只要"扛过这一段时间就好了"。学校与小刘的父母取得了联系,但其父母表示拒绝精神科检查,他们害怕就医后小刘会被看作"疯子",认为是同学们不够关心小刘才导致他发生了变化。随着小刘的心理压力增大,他的生活开始逐渐失控,出现连续失眠。即使周围没有人,他也似乎能听到同学们在议论他,脑海中总有一个声音告诉他"去死吧,你真糟糕"。在一天晚上,小刘为寻求"解脱",从学生宿舍的楼顶跳下,当场身亡。

* 你身边有类似"小刘"的影子吗?你该如何看待小刘的经历?

* 如果你遇到这种情况,你会怎么做?

二、自我评估

青少年自杀倾向量表[①]施测简便快捷,可以作为评估大学生自杀倾向的工具,适用于快速筛查目前有自杀倾向的学生,但不可作为疾病诊断的依据。

下面有一些句子,描述了一个人的心情、想法和态度,每个句子后面都有五个选项。请根据你最近一周的实际情况,选出相应的选项。注意:(1)答案没有好坏之分,请按照你平时所想真实回答;(2)回答时间没有限制,但是请不要过

①陆双鹤,张又文,隋晓爽,等.青少年自杀倾向量表测评大学生样本的效度和信度[J].中国心理卫生杂志,2020,34(1):66-73.

生命本没有意义,你能给它什么意义,它就有什么意义。与其终日冥想人生有何意义,不如用此生来做点有意义的事。——胡适

多考虑,请选出你最初想到的答案。

题 目	不符合	有些不符合	不确定	有些符合	符合
1.在上课听讲的时候,我从来不走神。					
2.我有时会将今天应该做的事情拖延到明天。					
3.有时候,我所说的话并不代表我内心的真实想法。					
4.大人吩咐我做什么,我总是心甘情愿地去做。					
5.我曾经对某个人心怀怨恨。					
6.我对生活感到绝望。					
7.我觉得自己一无是处。					
8.我觉得自己很失败。					
9.我认为未来没有光明。					
10.我想好好活着。					
11.我对前途比较乐观。					
12.自杀违背我的信仰。					
13.我不想再继续活下去。					
14.我想自杀的想法已经有很长时间了。					
15.选择自杀是一个人的自由,别人无权干涉。					
16.我为自杀做好了具体的计划。					
17.我确定了自杀的时间。					
18.我曾经自杀未遂。					
19.我一定会自杀成功的。					
20.我安排好了自己的身后事。					

【测评方法及建议】

每个题目,如果选择"不符合"则得0分;选择"有些不符合"则得1分;选择"不确定"则得2分;选择"有些符合"则得3分;选择"符合"则得4分。其中第10、11、12题采用反向计分,其余题目均采用正向计分。总分为第6~20题得分总和。

如果总分在0~14分说明测试者为正常状态,15~21分为有自杀倾向,22~30分为有中等程度的自杀倾向,31~40分为有较强烈的自杀倾向,41分以上为有非常强烈的自杀倾向。总分越高,说明被试的自杀风险越大,需要重点关注,及时给予相应的心理辅导,预防自杀一类的恶性事件发生。

【评估结论】

_____

_____

三、知识滋养

(一)呵护生命 追寻意义

1.认识生命

在生物学中,人类生命起源于精子和卵子的结合。然而,当呼吸停止、大脑死亡的那一刻,生命也随之结束。从心理学的角度来看,生命的含义远比这要丰富。人的生命有三种形态,分别是生物生命、社会生命和精神生命。生物生命是将生命视为一个具体的、现实的、有血有肉的存在。人在与其他生命体以及外界环境进行物质层面和价值意义层面的交换后,获得社会生命。人的生命具有自我意识,人通过自我反思与认知不断地超越自我,从而获得精神生命。

中国传统文化对生命的理解最具代表性的便是儒家尊重生命、崇尚道义品格的生命观。荀子曾说:水火有气而无生,草木有生而无知,禽兽有知而无义。人有气、有生、有知,亦且有义,故最为天下贵也。而决定人类高贵的根本在于人的道德性[①]。理解生命便是理解生命与天、人、物、我之间的关系,提倡人要学会积极地生存、健康地生活与独立地发展,从而实现自我生命的最大价值。

2.理解生命的意义

对于探寻生命的意义,哲学家们终其一生,历经几代从未停止过脚步。而我们作为新时代的青年,可能才刚刚踏上了寻找之路。孔子曾说:吾十有五而志于学,三十而立,四十而不惑,五十而知天命,六十而耳顺,七十而从心所欲,不逾矩。因此,探索生命的意义是贯穿人一生的任务,"路漫漫其修远兮,吾将上下而求索"。那么,生命的意义感究竟从何而来呢?

(1)人的存在便是意义

胡适在《人生有何意义》一书中提到:生命本没有意义,你能给它什么意义,它就有什么意义。与其终日冥想人生有何意义,不如用此生来做点有意义的事。从生命孕育的角度来说,每个人的出生都是精子战胜了亿万竞争者的结

[①]刘敏.从儒家生命观谈生命教育[J].文化学刊,2018(2):148-150.

果,每一个生命都是来之不易、独一无二的,活着本身就是了不起的存在。

(2)满足需求就是赋予生命意义

美国心理学家鲍麦斯总结了生命意义的四项基本需求。其一是目的需求,也就是当在生活中能感到自己是有目标时,我们可以感受到意义感。其二是价值追求,我们希望自己的行为能获得有价值的肯定。其三是效能需求,我们需要感受到自己能够在某些重要的方面产生影响。最后是自我价值的需求,我们需要积极的自我价值感,会想方设法去证明自己是优秀的、令人钦佩的、值得尊敬的、有可取品质的人。只要这四种需求得到满足,个体就会感觉到自己的生命充满意义,当下既定的目标达成后,我们会继续为自己寻找、设定新的目标。这也与马斯诺的需要层次理论相吻合,个人的需要从低层次的生理需要向高层次的自我实现的需要逐渐过渡,生命的意义也在追逐需要的过程中得以彰显[①]。

(3)相信并投入就是生命的意义

生命的意义究竟是先被发现,还是先选择相信生命是有意义的而后去追寻和创造呢? 心理学研究证明认知会影响行为,在对生命意义的追寻中同样也存在这一效应。当我们选择树立"生命是有意义的"这一认知,才能让自己在行为上努力去追寻和实现生命的意义。在追寻的过程中,哪怕充满挫折,也能让人获得投入的自我实现,进而形成生命的意义感。

3.生命意义感对心理健康的影响

美国积极心理学家马丁·塞利格曼指出,生命意义是健康最有力的正向指标,是沮丧和精神障碍的负向指标,生命意义与个人身心健康有着密切的关系。当我们感受到生命意义时,会获得更多正向的情绪,更积极的自我评价,进行更有创造性的行为尝试[②]。相反,生命意义感的缺失也会对心理健康状况造成负面影响,如引起无聊、空虚、心理痛苦、内心绝望等情绪体验,这可能一定程度上导致心理危机的发生,有的甚至会发生自杀、杀人等暴力事件。近年来的一些社会现象也表现出青年人在生命意义感缺失时的挣扎。例如网络调查中询问大学生如何评价自己的大学生活,很多学生会提到迷茫、无聊,没什么意思;网络热梗"丧"文化、躺平、摆烂等逐步内化为青年人的价值观;北京大学心理健康教育与咨询中心副主任徐凯文教授提出"空心病"的概念,他发现在大学

---

①江光荣.大学生心理健康素养[M].长沙:湖南师范大学出版社,2020:335-337.
②江光荣.大学生心理健康素养[M].长沙:湖南师范大学出版社,2020:357.

生群体中,有部分优秀的学生考进名牌大学,但他们的内心并没有积极的价值观做支撑,他们没有理想、信仰,不知道自己是谁,不知道生命有什么意义和价值,没有办法完成自我认同,甚至自我厌恶到抑郁自杀的程度。因此,高等职业院校学生更应该警惕生命意义感缺失带来的对心理健康的负面影响,在学习与实践训练中积极寻求生命的意义。

(二)直面危机 勇于应对

1.心理危机的概念

《现代汉语词典》将"危机"定义为:"(1)潜伏的危险;(2)严重困难的关头"。美国心理学家卡普兰将危机定义为:当个体面临突然或重大的生活逆境(如亲人死亡、婚姻破裂、天灾人祸等)时,内心的紧张不断积蓄,继而出现无所适从甚至思维和行为发生紊乱,而先前的应对方式和惯常的支持系统不足以解决困境,因而出现心理失衡状态,也就是心理危机状态。

史蒂芬·芬克指出,危机后果中同时蕴含危险和机遇,危机是不稳定的时期或事物状态,具有决定性的变化即将发生,既包括产生负面结果的可能性,也包括产生预期的正面结果的可能性[①]。

2.心理危机的反应

当个体面对危机时,会产生一系列的身心反应,包括生理反应、情绪反应、认知反应和行为反应。

生理反应主要表现为在心理危机状态下,人体的自主神经系统和免疫系统等对身体的调节功能会发生改变。例如,心跳会加快,血压会升高,免疫功能降低,导致抵抗力下降,进而导致疾病多发。有的个体还可能出现一些没有器质性原因的各种不适,例如头痛、胸闷等。

情绪反应主要表现为陷入危机的个体会有明显的负性情绪体验,包括焦虑、抑郁、恐惧、易怒、孤独、自责、麻木和过分敏感等。

认知反应表现为个体在危机状态下认知功能的受损,例如出现记忆力减退、思维反应迟钝、灾难性思维、强迫性思维等。

行为反应主要是个体为排解和减轻痛苦而采取的一些防御手段,例如出现社交退缩、典型习惯改变、暴饮暴食或厌食、睡眠障碍、成瘾行为的增加等。

上述身心反应是人在面临重大改变后的正常应激反应。绝大多数人在危

---

①马海燕,俞国良.重大危机事件中青少年的认知特点与心理干预:以新冠肺炎疫情为例[J].南京社会科学,2021(11):76-82.

机解除后或者得到支持,主动、科学地应对后可以自我修复到正常状态。

3.心理危机的应对

心理危机有可能发生在任何人身上,包括你自己。当发现自己正处于心理危机状态时,不要过分陷入负面情绪和感受,试着找回理智,积极帮助自己平稳地度过危机。

(1)保持基本的生活规律并进行适度的运动

在危机状态下,人们容易出现食欲减退、精力下降的表现。如果任由身体本能反应发展,将会瓦解你的身心状态。这时,如果能反其道而行之,保持基本的生活作息规律,为身体补充充分的能量,通过运动转移注意力及提升情绪,将为你度过危机提供基本的身心保障。

(2)积极寻求社会支持

社会支持是指个人可利用的解决当前困境的资源的感知,包括情感支持、物质支持、信息支持和评价支持。缺乏社会支持常常被视为一个危险因素[1]。寻求社会支持,也就是要向信任的人表达脆弱与痛苦。研究表明,良好的社会支持对大学生的身心健康有显著的积极作用,对大学生进行心理危机干预就是给危机中的大学生提供强有力的社会支持[2]。

(3)主动寻求专业心理危机干预

处于心理危机中的个体容易在认知上出现局限性,例如持有灾难性思维,认为自己的困境无法解决,甚至只会更加糟糕;认知灵活度受损,无法看到危机中的其他可能性。个体也容易忽视自身及周围环境中的有效资源,解决现实问题的能力较弱。

专业的心理危机干预者受过严格的训练,在处理危机事件方面有更高效的方法和规范的流程。他们对于识别和引导处于危机中的个体走出认知困境有丰富的经验,能够更加理性地协助个体调动各种现实资源,提升解决问题的能力。

4.心理危机的预防

(1)加强生命教育与挫折教育

高等职业院校的学生应该增强对生命意义、生命价值、生命责任等方面的认知,形成珍惜生命的意识,主动呵护生命,在危机发生时采取不伤害生命的行

①彭帆,韩立敏.心理危机的保护性因素研究进展[J].中国健康心理学杂志,2023,31(3):326-330.
②郭洪芹.社会支持对大学生心理危机干预的价值探讨[J].教育学术月刊,2009(10):55-57.

为应对。同时,应该加强挫折教育,树立挫折意识,磨练意志品质,增强应对挫折的能力。

(2)培养积极的认知方式

认知方式是个体对自我及周围环境的态度和体验,不同的认知方式会影响心理危机的产生。例如,将失败归因于自己,将成功归因于运气的人会更加难以自我肯定,容易导致心理危机;习惯负性思维方式的人看问题时总看到消极的一面,这也会带来消极的情绪感受,容易发生心理危机。相反,在面临危机情境时能肯定自己的表现,善于在困境中发现希望的积极的认知方式能大大降低陷入心理危机的可能。

(3)提高压力应对能力

在心理危机的高压力状态下,个体会有两种应对策略,分别是以问题为中心和以情绪为中心。前者注重解决问题、寻求社会支持和积极合理化的解释,旨在应对能够在个人控制下的压力事件或情境;后者通过幻想、忍耐和逃避否认等情绪方式来应对压力,通常是在不受个人控制的压力事件或情境中的应对反应。研究显示,不适当的应对策略与较差的心理健康结果显著相关,以问题为中心的应对方式可以帮助个体减少心理危机,但处于危机中的个体更倾向于使用以情绪为中心的应对方式,过度以情感为导向的应对方式与一系列心理问题和适应不良行为有关。因而,可通过学习有效应对策略的训练计划,来加强其压力应对技巧、提升压力应对能力,这将有助于预防在风险中发生心理危机[①]。

(4)构建社会支持系统

高等职业院校学生的社会支持系统包括家人、同学、朋友、老师、社区等。在日常生活中,社会支持系统越完善,个体在遇到危机情境后越能获得更多情感及实际资源的支持,也就越能降低心理危机的破坏性影响。

四、成长训练

心理危机的应对并非一个人孤立无援的过程,主动寻求帮助能够让你更快地走出困境。那么,普通个体应该如何挖掘个人身边的资源,找到可以求助的对象呢?

---

① 马海燕,俞国良.重大危机事件中青少年的认知特点与心理干预:以新冠肺炎疫情为例[J].南京社会科学,2021(11):76-82.

◎**训练一 发掘有利资源 学会自助与求助**

1.寻求社会支持

在心理危机中积极寻求社会支持是帮助自己摆脱困境的有效方法。在选择社会支持力量时,应尽可能挖掘一切可利用的资源,而不仅仅局限于同龄朋友和同学。家人、亲友、老师、社会力量都可以成为个体的支持资源,共同构建起多方位、多层次的社会支持网络。

【画一画】审视我的社会支持圈,挖掘多层次的社会支持

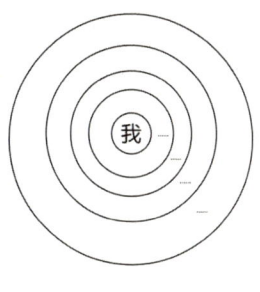

拿出一张纸,在中间画上一个圆圈代表你自己,由内向外继续画圈,越靠近内圈代表与你关系越密切的人,直到最外圈的陌生人。在每一圈标记具体的人物,尽量深入地挖掘,不要只局限于亲人、朋友和同学,将自己的人际资源扩展到家庭、学校、社区乃至整个社会。画好后,请罗列出这些重要的人际资源能给你带来哪些支持。

请罗列出人际资源带给你的支持力量:＿＿＿＿＿＿＿＿＿＿＿＿＿＿

＿＿＿＿＿＿＿＿＿＿＿＿＿＿＿＿＿＿＿＿＿＿＿＿＿＿＿＿＿＿＿＿＿＿

＿＿＿＿＿＿＿＿＿＿＿＿＿＿＿＿＿＿＿＿＿＿＿＿＿＿＿＿＿＿＿＿＿＿

2.【找一找】寻求专业机构提供的心理支持资源

你是否了解自己身边都有哪些专业的心理危机干预资源?请尝试找到这些资源。

1.本校心理求助资源

◈心理咨询室地址是:＿＿＿＿＿＿;心理咨询电话是:＿＿＿＿＿＿＿＿＿

2.本土心理求助资源

◈本土心理求助热线电话是:＿＿＿＿＿＿＿＿＿＿＿＿＿＿＿＿＿＿＿＿

3.国家级心理求助资源

◈中国心理危机与自杀干预中心求助热线电话:＿＿＿＿＿＿＿＿＿＿＿＿

◈希望24热线——生命教育与危机干预中心电话:＿＿＿＿＿＿＿＿＿＿＿

4.其他社会资源:

◎**训练二 接纳危机 转变认知**

"危机"一词中既蕴含着"威胁",也暗藏着"机遇",二者辩证相存。对于常人而言,都希望危机永远别找上自己,即使遇到了危机,也会想要去否定和逃避。但当你极力否定自己处于心理危机状态时,便会放大危机对你的影响。相反,如果接纳危机是人生的常态,危机中的消极反应人人都会有,这不是羞耻和

只有经过地狱般的磨炼,才能练出创造天堂的力量;只有流过血的手指,才能弹奏出世间的绝唱。——泰戈尔

懦弱的标签,那么你便会更有度过危机的动力。改变对危机的认知,积极解读"威胁"因素,是战胜心理危机的关键,也是能更好促进改变的"机遇"。

【读一读】在阅读中领悟道理

小吴是高职院校视觉传达专业大二的一名女生。从中学阶段开始,她就被确诊患有抑郁症。她积极配合医生进行治疗,坚持按时服药并定期进行复查。她明白自己与周围健康同学的不同,会不定期地陷入抑郁状态而无法自拔。她把自己抑郁发作的时期命名为"那个朋友",每当"那个朋友"来了她会主动寻求帮助,通过药物和心理咨询进行调整。在"那个朋友"走后,她会去反思自己在抑郁期间的想法和行为,找到对自己负面评价的根源。同时,她还利用自己的绘画特长,通过自媒体将抑郁期间的感受绘制成微漫画进行传播,让更多人了解抑郁症。她认为,与其说抑郁症给她带来了痛苦和煎熬,不如说给她带来了新的人生体验。她希望毕业后能投身到精神疾病的宣传科普事业中,让更多人能够形成对抑郁症的科学认知。(本案例来源于真实心理咨询个案)

小吴是如何看待自己的心理疾病的呢?这对她的个人成长发展有何影响?

_____

_____

【练一练】对危机事件进行认知调整,以减少其对自己的负面影响,从而将"危机"转化为"机遇"。

1.我和相恋多年的恋人分手了:

我对此事的认知是:_____这将让我陷入心理危机。

但如果我这样看待此事:_____将让我不至于陷入心理危机。

2.我为获得奖学金而努力学习,但没有获得荣誉:

我对此事的认知是:_____这将让我陷入心理危机。

但如果我这样看待此事:_____将让我不至于陷入心理危机。

3.在即将毕业寻找工作时,我迟迟没能找到满意的工作:

我对此事的认知是:_____这将让我陷入心理危机。

但如果我这样看待此事:_____将让我不至于陷入心理危机。

◎**训练三　自杀危机的干预**

心理危机最严重的后果是发展为自杀危机。自杀是一个严重的社会问题和公共卫生问题,是全球导致死亡和残疾的一个因素。研究表明,大约有50%的自杀者在实施自杀行为前的一个月内曾有过求助行为[1],因此自杀是有机会

---

①陆双鹤,张又文,隋晓爽,等.青少年自杀倾向量表测评大学生样本的效度和信度[J].中国心理卫生杂志,2020,34(1):66-73.

被干预的。对自杀了解得越多，越能有效进行干预。

【测一测】澄清关于自杀的谬误，用心呵护生命

以下有10个与自杀相关的观点，请根据自己的理解选择"是"或"否"

1	想自杀的人一心一意想死。	是	否
2	自杀是无法预知，没有明显信号的。	是	否
3	想自杀的人不会寻求帮助。	是	否
4	只要看着人生的光明面，自杀者就会想开一些。	是	否
5	直接询问他人是否有自杀意图反而给他们灌输了自杀的念头。	是	否
6	一旦有过自杀倾向，就会不断地想自杀，他人很难提供实质性帮助。	是	否
7	当企图自杀的人情绪好转时，危机便会结束。	是	否
8	自杀是一种冲动行为。	是	否
9	大部分自杀事件是在夜间发生。	是	否
10	自杀行为多次发生在家族中，具有一种遗传倾向。	是	否

诊断结果：选择"是"的项目数量＿＿＿；选择"否"的项目数量＿＿＿。这说明＿＿＿＿＿＿＿＿＿＿＿＿＿＿＿＿＿＿＿＿＿＿＿＿＿＿＿＿＿＿＿＿＿＿＿＿＿

【解一解】盘点对自杀的误解，正确解读"自杀"行为。

请问你的解读是：＿＿＿＿＿＿＿＿＿＿＿＿＿＿＿＿＿＿＿＿＿＿＿＿＿＿＿＿＿

＿＿＿＿＿＿＿＿＿＿＿＿＿＿＿＿＿＿＿＿＿＿＿＿＿＿＿＿＿＿＿＿＿＿＿＿＿＿＿

【找一找】以下表现哪些属于有自杀风险的行为，请根据自己的理解进行查找。

①持续处于抑郁的情绪状态；②总感觉没有人能够理解自己；③回避人群，断绝原有社交关系；④经常说"我的问题根本解决不了"；⑤经常说"很快我的问题就要解决了"；⑥将自己珍视的东西赠予别人或送给他人；⑦突然地与他人道别；⑧频繁出现意外事件；⑨自残和自杀行为增多；⑩自杀尝试被意外阻止；⑪经常在有危险的地方进行不安全的尝试；⑫总是开玩笑说"等我不在了"会……

以上行为有自杀风险的是（填序号）：＿＿＿＿＿＿＿＿＿＿＿＿＿＿＿＿＿＿＿

【辨一辨】正确理解自杀危机信号

自杀者往往会自觉或不自觉地向外界流露出一些自杀信号，这些信号若能被及时有效察觉，往往是成功干预、避免危险发生的重要前提。对自杀危机人员的危险信号最能捕捉与察觉的是其身边的人，哪怕不是朝夕相处的家人、亲密无间的恋人，只要能对自杀风险行为保持警觉，并及时伸出援手，都能起到应有的预防干预作用。通常，自杀危机人员对其自杀的想法及其计划安排会在情感、言语和行为中流露出有关的信号，这些都是不容忽视的求救信号。

如果你发现某人说"不想活了""活得没意思",你应该怎么办:_____
_____

五、助人自助

(1)如果你是张老师,你可以如何帮助这位"不愿意透露姓名的来访者"呢?

某天中午,心理老师张老师接到一名学生的匿名电话。该生直接发问:"如果一个人什么都不想,只想死,那该怎么办呢?"在通话中,学生拒绝透露身份信息。张老师察觉到学生呼吸急促,表达不流畅,反复表示"我总是想到这些不好的事,我也不知道该怎么办了"。

(2)请结合你的专业知识,谈谈小佳如何帮助有自杀风险的同学?

小佳和小琪是中学时期的好朋友,两人形影不离。高中毕业后,两人又一起进入了同一所大学。到了大学,小琪很快与一位优秀的学长建立了恋爱关系,小佳对此表示祝福。

但是,两个月后,小琪表示因为性格原因,学长和她提出了分手。这个打击让她难以接受,她非常痛苦,经常整夜失眠,难以集中注意力,无法专注于学习和生活。面对这种情况,她经常不分时段地向小佳打电话、发信息倾诉,还希望小佳能随时陪着她。小佳很想帮助她,但是每次尽力劝说都无明显的效果。小佳建议她寻求学校心理老师的帮助,但是小琪不愿意。这样,小佳尽力帮助小琪持续了两个星期,感觉被小琪带进了情绪漩涡,背上了沉重的心理压力。一天,小佳突然接到小琪发来的短信:"我实在坚持不下去了,如果我离开就可以结束这一切的痛苦"。(以上案例来源于危机干预工作的实例)

六、体验升华

请阅读关于小敏走出心理危机案例的材料。通过深入思考和体验内化,围绕"如何有效识别心理危机,以及如何积极自助与求助"等问题展开讨论,深化对心理危机预防干预重要性的认识。

七、拓展训练

1.小组探讨

扫一扫
练习巩固

要点:(1)保持警觉性:及时察觉到有自杀风险的人的直接或间接的危险信号,勇于伸出援手,帮助其规避风险;(2)寻求社会支持:帮助其及时联系家人、朋友等重要关系人,提供社会支持,以便对其持续关注与陪护,确保安全;(3)寻求专业帮助:为有自杀风险的人寻求专业帮助创造条件。

请与室友或班上同学探讨:在学习生活中,对于有自杀危机迹象和风险的人,如何尽所能进行干预以确保其安全?

2.阅读分享

请你在阅读陆晓娅的著作《影像中的生死课》(北京师范大学出版社,2016年)后,向你的室友或其他青年人分享你的收获和感悟。

对自杀最有效的预防是思考自己的生死观及人生意义。《影像中的生死课》一书是陆晓娅老师自2012年起在北师大开设的同名公共选修课的授课笔记实录。全书以"什么样的生活值得一过"为核心关注点,选取中外优秀电影,搭建与"生死"相关重大议题的思考平台,跨越心理学、社会学、医学、人类学、伦理学、哲学、美学等多个学科,在观影、阅读和讨论的多重对话中,协助大学生探索生命存在的意义和价值,建构自身的生命意识和生命价值观。

学习心得

单元二　自我压力管理　成为挫折的挑战者

学习目标

知识目标

1.了解压力和挫折的概念；

2.理解大学生产生压力和挫折的原因；

3.理解大学生面对压力和挫折的常见反应。

技能目标

1.掌握大学生压力管理技巧；

2.掌握大学生应对挫折的方法。

思政目标

1.增强对压力管理和应对挫折的信心；

2.形成健康积极的心理品质。

"人有悲欢离合，月有阴晴圆缺，此事古难全。"尽管人们希望能一帆风顺、万事如意，但挫折总是不可避免的。成功固然可贵，失败也并非毫无意义。对大学生而言，挫折既是打击，也是成长的机会——挫折可以使人灰心丧气，一蹶不振，甚至精神崩溃，行为失常；挫折也可以使人振奋精神，激发潜能，斗志昂扬，战胜困难，创造辉煌。正像大文豪巴尔扎克所说：苦难对于天才是一块垫脚石，对于能干的人是一笔财富，对于弱者是一个万丈深渊。本单元将带你走进压力与挫折的知识殿堂，去探究压力与挫折的相关心理问题，学习如何进行自我压力管理，成为面对挫折的挑战者，学习怎样利用挫折的积极作用，有效地克服挫折的消极作用，来维护自己的身心健康。

一、案例启思

我是一名大学二年级学生，从小学到现在经历了许多变化。我是最后一届使用小学旧版教材的学生、最后一届以旧的考试形式参加中考的学生、第一届高考形式为"3+综合"的考生、第一届将英语口语算入总分的考生；我因一分之差与大学本科失之交臂。我认为，跌倒了并不要紧，关键是要重新站起来。进入高等职业学校后，我把所有的目标都放在继续深造上，然而在大二下学期当

不要着急；安静地，平静地做任何事情。即使你的整个世界看起来很不高兴，也不要失去内心的平静。——Saint Francis de Sales

我准备投入专升本考试复习时，却又得知我是第一届各高校专升本自主招生的考生。听说，所谓自主招生，就是即便你成绩优秀，如果没有人帮助你"通路子"，升入本科的机会就很渺茫。而对于就业，我就更担忧了，本科生都抢着做专科生岗位的工作，我们这些专科生又该何去何从！地球在转、政策在变，本是正常事，不过想不明白的是，为什么每次偏偏都降临到我的"头上"？也许你要说这是巧合，或许还有人说是我心理承受能力太差……这些接二连三的打击让我实在是受不了，未来的道路漫长，而我一片迷茫！

*你认为该学生所面临的困难有哪些？主要存在哪些问题？

*你认为案例中的学生应该如何进行自我心理调适？你希望为他提供哪些帮助？

二、自我评估

1.挫折承受力测试

挫折承受力测验共有10道题，通过测试，你可以了解自己的挫折承受力状况。选择A计0分，选择B计2分，选择C计1分，将各题得分相加得到总分。总分在17分以上，说明挫折承受力较强；总分为10~16分，说明挫折承受力一般；总分在9分以下，说明挫折承受力较弱。

1.碰到令人担心的事情时，（　　）。

A.无法着手学习或工作　　　B.照干不误　　　　C.两者之间

2.碰到讨厌的对手时，（　　）。

A.感情用事无法应付　　　　B.能控制感情，应付自如　C.两者之间

3.失败时，（　　）。

A.不想再干了　　　　　　　B.努力寻找成功的契机　C.两者之间

4.事情进展不顺时，（　　）。

A.焦躁万分无法思考　　　　B.可以冷静地想办法　　C.两者之间

5.学习或工作中感到疲劳时，（　　）。

A.脑子不好使了　　　　　　B.克服疲劳，继续工作　C.两者之间

6.学习或工作条件恶劣时，（　　）。

A.无法正常学习或工作　　　B.克服困难，创造条件　C.两者之间

7.在绝望的情况下，（　　）。

A.听任命运摆布　　　　　　B.力挽狂澜　　　　　C.两者之间

8.碰到难题时，（　　）。

A.失去信心　　　　　　　　B.开动脑筋　　　　　C.两者之间

9.接到很难完成的任务或很不愿意干的工作时，（　　）。

A.拒绝　　　　　　　　　　B.千方百计干好它　　C.两者之间

10.困难落到自己头上时,(　　)。

A.厌恶之极　　　　　　　B.努力克服　　　　　　　C.两者之间

【评估结果】

_____

_____

2.心理压力测试

心理压力测试使用的工具是PSTR量表。请阅读每一条陈述,根据自己的实际情况按发生频率进行打分:选"总是"计4分,选"经常"计3分,选"有时"计2分,选"很少"计1分。填写完毕后,将你对每一项目的评分相加得出总分。每段分数都相差半个标准差,总平均分数是54分。从分数解释表上找到你的总分所在位置,并认真阅读后面的解释,通过比较就可以了解自己当前的压力状况。

PSTR心理压力量表是由瑞士心理学家爱德沃兹于1983年编制,该量表以德国心理学家穆瑞在1968年提出的心理压力因素理论为基础。适度的压力有助于提高工作效率,但过度的压力会使得工作效果适得其反,严重时会影响身体健康。你可以用大约10分钟的时间填写PSTR压力测试问卷,不要在每一题上花费太多时间考虑,而是根据你的感觉进行填写。该测试表能够帮助你大致了解自己的压力状况和心理压力承受程度,对你的压力管理有一个很好的指导作用。

【测评结果】

_____

_____

三、知识滋养[①]

(一)压力与挫折概述

1.压力的含义

在现代心理学中,心理压力是指人们在适应社会生活的过程中,对各种刺激做出生理、心理和行为反应时所产生的一种心理体验和感受。具体来说,压力是一个复杂的身心过程,包括三个方面:

压力源。也称为应激源,是指诱发压力的外在客观环境或事件,它是一种或多种刺激。这些刺激可能是已经遭遇的现实事件,也可能是未来将要面对的

---

①姚兰英,钟佳君.大学生心理健康教育[M].北京:中国人民大学出版社,2020:132-149.

问题。

压力认知。当个体认为外在的客观环境或事件对自己构成威胁时,会产生压力。相反,如果个体认为这些环境或事件不构成威胁,甚至是一种解脱或乐趣,就不会产生压力。这个形成压力或无压力的过程就是压力认知。

压力反应。人们在面对压力源的作用时,并非被动承受,而是会借助认知与评价对压力源做出相应反应以应对压力带来的威胁或伤害,这些反应被称为压力反应。

2.挫折的含义

挫折是指个体在从事有目的的活动过程中,由于客观或主观的原因受到阻碍或干扰,动机无法实现,需要得不到满足时所产生的一种情绪体验。挫折是由挫折情景、挫折认知和挫折反应三个方面构成的,它具有普遍性、两面性和暂时性等特点,并可能表现为积极的或消极的两种形式的行为反应。挫折承受力是指一个人在遭受挫折后避免心理和行为失常的能力,每个人的挫折承受力是不同的。

3.压力与挫折的关系

压力和挫折既存在区别,又相互联系。压力是一种心理状态,是由于心理能量和外界能量失衡,个体所感觉到的一种体验。挫折则是一种社会情境,是由于个体能力与主观现实之间存在差距所产生的一种境况。挫折会带来压力,而过度的压力也容易导致人产生挫败感。

4.压力与挫折的积极意义

对我们而言,压力和挫折并非都是坏事。适度的压力和挫折经历对成长具有积极意义。心理学家研究表明,适当的压力可以让人记忆更敏锐、提高身体免疫力和工作效率,让生活更充实。然而,对于挫折,尽管它可能会让人心理处于紧张状态,导致血压升高、心跳加快、胃液分泌减少、失眠、产生焦虑抑郁情绪等影响身心健康的情况出现,但如果能够乐观面对、积极应对,挫折也可以促进人的成长,让人在挫折考验中心理韧性得到增强、身心力量得到激发、认知结构与水平得到优化提升。对于顺境和逆境,人们应该更加豁达。

(二)大学生面对压力及挫折时的常见反应

1.大学生的压力反应

大学生的压力主要由主观和客观两个方面的因素引起,常常会在生理、心理、行为和认知等方面有所表现。

压力的生理反应：压力对个体产生作用后，会引起一系列的生理变化，比如：呼吸和心率加快、消化道蠕动和分泌减少、血压升高、心肌收缩力增强、各种激素分泌增加等。这些是有助于机体适应力提高的变化。但是如果压力过度，就会出现身心功能紊乱，在生理上表现为口干舌燥、腹泻呕吐、头痛等不良症状，严重影响健康。

压力的心理反应：压力适应会让人在心理上表现出注意力集中、思维敏捷、情绪唤起适中等有助于心理调控能力提升的反应。如果压力过度，在心理上则会出现情绪波动过大、抑郁、烦躁、强烈焦虑、自信心减弱等过度反应。

压力的行为反应：个体面对压力，会表现出直接和间接的行为反应。直接的行为反应是指个体为消除压力源而做出的反应，而间接的行为反应是指为减少或暂时消除与压力体验有关的消极情绪而做出的反应。压力的适应性反应一般会经历三个阶段：①警觉阶段，个体开始察觉到压力的存在；②抗拒阶段，个体产生生理和心理反应，并采取行动来应对压力；③进入衰竭阶段，由于承受压力的时间过长，身心都会出现衰竭，甚至引发一些疾病症状。

压力的认知反应：压力来自各个方面，包括个体的内部的态度、思想和情感，以及外部的学习、人际关系、家庭和健康状况等。但压力是个体主观认知评估的结果，并非由压力来源和类型所决定。对压力事件的内在心理评估包括压力增加因素和压力抑制因素。压力增加因素是指个体评估外在事件可能带来的伤害、威胁和挑战的程度；压力抑制因素是指个体评估本人的应对能力与资源是否足以克服外在事件所带来的伤害、威胁和挑战。当个体面对外在压力事件时，认知评估认为自己能应用的资源或自己的能力越大，个体感到的压力就越小。如果评估过程中忽略了具体事实，或受到非理性信念的影响，产生了扭曲现实或不合逻辑的内在对话，错误评估了刺激的意义及其与我们的关系，就会因为想象带来的威胁而产生不必要的压力。

2.大学生的挫折反应

人在遭受挫折时，会伴随着强烈的紧张、愤怒、焦虑等情绪，并可能做出各种各样的反应。这些反应或许表现为强烈的内心体验，或许表现为特定的行为反应。情绪性反应的表现形式很多，常见的有焦虑、攻击、冷漠、退化、逃避、幻想、固着和自杀等。

焦虑：人在遭受挫折后，情感反应非常复杂，包括自尊心受到损伤、自信心的丧失、失败感和愧疚感增加。这些感受交织在一起,最终形成一种紧张、不安、忧虑、恐惧等感受所构成的复杂情绪,这被概括称为焦虑。焦虑是挫折后常见的一种心理反应。适度的焦虑,例如考试前适度的紧张,对提高效率、发挥潜能有一定的积极作用。然而,过度焦虑是有害的,严重时会引发心理疾病,甚至发展成焦虑症。

攻击:当个体遭受挫折时,往往会感到愤怒。为了发泄这种愤怒情绪,可能会出现攻击性行为,包括直接攻击和转向攻击。直接攻击通常采取打斗、辱骂、讽刺、漫画等形式,以侮辱对方的人格来发泄自己内心的不满。例如,因青年男女失恋或感情破裂而引起的自杀或他杀事件或伤害事件,就是一种极端的直接攻击行为。转向攻击并不是直接攻击造成挫折的一种,而是将其他人或物作为发泄的对象。可以发现,受挫后之所以出现转向攻击,有的是慑于对方的权势,有的是碍于自己的身份不便直接攻击。此外,生活中诸多细小挫折长期累积,使一个人的情绪处于低谷状态,容易导致无名之火。由于这种无名之火缺乏具体攻击目标,于是就可能出现谁碰上谁倒霉的情况。许多情况下,转向攻击的对象都是无辜的。

冷漠:冷漠是指当个体遭遇挫折时表现出无动于衷、漠不关心的态度,似乎毫无情绪反应。其实,冷漠并非不包含愤怒的情绪成分,只是个体把愤怒暂时压抑,以间接方式表现出来而已。个体表面冷漠退让,内心深处却往往隐藏着很深的痛苦,是一种受压抑极深的反应,时间久了,对身心都可能造成伤害。心理学家吉姆·布莱发现,冷漠反应多出现在以下情况:①长期遭受挫折,增强了挫折情境的适应性;②当事人处于绝望或攻击都无济于事的境地;③情境中含有心理的恐惧与生理的痛苦而无法摆脱;④个体生理上发生攻击与抑制之间的冲突。

退化:退化也称为倒退或回归,是指个体在遇到挫折时表现出与自己年龄和身份极不相称的幼稚行为。在人从儿童到成人的成长过程中,他们逐渐学会了如何控制自己的情绪和行为反应,并在适当的时候和场合做出符合常识的反应,这是成熟的体现。然而,当人遇到挫折、体验到极强烈的情感时,可能会失去这种控制,而以简单、幼稚的方式应对,以求得别人的同情和照顾。退化是一种由成熟向幼稚倒退的反常现象,但当事人可能并未意识到。

逃避:逃避是指个体不敢面对挫折情境,而是选择置身比较安全的环境中的行为,是一种消极躲避现实的挫折反应方式。个体对自己现实中所存在的挫折不能勇敢面对,感到心灰意冷、消极倦怠、不思进取,而试图从其他事物中寻找解脱。例如,有的大学生没有竞选上班干部,从此不再关心班级工作,不再积极参与班里的各项活动,而是一心只读圣贤书去了。虽然逃避可以使人降低因挫折产生的紧张感,或者避免再次受到挫折的伤害,但是个体面对的现实问题并没有得到解决,有些问题也无法回避。因此,逃避常常会使人害怕困难,不求进取,长期下去,将大大降低个体的适应能力和自信心。

幻想:幻想是指个体企图以自己想象的虚幻情境来应对挫折,借以摆脱现实的痛苦,并在此虚幻情境中寻求满足。这是一种特殊的逃避。心理学家把这种心理现象称为"白日梦"。幻想使人暂时脱离现实,减轻了挫折所带来的焦虑不安,也可以增强一个人对挫折的容忍度,提高个体对未来的向往和追求。偶尔有幻想并非异常,任何人都有幻想,青少年的幻想尤其多。但是,一旦形成了用幻想来应对现实中的挫折、希望从幻想中得到现实中得不到的满足的习惯,就会降低个体适应现实生活的能力。

固着:固着是个体受挫后的另一种表现形式。一般而言,个体受挫后需要有一种随机应变的能力,以摆脱所遭遇到的困境。但是,有的人在重复碰到类似的困境后,依旧用先前的方法,盲目地解决已经变化了的问题,"撞到了南墙还不知回头"便是固着的最好注释。这种情形比较多见于惊慌失措的状态之中,例如丢失了重要物品,明知这东西是在外面遗失的,却仍然不停地在室内翻箱倒柜,不止一次地重复这种无谓的寻找行为。在校园中,最为明显的案例是,有些失恋者,明知对方已经"无意",却仍然"旧地重游",徘徊于往日的"情场"中。

自杀:自杀是指个体遭受挫折后的一种极端反应方式,也可以看作受挫后针对自身的一种典型的特殊攻击行为。当一个人受到突然而沉重的打击,或者长期受到挫折的困扰和折磨,感到万念俱灰、不能自拔时,就可能产生自暴自弃、轻生厌世的想法。此时,若得不到社会支持与帮助,受挫者就可能采取自杀行为。通常,自杀行为是在挫折的打击远超过个体的挫折承受能力的情况下发生的,特别是当受挫折者将受挫的原因归结到自己身上,对自己丧失信心,将自己作为责备的对象时,更易于导致自杀行为的发生。

(三)学生压力管理与挫折应对

1.大学生的压力管理

能否有效应对来自个体内部和外部不同方面的压力,是衡量大学生心理健康的重要标准之一。有效的压力管理是指让个体的生理、心理和行为在面对压力情境时能作出适宜的反应,应激唤醒保持适中。大学生的校园压力源主要包括学习、就业、人际关系、生活、恋爱关系、经济、社会、家庭、未来、能力、个人(成长、外貌、自信)、健康、竞争等,以及相关的消极生活事件等。各种压力可能导致心理障碍,妨碍大学生的身心健康,如果不及时进行疏导和缓解,这种心理上的沉重压力可能会引发情感上的极度苦闷,严重影响个人的学习和生活。常见的大学生压力管理方法如下:

(1)压力源管理

压力源管理就是针对导致压力问题的外部刺激情境本身进行的管理,也就是说,对可预见的压力源进行干预,减少或消除不适当的环境因素。由于压力的来源既有生理因素,也有心理因素和社会因素。因此,对压力源的管理主要关注以下几点:

①觉知和调整自己的生理状态。当人们面临压力时,很多时候会处于无意识的本能反应状态。而要想有效管理压力,首先要建立压力预警机制,能够及时察觉压力的信号。基于压力的生理反应,要认真思索并总结自己处于压力应激状态时,自己的生理上会有什么样的反应,有意识地关注和记录下自己的这些压力生理反应,然后识别这些反应指标,以后每当要进入这些习惯性的反应状态时,就能够马上向自己发出警告,提高对压力的敏感度。当有了对压力的觉察后,就会有意识地控制自己不陷入压力状态。

②培养积极乐观的心态。构建健康的自我意识,接受自己目前的状况,并培养积极乐观的心态。了解生活和学习中的挫折是人生经验的一部分,挫折不是失败,不是结束,而是再次出发的机会。要积极地面对压力所带来的后果并采用正确合理的方法应对,认真分析失败或挫折中所蕴含的机会,要重拾信心,将挫折化为前进的动力。

(2)压力认知评估与管理

进行问题的处理时,首先要认清压力事件的性质,理性分析与思考压力的来源。初步评估压力事件是否正向有益、无关紧要,或是可能会耗费大量精力、感到压迫,并且进一步根据评估自己和压力事件的关系。考虑到自己能力是否足够、是否有相关资源、是否会失去控制等方面,如果积极进行问题处理,在短时间内无法解决,则表示难度很高。这时可以长期不懈努力,也可以考虑放弃。

(3)压力反应管理

大学生在认知评估压力源后所产生的压力感,可以通过管理与调节来缓解和降低。首先,要学会自我疏导,学会宣泄。当大学生面临挫折情境,且一时难以克服困难、化解压力时,应将情绪适度宣泄,主动地把心理压力转化为适度的情绪反应,并通过适当方式发泄出来。其次,要保持乐观的心态,积极地面对压力所带来的后果并采用正确合理的方式应对,认真分析失败与挫折中可能存在的成功机会,把握转机,重拾信心,将挫折转化为努力前进的动力。

2.大学生挫折应对

人生的道路不可能一帆风顺,丰富的生活就意味着有顺利和成功的喜悦,也有挫折和失败的痛苦。人一方面习惯于用成功来衡量一个人的价值,另一方面往往以对挫折的心理反应和应对挫折的能力来衡量一个人的心理素质和心理健康水平。面对挫折,大学生要学会进行挫折心理的自我调适。所谓自我调适,就是从自我克服的角色出发,借助一些方法,增强自控能力,及时克服内心的各种障碍和困扰,控制情绪,以坚强的毅力战胜困难和挫折,养成积极良好心态。

(1)正确认识挫折

心理学认为,真正引起适应困难的,不是挫折、应激和冲突本身,而是当事人对于它们的看法以及用来应付的方法。在挫折情境中,许多不理智的反应、不正确的行动,都是与缺乏对挫折的正确认识有关的。因此,我们就应当有正确的挫折观。大学生在生活中遭遇一些挫折,当属正常现象,关键在于我们怎样认识它和对待它。挫折同世界上的任何其他事物一样,具有两面性,并不一定是坏事。挫折可以给人以打击、带来损失和痛苦,但也能使人奋起、成熟,从中得到锻炼。

(2)适当宣泄情绪

所谓宣泄,就是把郁积心头的苦闷情绪通过某种合法手段发泄出来,以此达到心理平衡。例如,与信任的朋友、家人、老师交谈,使情绪得到缓和;写日记,把自己认为不愉快的事或痛苦的感受倾诉出来;通过体育锻炼、求助专业心理咨询等方法把苦闷情绪释放出来。适当地进行情感宣泄,是一种正常的、有益于身心健康的行为,让不良情绪宣泄出来后,会有一种释放感、轻松感,思维会变得更灵活、更开阔。而刻意掩饰、压抑自己的情绪,只会使自己陷入更深的痛苦之中。在宣泄的过程中,我们还会获得他人的理解、鼓励和支持。遇到挫折时请求帮助,这其实是面对困境的一种积极的反应。

(3)合理运用心理防御机制

在生活中学会运用心理防御机制,其目的在于防止和减轻挫折可能引起的烦恼、不安、痛苦，它是个体维护心理健康不可或缺的心理过程。但心理防御也有积极和消极之分。积极的心理防御方式主要有升华、补偿、幽默等，适度运用这些方式，能释放消极情绪，缓解攻击性行为，暂时消除内心的焦虑，利己又利他；消极的心理防御机制主要有逃避、压抑、文饰等，这些方式往往带有自我欺骗的性质，不利于受挫者正视现实、解决问题，有时还会增加挫折心理冲突的程度。因此，大学生要善于运用心理防御机制，要把握好心理防御机制运用的度，重在发挥其减轻心理压力、恢复心理平衡之作用。

(4)正确归因、调节抱负水平、提高挫折承受力、主动寻求社会支持

挫折的归因有外归因和内归因两种类型。倾向于外归因的人，通常认为自己的行为结果是受外部力量控制的，这种外部力量可以是运气、机会、命运、他人的权力、自然界的力量等无法预料和支配的因素。倾向于内归因的人，则习惯地认为自己的行为结果是受内部力量控制的，支配自己成功、失败和前途的原因是本身的能力和技能以及自己的努力程度等。正确归因就是要对造成挫折的原因进行实事求是的认识和分析，弄清产生挫折的原因到底是外部的还是内部的，或是内外部两种因素相互交织、共同起作用的。正确地分析归因，是应对和解决挫折情境的必要基础。把成败结果一概归因于外部因素或统统归结于个人努力不足都是失之偏颇的。

对于抱负水平而言，也要切合实际。假如一个人的抱负水平很低，目标很容易达到，则那种成就并不能给他带来真正的满足感，且其身心潜能没有充分发挥出来，处于被埋没的状态，就会产生由空虚、苦闷、不满足感所造成的挫折感。反之，如果抱负水平过高，超过了自己的能力，尽管全力以赴，但仍然达不到自己希望的目标，这就会使自己产生失败感，挫败自己的自信心和自尊心。所以，确定适度的抱负水平，可以使自己避免挫折和失败，获得成功与自信，学业、事业才能够顺利发展。

大学生要不断培养和提升挫折承受力。面对同样的挫折情境，每个人的反应会有所不同，这与个体的挫折承受力有关。从现实情况看，心理承受力弱、耐挫能力较差是大学生中普遍存在的问题。人对挫折的承受能力和适应能力受多种因素影响，它像其他心理品质一样，也是可以经过学习或锻炼来获得的。一方面，大学生可以有意识地创设一定的挫折情境，对自己进行意志、魄力和挫折排解力的锻炼，从客观环境中吸收有用的经验，学会驾驭自己的生活，控制自己的行为。另一方面，充足的知识储备是人生成功的前提和基础，大学生应注重加强自身的知识储备，为提高挫折承受能力打下基础。

大学生还要有积极寻求社会支持的意识。因为一个人的力量是有限的,当自己遭遇挫折困境的时候,一方面要发挥自己的主观能动性,另一方面当挫折超出自己承受范围的时候,就要有勇气寻求社会支持。当自己在挫折困境中时,能够有效寻求社会支持并顺利"脱困",平时在学习生活以及人生道路上就要善于积累社会资源,通过自己的爱心传播、社会帮扶来赢得更多的社会力量。

四、成长训练

在现实生活中,压力和挫折是不可避免的,但这并不意味着它们是不可克服的。正如巴尔扎克所说:"苦难对于天才是一块垫脚石,对于能干的人是一笔财富,对于弱者是一个万丈深渊。"压力与挫折对你来说究竟意味着什么? 它们会对你的生活产生什么影响? 这取决于你是如何看待压力和挫折的,如何调节自己的负面情绪,以及如何应对困境的。

◎训练一　自我压力管理

1.读懂人生的生命线

人各有不同,人生旅途也各不相同。如何安排好自己的一生,用实际行动来谱写自己的生命线,是每位高等职业学校大学生朋友都必须要深思并妥善处理的人生课题。新时代的大学生,发展前景广阔,使命光荣,责任重大。他们需要加强自我压力管理,确保身心健康,快乐地学习与生活。让自己既有足够的生命长度,又有足够的生命宽度,用实际行动来谱写生命的乐章,这是人生的必修课。

【想一想】关于生命线的思考与感悟

个人思考并简要记录:每人准备一张空白纸。在纸上画一条线,代表自己生命的长度,这条线的左端是"0",代表自己生命的起点。请在这条线的右端,也就是生命结束的地方,写出一个数字,代表自己希望活到的年龄。然后在这两者之间标出现在的年龄所在的位置,并且标上数字。

_____(起点)

_____(终点)

①请回想过去(从出生到现在)的岁月里,令自己感到特别自豪的三件事情:

第一件事:_____

第二件事:_____

第三件事:_____

②在过去的岁月里,令自己感到特别受挫的三件事情:

第一件事：_____

第二件事：_____

第三件事：_____

③设想一下，在未来的日子里，你最希望实现的三个目标：

第一个目标：_____

第二个目标：_____

第三个目标：_____

④小组交流：全班同学分成若干小组，每小组8~10人，小组成员依次发言，讲述自己的生命线。

活动感言：_____

_____

2.管理压力需要识别压力

每个人都与周围的环境世界有着千丝万缕的联系，承受着周围环境中人、事、物的各种不同的作用和影响，承受压力也就难以避免。有压力是正常的，关键是要管理好压力，让压力在自己的"可控"范围之内。管理压力需要首先了解自身的压力状况。

【照一照】压力状况诊断

下面这一组题目（请扫描二维码）可以帮助你了解自己最近1个月的压力状况。每道题有3个选项：（A）从未发生、（B）偶尔发生、（C）经常发生。若选择A记0分、选择B记1分、选择C记2分，最后加出总分。如果总分在0~10分，说明你的精神压力程度较低，但生活可能缺乏刺激，比较简单，个人做事的动力不强；如果总分在11~15分，说明你的精神压力程度适中，虽然有时会感到压力较大，但仍可应对；如果总分在16分及以上，说明你的精神压力程度较高，需要思考压力的来源并寻找解决方法。请扫描二维码进行测试和诊断。

【压力测评结果】：

_____

_____

3.压力的正确应对

面对压力，不同人应对的方式各不相同：女性可能更容易过度依赖零食，而男性则可能通过抽烟和酗酒来应对；男性可能倾向于寻求帮助，而女性可能更容易通过自责、内心消耗或蒙头哭泣来应对。面对压力，应该采取适当的应对方式，以避免由于应对不当而进一步加剧压力。

【问一问】如何应对压力

当面对压力时,你通常会选择哪种方式应对呢?是购买一大堆零食在宿舍大吃,还是跑到球场上进行激烈的体育运动,直到大汗淋漓,或者找自己的亲密朋友倾诉一番?关于大学生压力应对方式的研究显示,大学生通常会采取求助、解决问题、自责、幻想、逃避和合理化等方式来缓解压力。其中,求助和解决问题被认为是成熟且有效的缓解压力的策略。采用不同的压力应对方式会对大学生的心理健康产生不同的影响效果。采取求助和解决问题的方式应对压力的人通常具有积极的自我肯定,自信心较强,较少体验到抑郁和焦虑;而采取自责的方式应对压力的人则无法有效缓解由压力引发的紧张情绪,还会进一步体验到其他负面情绪,这会对他们的心理健康产生严重影响。

请问你平时是怎么应对压力的?_____

4.管理压力,需要了解自己的性格

性格不同,个体对于压力的应对方式也不同。大学生要想正确管理自己的压力,就有必要了解自己属于哪种性格类型,并认识到自己有哪些性格特点。这样有助于在面对压力或外界刺激时,通过自我暗示来加强应对能力,并利用性格的优点来应对压力事件或处理好突发事件,从而作出合理的应激反应。

【说一说】压力与性格

有A、B、C三种性格类型的人,当他们遇到同一件事情时:周末的早上,当他们正在熟睡时,一个没有公德心的人在水房里放声歌唱,整个楼道都能听到。

(1)不同性格类型的人对这件事情的反应方式。

A型性格的人:会直接火冒三丈,冲出去"主持公道",与唱歌的人争吵,但唱歌的人根本不听他的,争吵无济于事。

B型性格的人:也会感到不高兴,去与唱歌的人理论,但当发现那个人无法沟通的时候,B型性格的人就会放弃,回去做自己的事情。

C型性格的人:会躺在床上心怀不满,嘀嘀咕咕,但是不会去和唱歌的人讲理,将情绪都压在自己心里。

(2)不同性格类型的人具有不同的心理特点。

A型性格的人:其思维方式是"是你让我火冒三丈",将自己的情绪产生的原因完全归结于外部,实际上是让别人控制了自己的情绪。这种思维模式会让自己承受很大的压力,因此,A型性格的人,常常是压力的寻求者。

B型性格的人:面对刺激事件更多以平和的心态对待,保持相对平衡的心理状态,因此感受到的压力较小。B型性格的人常常有一个健康的人格,是压

力的处理者,能化解压力、调节不良情绪。

C型性格的人:他们对有的事情或人心怀不满而又不愿意或者不敢说出来,总是选择将愤怒、伤心等负面情绪指向自己,时间久了会严重影响身心健康。他们是压力的承受者。

*请你对照一下,你属于哪种人格类型的青年?_____

_____

*当你在休息时,寝室有人放声高歌,你将做何反应?_____

_____

◎训练二　成为挫折的挑战者

1.挫折分析

一帆风顺更多是一种理想状态,事实上,每个人在人生道路上都不可能事事顺利,有风雷雨电、有挫折是难免的。挫折不可怕,只有具备良好心理素质和心理韧性、勇于挑战,只要对挫折全面分析,找出受挫原因,就会重生与崛起。

【问一问】自我体验:挫折诊断书

每个人都会遭遇挫折,对挫折进行诊断有助于我们应对挫折,将挫折转化为成长的动力。请从时间、地点、产生原因等多个方面来分析你最近一次遭受的挫折:

我最近一次遭受挫折的时间是_____;我最近一次遭受挫折的具体内容是_____;我最近一次遭受挫折的地点是_____;我最近一次遭受挫折的原因是:_____

(1)主观原因(内部原因):

能力方面:_____

_____

努力情况:_____

_____

(2)客观原因(外部原因)

事情的难度:_____

_____

运气情况:_____

_____

2.抗挫能力

在挫折面前,一个人如何应对和采取行动,与他的抗挫能力密切相关。大学生如果想要主动迎接挫折的挑战,首先需要了解自己的抗挫能力的具体情况,以便能够有针对性地培养和提高。

【测一测】你的抗挫能力如何

心理学上所说的挫折,是指人们为实现预定目标而采取的行动受到阻碍且无法克服时,所产生的一种紧张心理和情绪反应。人生的每个阶段都有挫折,不如意之事常常发生,只要我们具备勇于面对困难的勇气和战胜挫折的态度,挫折也就算不了什么。那么,你的抗挫能力如何? 请扫描二维码进行测试。

抗挫能力测试结果:＿＿＿＿＿＿＿＿＿＿＿＿＿＿＿＿＿＿＿＿＿＿＿

＿＿＿＿＿＿＿＿＿＿＿＿＿＿＿＿＿＿＿＿＿＿＿＿＿＿＿＿＿＿＿

3.挫折应对

大学生要实现心理健康的全面发展,就必须成为挫折应对的高手:乐观面对,积极应对挫折,让自己在挫折中锻炼意志,成为有担当精神、坚忍不拔、敢于迎接挑战的新时代有志青年。

【做一做】积极应对挫折

面对挫折,大学生要保持平常心态,积极调整认知,以理性的思考取代非理性的思考,树立正确的挫折观念,正确认识和评价自己的能力和周围环境,这样才能从根本上战胜挫折,维护心理健康。应对挫折需要具备"三颗心":

(1)平常心:一个人的心态很重要,求胜心切和一蹶不振都是比较极端的心态。我们在日常生活中要用一颗平常心对待身边的事物,这样挫折感可能就会大大降低。遭遇挫折时你的平常心分数为＿＿＿分(满分为10分)。

(2)自信心:自信的人不是不会失败,而是会自信地面对失败。所以,不论遇到多大的困难与烦恼,我们都要相信自己,千万不要轻易就对自己失望。遭遇挫折时你的自信心分数为＿＿＿分(满分为10分)。

(3)求助心:当通过自我调节不能摆脱失意带来的痛苦时,与他人交流、向他人倾诉就显得尤为重要。向他人倾诉你遭受挫折时心中的不快与今后的打算,改变内心的压抑状态,以求得身心轻松,从而自信地面对未来。遭遇挫折时你的求助心分数为分＿＿＿(满分为10分)

4.通过阅读来战胜挫折

"书中自有黄金屋",阅读不仅能增长知识,还有净化心灵和疗愈创伤的功效。大学生应该多读书、读好书,汲取中国优秀传统文化、新时代中国文化和世界文化中的精神养分,丰富内心世界、提振精气神,这有助于坚定理念信念,增强战胜困难与挫折的信心和勇气。

【读一读】在阅读中领悟道理

林肯有着曲折的人生经历,阅读并了解他的这些经历,对于我们战胜困难、走出挫折具有重大的借鉴价值。请认真阅读《林肯的曲折人生》,然后将你的感悟分享给大家。

你在阅读中的感悟是:＿＿＿＿＿＿＿＿＿＿＿＿＿＿＿＿＿

＿＿＿＿＿＿＿＿＿＿＿＿＿＿＿＿＿＿＿＿＿＿＿＿＿＿＿＿＿＿

＿＿＿＿＿＿＿＿＿＿＿＿＿＿＿＿＿＿＿＿＿＿＿＿＿＿＿＿＿＿

5.困难只是纸老虎

人的一生不可能没有困难,遇到困难是很正常的,关键的问题在于我们如何对待困难。在竞争激烈的社会,大学生难免也会遇到许多困难。面对困难,我们要有正确的态度。实际上,困难并没那么可怕,正如弹簧一样,你越强它就越弱。

【评一评】永远不会被困难打倒

某年,爱迪生的实验室突然发生了一场大火,火势凶猛,他一生的研究成果都被毁掉了。爱迪生的儿子怕父亲出事,起火后连忙四处寻找父亲,结果发现父亲站在实验室前面,只是平静地望着火势,脸上看不到一丝的悲伤。爱迪生看到儿子过来,反而兴奋地叫道:"查理,快叫你母亲,她可从没见过这样的场面。"查理以为父亲因悲伤失控,他紧张地站在父亲旁边,随父亲一起等到火势变小,直到实验室变成一片废墟。望着这一片废墟,爱迪生说道:"感谢上帝,这一把火把我以前的谬误全烧掉了,现在我可以毫无顾忌地重新开始了。"说完拍拍查理的肩膀,两人一起往家走去。这之后不到三个星期,爱迪生就发明了留声机。我们每个人都应像爱迪生那样,用积极的态度来对待灾难,把灾难看作给自己的一个全新的机会而不断努力奋斗,就永远不会被困难打倒。

*大火烧毁了爱迪生的实验室,为什么他在不久后还能发明留声机? ＿＿＿

＿＿＿＿＿＿＿＿＿＿＿＿＿＿＿＿＿＿＿＿＿＿＿＿＿＿＿＿＿＿

五、助人自助

(1)大学三年级女生小尚(化名)在父亲病逝后,出现了痛苦哀伤、情绪失控、噩梦惊扰、心烦意乱、失去兴趣的状况,甚至产生了报复心理。请根据案例材料提供的信息,尽可能帮助她。

父亲怎么忍心撇下我。某高校大学三年级女生小尚(化名)自述,一年前她的父亲因患肝癌住院治疗,在住院期间受到一些医护人员的冷漠对待,这让她心中感到世态炎凉。不久,她的父亲病逝,由于与父亲的感情深厚,从小到大她的学习和生活大多都是父亲在操心和照顾,这让她养成了对父亲的依赖。父亲的去世让她一下子失去了依靠,再加上因为分遗产的事与亲友们发生了很大的纠纷,这让她更加觉得人世间似乎一点爱和人情味都没有了,她常有一种末日来临的感觉,遇到一点儿小事就会控制不住情绪,大发脾气或不由自主地浑身发抖,甚至当着亲友们的面随意砸坏室内的家具或其他物品。近来她常做噩梦,心烦意乱,有一种强烈的报复心理,对一切都丧失了兴趣。

附:

分析:爱自己、照顾自己的父亲突然病逝,对从小到大习惯了依赖父亲的她无疑是一个巨大打击。面对很多棘手而又不得不面对的问题,她陷入了深深的哀伤,也产生了世态炎凉、报复他人的想法。这属于损失性挫折导致的心理问题。

建议:可以通过宣泄疏导法、心理置换法、代偿迁移法、矛盾意向法、合理认知法等方法帮助遭受损失性挫折的人消除痛苦,战胜挫折,重新鼓起进取的信心和勇气,获得人生的力量。

(2)请阅读"生活窘迫的农村女生"案例材料,通过角色扮演的方式展示帮助女生走出困境或被帮助的互动过程。

某高校大一年级女生小奋,因为家庭经济困难、父母身体虚弱无力挣钱,以及自己的普通话水平和英语口语能力较差而遭到同学们的嘲笑。后来,她失去了读书的意愿,甚至产生了轻生的念头。

六、体验升华

"你觉得你和我们一样,我们觉得是的,但你又那么不同寻常。从无声里突围,你心中有嘹亮的号角。新时代里,你有更坚定的方向。先飞的鸟一定想飞得更远,迟开鲜花也会怒放。"这是2021年感动中国年度人物江梦南的颁奖词。请阅读感动中国人物江梦南的案例材料,围绕"压力挫折与人生价值"这一主题,体验内化并升华对压力与挫折的认识。

七、拓展训练

1.压力管理四格漫画

①描述自己近期的状态;②寻找压力源;③根据自己的情况,列举多种可行的解压方法并链接到自我人格优势上;④积极想象并积极应对各种情况下的压力和挑战。请据实画出四格漫画。

2.推荐资源:《压力管理》

《压力管理》是美国当代著名压力管理专家伊夫·阿达姆松潜心多年研究的结果。本书全面探讨了压力的含义、类型、起因、表现、症状;强调了压力对人体

扫一扫

练习巩固

免疫系统的巨大危害以及由此对生活、工作、健康与交往带来的系列负面影响，帮助读者树立正确的压力观念，自信而乐观地面对世界，走向轻松、健康的美好生活……压力会引起身心反应，严重者产生身心疾病，比如：腹泻、感冒、心脏不适、消化不良、失眠、肾损、肠炎、动脉硬化、血脂变化、皮肤病、颈背痛、鼻炎、哮喘、便秘、胸痛、焦虑等。

请回忆一下你过去经历的一个典型的压力事件，并思考压力给你带来了哪些身体和心理上的变化。

学习心得

_____

_____

_____

_____

_____

_____

_____

_____

_____

_____

_____

_____

附　录

1.本书数字资源集成

视频数字资源集成（38个）

【课程总论】

1.0.0-视频:如何用合适方法排解学习生活中的压力(心理健康课程学习回头看)

1.0.0-视频:心理健康成长课程对学习生活成长的作用

1.1.0-视频:学习心理健康成长课程的体会(军人大学生现身说法)

【数字资源集合1】

1.1.1-视频:高等职业学校的大学生是否有必要学习心理健康成长课程

1.1.1-视频:心理健康成长课程助"我"快乐成长

1.1.1-视频:学习心理健康成长课程的感受(涵养情怀收获成长)

1.1.1-视频:学习心理健康成长课程的感受(心理健康是使命担当之基础)

1.1.1-视频:学习心理健康成长课程收获了什么

1.1.2-视频:没有心理问题就没有必要学习心理健康成长课程吗

1.1.3-视频:心理委员持续担当责任情况及其深化

1.1.3-视频:学习生活中有心理困惑的时候怎么办

1.1.4-视频:如何看待对待看过心理医生的同学

【数字资源集合2】

1.2.0-视频:如何利用心理健康知识正确调节心态备赛

1.2.1-视频:高质量产品离不开细心耐心的心理品质

1.2.1-视频:如何帮助大学生准备好适应未来职场的心理条件(向企业高管要答案)

1.2.1-视频:如何树立正确的择业观

1.2.1-视频:听听企业高管的心声(用行动开启职业生涯之路)

1.2.2-视频:高职生如何进一步增强学习动力

1.2.2-视频:高职生学习动力调查研究报告(对学习动力源头的省思)

1.2.2-视频:高职生学习动力调查研究报告(对学习动力长期保持的探究)

1.2.2-视频:高职生学习动力调查研究报告(心理健康课程的魅力溯源)

1.2.2-视频:高职生学习动力报告研究(学习动力不强的原因探寻)

1.2.2-视频:结业答辩-高职生学习动力调查研究报告(基于感恩视角的学习动力提升)

【数字资源集合3】

2.1.1-视频:结业答辩——我要成为什么样的人(在自由开放的深入参与中寻找答案)

2.1.1-视频:我要成为什么样的人(成"人"目标探访)

2.1.1-视频:在参与互动中心理健康成长(成为更好的自己)

2.1.2-视频:良好性格为何能在专业实训中生辉

2.1.2-视频:心理健康与专业实训融合——在对实训困难的克服与任务的完成中锤炼意志品质

【数字资源集合4】

2.2.1-视频:专业实训给自己带来的体会与感受(心情跟着心态走)

2.2.2-视频:对考试紧张焦虑情绪的调适情况及其深化

2.2.2-视频:对学习生活心态的调节应用情况及其深化

【数字资源集合5】

3.1.1-视频:如何适应大学新环境

3.1.1-视频:如何顺利开启并适应大学新的学习生活

3.1.2-视频:心理健康与专业实训融合——在协作式专业实训中实现专业技能与同学情谊双赢

【数字资源集合6】

3.2.1-视频:树立健康理性的校园恋爱观

3.2.2-视频:大学生如何正确对待失恋

【数字资源集合7】

3.3.1-视频：发现身边同学有自残行为怎么办

3.3.2-视频：大学生如何进行压力管理

音频数字资源集成（23个）

【课程总论】

1.0.0-音频：心理学家连榕博导忠告——心理健康是每个大学生学业成功坚实的心理基础

1.0.0-音频：专家俞国良博导忠告——心理健康教育重在把好"五育并举"、"健康生态营造"、"服务体系建构"三关

1.0.0-音频：专家韩布新博导忠告——心理健康重在培养积极情感、脑心结合、升华存在意义

【数字资源集合1】

1.1.1-音频：专家覃川教授忠告——心理健康教育是大学生很重要的课程

1.1.3-音频：专家覃川教授忠告——要充分发挥学生的朋辈教师功能

1.1.4-音频：于晶教授忠告——远离心理疾病要学习方法感恩福流

【数字资源集合2】

1.2.1-音频：对毕业生的回访——发挥旗帜作用、调节心理情绪、排解职场压力，更好适应职场环境

1.2.1-音频：专家覃川教授忠告：在与专业课的互补共享中激发生涯规划与心理健康成长的活力

1.2.1-音频：专家覃川教授忠告——做好生涯规划是过上体面生活的重要条件

【数字资源集合3】

2.1.2-音频：对本科生的回访——在希望与尊重之中人格得到健全发展

2.1.2-音频：廖桂芳教授忠告——加强人格建设健全自我人格需要补短板学榜样

【数字资源集合4】

2.2.1-音频:廖桂芳教授忠告——情绪情感的表达贵在让情绪情感有效流动起来

2.2.2-音频:对本科生的回访——多管齐下避免冲动保持冷静

【数字资源集合5】

3.1.2-音频:廖桂芳教授忠告——人际关系的建立首先需要放开与融入

【数字资源集合6】

3.2.1-音频:临床大夫王耀堂院长忠告——性心理健康需要对性生理现象有正确认知

3.2.1-音频:临床大夫王耀堂院长忠告——性心理健康需要有正确恋爱观、良好性生理卫生习惯

3.2.2-音频:于晶教授忠告——恋爱中情感问题的处理要加强自我认识

【数字资源集合7】

3.3.1-音频:廖桂芳教授忠告——在珍爱生命的实际行动中走出危机困境活出精彩人生

3.3.1-音频:于晶教授忠告——预防心理危机要加强心理健康成长自救、方法学习与科学普及

3.3.1-音频:专家林永和教授忠告——要将压力管理与内生动力激发、幸福生活追求和积极心理建设有机结合

3.3.2-音频:对本科生的回访——在发现美欣赏美的过程中纾解压力

3.3.2-音频:廖桂芳教授忠告——应对压力重在分析找准压力源和依托各种支持力量

3.3.2-音频:于晶教授忠告——排解压力战胜挫折要融入环境找准出口重视学习

微课数字资源集成(17个)

说明:对全书简介的微课1个,每个单元1个微课、16个单元16个微课,全书共计18个,依次集成在"课程总论"、7个"数字资源集合"和"课程总结"中。

练习巩固题数字资源集成（16个）

说明：每个单元1套练习巩固题，全书共16套，其二维码依次分布在每个单元的末尾，具有通过手机扫码直接操作练习并得到答案反馈的功能。

课件数字资源集成（18个）

说明：对全书简介、总结的课件各1个，每个单元1个课件、16个单元16个课件，全书课件共计18个，统一集成在书后"全书配套资料"二维码中。

有关数字资源集成

说明：以上数字资源以外的其他数字化资源如各单元"体验升华"案例及有关资料全部集成在书后"全书配套资料"二维码中。

2.本书参阅资料汇编

扫一扫

全书配套资料

参考文献

[1] 彭聃龄.普通心理学[M].北京:北京师范大学出版社,2004.

[2] 张大均,吴明霞.大学生心理健康[M].北京:清华大学出版社,2007.

[3] 施良方.学习论[M].北京:人民教育出版社,2001.

[4] 中国心理卫生协会,中国就业培训技术指导中心.心理咨询师(三级)[M].北京:民族出版社,2015年修订版.

[5] 陈秋红,彭怀学,等.大学生心理健康教育——为心灵护航[M].成都:电子科技大学出版社,2019.

[6] 廖桂芳.心理咨询理论与实践[M].成都:电子科技大学出版社,2005.

[7] 丁志强.高职大学生心理健康成长导航[M].成都:西南交通大学出版社,2010.

[8] 丁志强.大学生心理健康成长导航[M].成都:西南交通大学出版社,2017.

[9] 桑志芹,邓旭阳.大学生心理素质训练[M].上海:上海教育出版社,2006.

[10] 张大均.学校心理素质教育概论[M].重庆:西南师范大学出版社,2004.

[11] 张大均.教育心理学[M].北京:人民教育出版社,2005.

[12] 张大均.教育心理学[M].北京:人民教育出版社,1999.

[13] 李秉德.教学论[M].北京:人民教育出版社,2001.

[14] 郑雪.人格心理学[M].广州:暨南大学出版社,2007.

[15] 丁志强.基于生本位的高职心理健康教育研究[M].北京:中国言实出版社,2012.

[16] 丁志强.系统论视角下的高职心理健康教育研究[M].长春:东北师范大学出版社,2016.

[17] 张仲兵,丁志强,等.大学生心理健康教育与素质训练[M].北京:高等教育出版社,2014.

[18] 姚兰英,钟佳君.大学生心理健康教育[M].北京:中国人民大学出版社,2020.

[19] 丁玲,孙洪礼,张若舒.大学生心理健康[M].北京:人民邮电出版社,2021.

[20] 彭聃龄.普通心理学[M].北京:北京师范大学出版社,2012.

[21] 张旭东,车文博.挫折应对与大学生心理健康[M].北京:科学出版社,2005.

[22] 罗良,李丹,宋爽.大学生心理健康教育[M].北京:首都师范大学出版社,

2022.

[23] 中国心理卫生协会,中国就业培训技术指导中心.心理咨询师(二级)[M].北京:民族出版社,2015年.

[24] 中国心理卫生协会,中国就业培训技术指导中心.心理咨询师(基础知识)[M].北京:民族出版社,2015年.

[25] 夏翠翠.高职大学生心理健康教育(第二版)[M].北京:人民邮电出版社,2020.

[26] 唐代兴,马恒东,等.学会学习——大学生学业导航[M].上海:复旦大学出版社,2007.

[27] 宋专茂.心理健康测量(第二版)[M].广州:暨南大学出版社,1999.

[28] 李丹,刘俊升.健康心理学[M].上海:上海教育出版社,2014.

[29] 舒娅.心理学入门:简单有趣的99个心理学常识[M].北京:中国纺织出版社,2018.

[30] 张玲,等.心理健康研究与指导[M].北京:教育科学出版社,2001.

[31] 魏荣霞.心理学与生活——大学生心理健康促进[M].成都:电子科技大学出版社,2019.

[32] 马莹.心理咨询技术与方法(第二版)[M].北京:人民卫生出版社,2009.

[33] 贾晓明.走向和谐与适应[M].北京:北京理工大学出版社,2005.

[34] 郑日昌.大学生心理诊断[M].济南:山东教育出版社,1999:339-344.

[35] 王金凤,柴义江.大学心理健康教程[M].北京:人民邮电出版社,2019.

[36] 崔益虎,郭万牛.大学生新生导航[M].长沙:国防科技大学出版社,2015.

[37] 郭朝辉,程虹娟,李奋生.大学生心理健康教育(第二版)[M].科学出版社,2017.

[38] 姚本先.学校心理健康教育——理论研究与实践探索的整合[M].合肥:安徽大学出版社,2008,31-33.

[39] 刘大川.大学生心理健康教程(第二版)[M].北京:人民卫生出版社,2019..

[40] 张旭东,车文博.挫折应对与大学生心理健康[M].北京:科学出版社,2005.

[41] 罗良,李丹,宋爽.大学生心理健康教育[M].北京:首都师范大学出版社,2022.

[42] 张宝艳.名人名言——与智者交流[M].哈尔滨:北方文艺出版社,2009.

[43] 周莉.大学生心理健康教育[M].北京:中国人民大学出版社,2021.

[44] 黄希庭,郑涌.大学生心理健康教育(第三版)[M].上海:华东师范大学出版

社,2020.

[45]陈英敏.中外心理健康教育经典案例评析100篇[M].济南:山东人民出版社,
2010.

[46]张黎逸.放飞心灵——大学生心理健康教育[M].北京:高等教育出版社,
2020.

[47]徐岳敏.学生心理拓展训练[M].重庆:西南师范大学出版社,2014.

[48]张艳艳.大学生心理健康教育[M].重庆:重庆大学出版社,2018.

[49]马雁平,陈萍,张澜.大学生心理健康教育[M].长春:吉林大学出版社,2013.

[50]单慧娟,廖财国.大学生心理健康教育[M].镇江:江苏大学出版社,2022.

[51]谭锦花,舒卫华.大学生心理健康教育教程[M].天津:天津科学技术出版社,
2021.

[52]梁素娟,于心愿.速通心理咨询100问[M].北京:中国言实出版社,2008.

[53]马志国.心理咨询实用技术[M].北京:中国水利水电出版社,2005.

[54]谭锦花,舒卫华.大学生心理健康教育教程[M].天津:天津科学技术出版社,
2021.

[55]申继亮,陈英和.中国教育心理测评手册[M].北京:高等教育出版社,2014.

[56]崔棠华.白话古代世情故事研究丛书[M].沈阳:辽宁大学出版社,1993.

[57]吴凌燕,戴丽.大学生心理健康教育[M].成都:电子科技大学出版社,2020.

[58]覃彪喜.读大学究竟读什么[M].广州:南方日报出版社,2007.

[59]兰迪·拉森,戴维·巴斯.人格障碍与调适[M].郭永玉,刘娅 译.北京:人民邮
电出版社,2013.

[60]Jahoda M.Current Concepts of Positive Mental Health[M].Mew York:Basic Books,
1958:ix.

[61]KeyesCLM.Toward a Science of Mental Health[M]//SnyderCR,LopezSJ.(Eds.).
Oxford Handbook of Positive Psychology.New York:Oxford University Press,2009:
89-95.

[62]吴燕霞.大学生情绪表达的现状、影响因素及其干预研究[D].上海:上海师范
大学,2007.

[63]燕安,李萌,梁欣.当代大学生性心理认知的调查研究与分析[J].河北青年管
理干部学院学报,2013,25(1).

[64]王征宇.症状自评量表(SCL-90)[J].上海精神医学,1984(7).

[65]张大均,王鑫强.心理健康与心理素质的关系:内涵结构分析[J].西南大学学

报(社会科学版),2012(5):71-76.

[66]蔡焯基,马辛,等.中国人心理健康标准制订研究[J].中华健康管理学杂志,2012,6(2),119-123.

[67]蔡焯基.中国人自己的心理健康标准[J].心理与健康,2012(1),6-7.

[68]程科,黄希庭.健全人格取向的大学生心理健康结构初探[J].心理科学,2009,32(3):514-516.

[69]陈坚,连榕.心理健康标准三维层次模型探析.第12届中国科学技术协会年会:经济发展方式转变与自主创新,2010-12-01.

扫一扫

课程总结